数字时代图书馆危机管理

周金龙 等 编著

海洋出版社

2012年·北京

图书在版编目（CIP）数据

数字时代图书馆危机管理/周金龙等编著．—北京：海洋出版社，2012.1

ISBN 978-7-5027-8175-0

Ⅰ．①数… Ⅱ．①周… Ⅲ．①图书馆工作-研究-中国
Ⅳ．①G259．2

中国版本图书馆 CIP 数据核字（2011）第 270404 号

责任编辑：唱学静
责任印制：刘志恒
海洋出版社 出版发行
http：//www.oceanpress.com.cn
北京市海淀区大慧寺路 8 号　邮编：100081
北京华正印刷有限公司　新华书店发行所经销
2012 年 1 月第 1 版　2012 年 1 月北京第 1 次印刷
开本：880mm×1230mm　1/32　印张：11.375
字数：320 千字　定价：45.00 元
发行部：62147016　邮购部：68038093　总编室：62114335

序

周金龙社长是我的前辈、领导和老师。10年前，我曾在周先生和其他馆领导的共同领导下顺利完成了中国科学院文献情报中心“进新馆、进创新”的“双进”工作，此后4年里也在他的领导下开展了很多工作。在此期间，我对周先生乐于并长于图书馆管理的研究与实践印象深刻，感佩至深。

早在20世纪90年代，周先生就表现出强烈的图书馆危机管理意识，强调图书馆危机管理，与徐引篪馆长、李广山书记和戴利华副馆长共同推动了中国科学院文献情报中心期刊与业务部门剥离，创立了“自负盈亏、自主经营”的全新办刊模式，取得了良好的效果，也为适应后来我国出版体制改革的需求奠定了坚实基础。此后，周先生更是全面应用图书馆危机管理模式，抢抓数字网络时代图书馆转型发展的宝贵机遇，以数字图书馆网络服务和“藏、阅、查、借一体化”的阵地服务为标志，开启了中国科学院文献情报服务转型发展的工作，也取得了令人瞩目的成果。此次，周先生积数十年图书馆管理工作经验，在国家社会科学基金项目资助下，系统梳理、凝练和研究了图书馆危机管理的理论、方法和实践，并写成专著《数字时代图书馆危机管理》。这部专著从数字时代图书馆管理危机、馆藏危机、服务危机、网络系统危机和中小型图书馆危机管理等专题详细分析研究了图书馆各个方面的危机产生原理与机制，研究了数字时代图书馆危机信息管理系统的构建。

综观全书，在全面考察国内外危机管理理论及图书馆危机管理核心研究成果的基础上，对图书馆危机和危机管理的概念内涵作了力求科学、严谨的界定，所构建的数字时代图书馆危机管理框架体系与当前时代发展特点、需求和我国图书馆发展程度、状况紧密结合，并深度剖析了图书馆在各个层面存在的危机管理问题，提出了系统的危机解决对策和危机管理信息系统的构建方法，研究中注重观点提炼和阐述论证的全面性、创新性、实用性、指导性，有助于推动图书馆危机管理理论及实务研究向纵深发展。同时，研究中引用了丰富的资料、数据，开展了多维度的实证调查，为图书馆危机管理提供了现实参考，有利于加深图书馆界及相关管理层、合作机构对图书馆危机的认识和防范，强化危机管理意识，在危机形成和发生过程中针对各类型、各层面的潜藏危机因素及现实危机问题“对症下药”，从而尽可能在最大限度上防范、减少危机造成的影响和损失。本书所设计的危机管理信息系统预警指标体系等，翔实、便于实际操作，弥补了以往这方面研究的薄弱与不足，使其进入实用阶段。这部专著具有很大的学术价值和实用价值。

《数字时代图书馆危机管理》作为周先生数十年图书馆管理与研究成果的结晶，不仅是周先生对自己职业生涯的升华，更是为我国图书馆事业送上的一份厚礼，必将产生较大的学术和社会影响及一定的应用效益。

孙　坦

2011 年 12 月 25 日

前　言

危机管理意识起源于欧美，首先是军事领域的研究。20 世纪 70 年代以后，危机管理开始涉及“非军事性的危机”领域，并逐步形成一种综合性的国家或城市管理新理念。进入 20 世纪 90 年代，随着经济全球化和市场国际化，企业经营风险增加，危机管理的研究也因而受到国内外企业界和学术界的高度重视，进而形成了较为成熟的企业危机管理体系、机制和危机预警理论方法体系。

现代图书馆是社会组织中的重要机构，同样处在复杂的社会危机环境之中。进入网络时代后，危机因素增加，不仅传统外在突发性危机因素需要考虑，同时，由于技术进步，数字化网络化发展，公民意识的觉醒等原因，一些内部隐性危机因素，如资源危机、人才危机、服务危机等也需要图书馆界给予高度重视。一些学者敏锐地看到了这一点，率先对图书馆这种独特的社会组织的危机管理进行研究。但已有研究成果多为对图书馆危机管理的若干侧面进行较为深入的论述，整体上还存在一些缺陷，如对由于数字资源环境变化引起的图书馆面临的新挑战很少涉及，对网络时代关系图书馆生存发展的重大问题如资源管理存储、服务创新、组织变革等方面的危机研究较为缺失。同时，以往的研究注重理论研究，实践性较差，对中小型图书馆生存危机关注不够，一些预警系统的设计等还缺乏可操作性。

本书在对国内外有关图书馆危机管理及企业危机管理的相关理论与实践研究成果进行综述的基础上，针对全国主要公共图书馆、高校图书馆、专业图书馆，以及中小型图书馆的资源现状、服务现状、组织结构、人力资源等进行调查，深入分析网络环境下图书馆在管理、资源、服务、业务流程、发展环境等方面面临的深层危机，提出相应的应对策略，并通过剖析图书馆组织体系，建立图书馆危机管理信息系统，以为数字时代各级各类图书馆组织应对危机提供借鉴。

参与本书写作的人员均为图书情报行业从业人员，具有较高的学术水平和扎实的实践经验。全书共分为7章，第1章由易飞、韩毅撰写；第2章由孙杨、周金龙、王善军撰写；第3章由蔡迎春、黄国彬撰写；第4章由富平、马学良撰写；第5章由王传清、王欣撰写；第6章由赵新、赵树宜撰写；第7章由杜杏叶、乔建忠、徐健撰写。全书由周金龙、杜杏叶、易飞、王传清、孙杨、徐健、高丹统稿。参与本书数据调研和处理的人员有：宋建新、高丹、袁贺菊、王瑜。本书的撰写还得到了许多专家、学者以及图书情报工作者的支持和鼓励，也参考了有关学者的已有文献，在此一并表示感谢。

由于信息技术的不断发展以及限于编著者的水平和经验，书中难免存在错误和不妥之处，恳请专家和读者批评指正。

周金龙
2011年12月

目　录　contents

绪　论

第1章　概述

第2章 数字时代图书馆管理危机

第3章 数字时代图书馆馆藏资源危机

第4章 数字时代图书馆服务危机

第5章　数字时代图书馆网络系统危机

第6章　数字时代我国中小型图书馆危机管理

绪　论

任何一个系统的研究，首先应该详细考察其所处的内外环境，尤其外部环境是影响系统运行与功能发挥的基础条件。没有对环境的深刻认识，就难以提出系统的优化运行及有序进化的管理策略，也难以对系统进行优化控制。图书馆作为一种社会信息资源管理与服务制度设计，其基本功能就是：保存人类文化遗产，开展社会教育，传递科学情报，开发智力资源[1]。也有学者认为，数字网络环境下图书馆的社会功能应该包括6个方面：保存信息资源，开发智力资源，传递适用信息，开发信息产品，提供信息娱乐，开展网络导航[2]。无论其功能表述是什么，除图书馆本身的结构与组织设计外，主要依赖于环境的输入及环境提出的信息需求。因此，深刻掌握当前信息环境的主要特征及表现形式，不仅有利于我们清晰认识当前信息环境提出的信息需求和把握图书馆存在的外部依赖环境，而且有利于清楚认识图书馆危机产生及危机管理的基本土壤。

0.1　图书馆面临的信息环境

0.1.1　数字时代的来临与发展

以计算机技术、通信技术与网络技术为基础的网络，已经日益成为人类信息传播的新工具和新形式，把人类带入数字化时代。网络冲破了传统的时空界限，人们在网络空间的遨游中逐渐形成了新的生活方式、社会规范和社会意识，创造出了新的网络文化。信息和知识通过网络这个新型的传播媒体，以开放、多向、交互的方式和特点，向全球各个角落以几何级数扩张，渗透到人类生活的各个方面。

社会学家、“数字时代”概念的创始人之一卡司泰尔（Manuel Castells）认为[3]：数字时代的社会结构将是网络式的，在数字技术的帮助下，社会将没有组织中心，也没有地域边界。计算机对人们生活方式的改变就像20世纪汽车对人的影响一样，在信息高速公路上，整个地球变成为一个小小的“地球村”。多数学者认为，网络正在成为地球的“神经系统”，将每个人的神经都连接起来，也就是把全世界的大脑都连接起来，成为网络“有机体”的一部分。与工业时代不同，数字时代的就业人数将大大增加，但工作场所将更加分散，更多的人将从事知识性工作，接触的是信息，网络把人们联系起来。总的趋势是由工业时代的大集中走向数字时代的大分散。

网络基础设施为我们搭建了“泛在的信息环境”。2001年，美国总统信息技术咨询委员会向布什总统提交了题为“数字图书馆：人类知识的普遍存取”（Digital Libraries：Universal Access to Human Knowledge）的报告[4]，描绘了未来人类利用知识的前景：“任何公民在任何地方、任何时候，能够利用与因特网连接的任何数字设备，检索人类全部知识。”应该说，经过近10年的发展，当时提出的这些目标大多已经实现。目前，人们可以通过网络访问全世界的传统图书馆、博物馆、档案馆、大学、政府机构、专业组织乃至个人创建的数字化资源，而且其中许多信息机构还提供强大的新技术能力，使最终用户能够不断地反馈提问，分析结果，并改变信息的形式，与系统进行沟通会话。尤其是数字图书馆系统的构建，使用户在科学研究实践中能够利用模拟环境、远程科学设备、声像信息流协同工作。无论这些数字设备的物理位置如何，先进的信息集成软件能够把它们整合起来提供给用户，就像自来水或电一样方便用户的自由取用。

另外，美国NSF 2003年召开了“后数字图书馆的未来”的研究会，提出了所谓的“泛在知识环境”（Ubiquitous Knowledge Environment，UKE）的命题[5]。他们总结的“泛在知识环境”特征包括：一次登录，访问全网络；提供任何人任何时间任何地点任何内容任何格式的个性化智能化信息检索；从非结构信息中抽取知识，通过信息自组织和知识自生成，对不同应用能够自动辨别并进行语义整合；信息资源高效采集、组织、检索、传播和利用，计算、存储、数据传输等将达到前所未有的水平，在人员、数据、信息、工具、手段等方面使科研人员更互动、功能更完整。

数字时代的基本社会形态特征是数字化与网络化，它是一个计算机与网络构成的虚拟社会，尽管形式上游离于现实社会之外，但应该认为网络社会是社会在数字时代的最新表现形式和必然发展趋势，它与现实社会始终是紧密联系在一起的。数字化与网络化的社会生存方式将使人们摆脱人与人之间的狭窄时空范围的限制，极大地拓展人类的生存与发展空间。数字化网络化的社会生存环境的主要特征表现在以下几个方面[3]。

0.1.1.1　开放性

在数字化、网络化时代，人们通过网络以数字形式交流思想、工作与学习。网络是一个开放系统，它由无数相对独立的网络系统和主机，按照一定的规则联结构成。在网络上，人们可以不受国际地域的限制，不受统一管理的约束，通过任何一个网点的计算机漫游整个世界，并将自己的思想、观点通过网络传递给世界上的任何一个人。因此，对图书馆来说，如何满足开放环境下人们的信息需求，把图书馆建设成世界信息中心甚至是知识中心，并保证在提供服务的过程中免于各种可能危机的干扰，是数字时代图书馆研究必须解决的基本问题之一。

0.1.1.2　分散性

数字时代，人们的工作、学习、生活将不再受到时空领域的限制，个人的独立性将空前地提高，分散性也极大地提高。因此，个性化、定制化将取代工业社会的集中化与标准化，及时生产与及时服务将取代预制生产与预制服务，集成化将取代专业化，授权将取代集权，“以小为美”将取代“越大越好”，简洁方便将取代复杂冗余。因而，对图书馆来说，如何满足现实实践提出的分散化及个性化要求将成为检验图书馆制度设计及图书馆资源建设与服务设计的重要标尺。

0.1.1.3　虚拟性

数字时代的虚拟性主要表现在社会信息的表达与传递不再受制于物质实体的限制，而是通过将其转变为“0”、“1”形式而实现数字化传递。人们更多地依赖网址、代码标志实现数字化生存。但这种虚拟性并不是虚无缥缈，它以特定的社会特征实现网络社会的自聚集、自组织，以人们不可改变的内在规律展示信息社会的基本特征。对于图书馆来说，如何识别这些自聚集、自组织特征并基于这些特征提供相应的信息服务，是图书馆区别于其他社会信息组织的重要特征。

0.1.1.4　共享性

网上的信息资源大部分都是公开免费的，为所有网络用户共享。数字时代真正实现了人们多年追求的资源共享的目标，数字媒体的出现更是扩大和加速了信息流通与共享的范围。图书馆为了适应信息共享的需要，开展了以数字图书馆为主要对象的图书馆革新，目前已经取得了非常大的成功，数字图书馆已经成为网络上文化繁荣的一大景观，构成了数字化网络化社会文化的重要组成部分。但数字图书馆的构建过程并非一帆风顺，来自于版权、具体使用过程、长期保存等的约束与限制正成为当前亟待解决的问题。

0.1.1.5　智能性

随着信息生产传播变得更加迅捷，人们不再稀缺信息，而迷茫于如何从浩如烟海的信息海洋中获取能解决问题的知识与技能。因此，数字化网络化时代更突出智能化，把人的智慧、计算机与网络有机结合起来。大家都清楚，数据、信息不等同于知识，计算机不过是处理数据的有力工具，知识生产与应用最终还得依靠人类自身来完成。因此，工业社会与信息社会的一个重要区别是，工业革命可以极大地提高蓝领工人的生产率，但信息革命却不一定能提高白领工作的生产率。计算机无法模仿"非数字的智慧特征和人类的创造特性"，因此，人类创造性的智能研究和开发仍然是数字时代的主要基础。图书馆作为人类发展中处理知识信息的专业机构，应该勇敢地承担与面对这一艰巨的历史使命。

0.1.2　与图书馆有关的主要信息活动变革

随着数字化、网络化的发展，计算机信息系统日益渗透到人们的生活、学习和工作的各个方面，图 0－1 充分展示了当前信息环境下人们获取信息的基本方式与手段。在此环境中，人们利用 Internet、Intranet、VPN（Virtual Private Network）、WAP（Wireless Access Protocol）、Wireless Internet、Digital Appliance 等方式，在任何时间任何地点通过诸如电子邮件、网站、协作系统、虚拟社区等信息交流技术和系统，接入各种信息系统来方便地检索和利用数字形态的文件、图书、期刊、图像、音乐等信息内容，并基于信息网络来进行相关的业务运作和交易，从而进入数字化网络化生存状态。

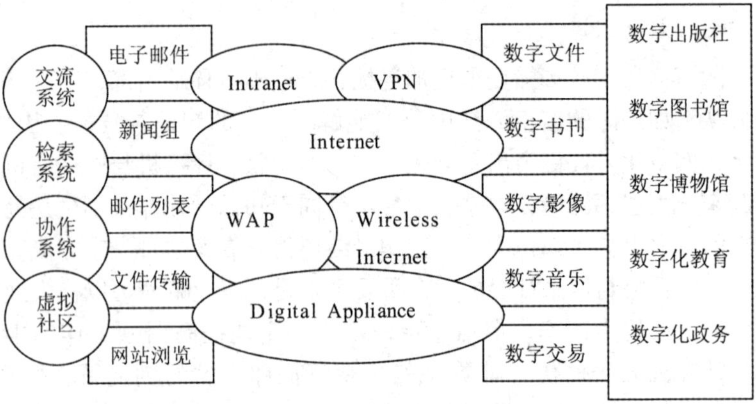

图0－1　数字化环境下的信息交流体系[6]

可以说，基于网络环境的数字化生存即将成为人类的基本生存模式。图书馆作为人类历史发展过程中形成的社会信息处理代理机构，必须适应人类信息行为方式的变革，在与相似信息机构的竞争中确立自己在新的信息环境中的人类信息枢纽角色与地位。因而，深刻分析和认识与图书馆活动相关的主要社会信息活动变革，对于图书馆应对环境需求变化具有非常重要的作用与意义。

0.1.2.1　数字化学习与社区终身学习

在国际图书馆协会联合会（International Federation of Library Associations and Institutions，IFLA）的图书馆职能陈述中，除文化保存的社会核心职能外，教育职能是其另一个重要职能。在教育领域，数字化学习正成为目前的一种普遍现象。无论是中小学还是大学的课堂里，数字化的教学材料不断地涌现出来。例如，大学课程中的数字化环境正在不断地更新，利用诸如 WebCT 和 Blackboard 等课程管理系统可以创建教师与学生能够互动、张贴课程相关资料的虚拟教室。

数字化学习这个词也被用来描述集体的或者基于工作的学习过程。公司企业出钱让其员工参加数字化学习，其初衷同许多个人在线学习大学课程的原因一样，如节约旅行时间，基本设施费用很低，学习资料传送与平台无关，学习可在任何地方和任何时间进行，等等。数字化学习是一个大的商机，它不仅可以为图书馆的数字化进程提供现实基础，也可以为图书馆的经营活动提供社会保障。

个人除正规的学校学习外，大部分学习都应该是自觉的终身学习过程。在终身学习理念下，学习者居于主体地位，因而社会应该为学习者的主动学习提供必要的条件与支持设施，并且应该满足与尊重学习者的特有认知特点与学习方式，使终身学习基于个人的自发意愿来进行，并能根据自己的现状选择合适的手段与方法来开展学习，从而在社会机制形成的支持过程来发挥人类的潜能。在当前的知识社会的不断发展过程中，以社区为基础的终身学习应成为个人成长的必备形态，具体原因有以下几点。

①树立终身学习是人的一种存在方式的理念。基于终身学习的理念，学习不应该仅局限在教育领域与范畴，即它不仅是一个涉及教育的问题，而应该扩展到整个人类的生存与发展问题。可是，随着社会的发展，学习是人的生存需要，是人的一种生存方式。没有终身学习，可能就不存在人一生的社会存在，也就不存在人的生存质量。所以，世界终身学习会议上提出的“终身学习是21世纪的生存理念”充分说明了终身学习对于当前及将来社会发展来说是一种必然。

②终身学习的目标在于建立自信与能力，适应社会变化。终身学习一方面是社会变革对人提出的基本要求；另一方面其过程是主体知识的积累、应用与创造的过程，也是主体建立自信与能力的过程，其基本目的是适应社会的变化——在面对新的挑战、任务、情况与环境时——主体都能满怀信息、自如地运用知识、驾驭知识和创造知识，满足社会对人的多元要求。

人力资本或者知识资本——来自教育、培训、工作经历和在职数字化学习的知识，是个人和组织优势的重要支撑点。全球网络系统正在使得各个利益集团进行实时的全球合作成为可能。与此同时，由于各个群体重新组合成为区域和城市的一体化网络，社区意识和归属感将变得更为重要，所以对区域和本地属性的兴趣再次得到重视，以社区（可以是实体形式的也可以是虚拟形式的）为基础的学习形态将成为未来数字化学习的重要形式。

因此，学习作为一种重要的社会政治议题，对图书馆、博物馆和同类组织提出了挑战，反过来也表明这些组织可以有所作为，它们创造新的附加价值，它们是教育和城市使命的中心，这是一个在不同的社会和政治环境里演绎的、国际性的共同主题。

所有类型的图书馆及同类组织都必须应对这种新的学习范式，大家联合提供综合服务，为人群所在的社区创造价值，以巩固图书馆及同类组织作为可依赖的社区信息中心和学习中心的地位。

0.1.2.2 数字化科研

随着数字化、网络化的发展，基于网络的科学资源交流与传播模式正在不断地完善。要完成创新的科学研究，必须实现与完善科研环境的数字化网络化，图书馆在这样的需求环境下应该有所作为。学术型图书馆作为大学或学院的一部分，不仅仅是作为一个图书馆而存在，它要研究和学习数字化科研的需求变化，不断调整以适应研究学习行为的变化。而在目前网络环境下，这种变化是不均衡和不确定的，对图书馆的发展提出了巨大的挑战。

系统的整合现在是一种潮流，包括支持学习、研究与管理以及相关兴趣的各种系统（如校园内的各个系统结构、收藏库、门户构架以及诸如论证和许可等公共服务系统）之间的整合。这种技术运动正改变着教师和学生获取、创建以及使用信息资源的方式，给提供支持的相关部门提出了新的挑战。

其中，蕴涵的挑战和机遇，包括必要的社会和组织变革，以促使传统的学术研究支持环境向数字的、分布的无缝环境转变。因此，对组织的数字资产——学习对象、数据组、e-print、论文、学位论文等——进行协调管理及揭示将是必要的。目前，还没有一定的模式或标准，图书馆应在该历程中建立自己的领先优势与地位。

同时，数字学术成果的形式往往是复杂的，也没有一个统一的标准。学术界需要开发出更好地理解数字环境下研究与学习活动成果创建、使用、再利用和保存的方法。组织知识库的各种运动常与“开放存取”联系在一起，开放存取的目的是使研究与学习成果更好、更广泛地被存取，尤其是关注减少资料获取的经济障碍。

显然，学术资源的新生态和新经济正在形成。在过去，研究及学习成果是通过正式的、线性的出版机制流传开来的。而现在，已经涌现出了多种存储结构、元数据集成服务以及更为丰富的内容互联和再利用，所有这些正在改变对数据及其利用的看法。

所以，图书馆要支持数字化科研环境。在掌握科研工作的学习研究行为需求与变化基础上，整合各种可能的数字化学术资源，把自己嵌入到科学过程中，向科研工作者提供各种可能需要的学术资源，充分把握数字化科研的机会，把自己建构成一个连贯的、机构级的知识管理系统，并在政策制定和计划实施中承担领导角色。

0.1.2.3　数字化生存

数字化生存是个体依赖信息技术和信息网络进行基本业务活动的状态。对不同的个体来说，数字化生存表现为不同的层次与形式，具体来说有以下几点。

①利用信息技术与信息网络进行支持业务流程的信息交流活动，如利用电子邮件交流观点、传递数据，利用搜索引擎查寻相应业务信息，利用各种数据库系统检索业务需求数据，等等。

②利用信息技术与信息网络支持业务流程活动，如电子商务中通过网站发布商品信息和提供检索服务，进行商品订购与咨询服务，等等。

③利用信息技术与信息网络进行基本业务活动，构建以数字化为基础的业务流程，如企业的网络化运营需要通过管理信息系统、内联网和互联网支持产品技术开发、经营管理、电子商务、市场营销管

理，等等。

可以说，不同领域将有不同的数字化生存状态，如以科学研究为主的科研工作者与以企业管理为主要任务的职业，其数字化生存状态将表现出极大的差异。图书馆应在这一过程中，紧紧依靠自身优势，创建满足数字化生存的信息环境，形成以图书馆为核心的支持各种业务流程（尤其是知识交流）的社会知识管理系统。

0.2 图书馆需要应对变革及危机

在数字化、网络化信息环境中，用户的信息需求与行为正在发生着深刻的变化。用户的知识学习正走向持续学习与终身学习，用户在工作中的生存与竞争能力、效率与质量都越来越依赖于用户不断更新知识的能力；用户信息活动正呈现数字化生存状态，用户越来越依赖信息技术进行信息交流和信息利用，并在此基础上开展业务活动；用户信息利用正走向知识化，越来越依赖于知识提炼、共享、创造及利用，越来越需要系统化的知识服务机制来支持其对知识的获取、组织、发现和利用。

图书馆必须应对数字化信息环境提出的信息需求，必须通过各种变革来适应这些学习、生活与工作的数字化变化，尤其是与信息传递、交换、分配与利用各环节相关的信息过程。近10年来，各种不同类型的图书馆都不同程度地参与了应对数字化信息环境的变化过程，它们依靠信息技术与信息网络，创建了各种数字化资源库，提供了各种数字化服务项目，提升了图书馆适应环境变化的能力。

但是，从系统演化发展动力学来看，系统的各个要素在发展过程中是不均衡的，其中技术作为一种基础设施与理念得到了更多的眷顾与发展，相应在管理制度、战略规划、资源建设、人力资源保障等各个方面相对滞后，必然引发系统在演化发展过程中的各种矛盾，这些矛盾的累积及适当条件的触发，各种可能的危机就产生了。因此，在当前数字化信息环境中，研究图书馆在信息技术与信息网络支持下各种可能危机的产生根源、演化机制及问题解决方案，对于促进图书馆健康发展具有非常重要的现实意义与理论意义。本研究正是基于这样的出发点来探讨数字时代的图书馆危机管理。

第 1 章 概 述

1.1 图书馆危机

自古以来，危机作为一种客观现象就与人类社会的发展相伴相生且无处不在，尤其是在当今纷繁复杂的数字网络环境下，小到个人、团体，大到企业、科学文化组织、政府机构、国家等都不可避免地会遭受到各种危机的威胁，图书馆作为一种社会公共服务机构也概莫能外。新的形势下，图书馆人必须居安思危，未雨绸缪，加深对各种危机的认识与防范，建立起应对危机的机制与策略。其中，首要的一步是认识图书馆危机的概念、类型及特征，这是有效开展图书馆危机管理、减少危机危害程度的前提和基础。

1.1.1 图书馆危机的定义

“危机”一词本源于英文“Crisis”，而“Crisis”又来源于英文希腊语“Krinein”，其原始含义是游离于生死之间的状态，后来被普遍用于医学领域，用以表示一些至关重要的、需要立即作出决断的状况[7]。20 世纪 70 年代以后，危机的概念渐次被引入经济、企业、政治以及社会公共管理领域。几十年来，人们一直试图全面而准确地对危机进行定义，国内外学者从不同角度对危机所下的定义已经达到 100 余种，其中较具代表性的观点主要有[8]：

赫尔曼（Hermann）认为，危机是某种特定的形势，在这种形势中，其决策主体的根本目标受到威胁，而且作出决策的反应时间很有限，其发生也出乎决策主体的意料之外。

罗森塔尔和皮恩伯格（Rosenthal and Pijnenburg）则将危机定义为对一个社会系统的基本价值和行为架构产生严重威胁，并且在时间性和不确定性很强的情况下必须对其作出关键性决策的事件。

巴顿（Barton）提出危机是一个会引起潜在负面影响的具有不确定性的大事件，这种事件及其后果可能对组织及其员工、产品、服务、资产和声誉造成巨大的损害。

格林（Green）认为，危机是指事态已发展到无法控制的程度。而危机管理的任务是尽可能控制事态，在危机事件中把损失控制在一定的范围内，在事态失控后要争取重新控制住。

张成福认为，危机是这样一种紧急事件或者紧急状况：它的出现和爆发严重影响了社会的正常运作，对生命、财产、环境等造成的威胁、损害，超出了政府和社会常态的管理能力，要求政府和社会采取特殊的措施加以应对。

上述定义反映了不同学者从不同角度出发对危机的理解，有的定义是从企业危机管理的角度对危机进行描述的，如巴顿的定义；有的定义是从政府公共危机管理的角度对危机进行描述的，如罗森塔尔、张成福的定义；也有的是根据危机的特征来给危机下定义，如赫尔曼、格林的定义。

进入 21 世纪以来，我国各种自然灾害事件和各领域公共危机事件频频发生，现代意义的危机和危机管理理念开始引起我国政府及国人的高度重视，图书馆危机也是在这一背景下开始进入国内图书馆学者的研究视野。借鉴其他各学科的危机概念，国内一些图书馆学者也对图书馆危机进行了定义，例如：

庞恩旭认为，图书馆危机是各种危机中的一种特殊类型，它专指由图书馆内外的某种非常规性因素所引发的非常态事件[9]。

何晓兵认为，图书馆危机是指短期内突然爆发，危及图书馆工作、声誉，甚至造成重大经济损失或社会危害的突发事件[10]。

刘兹恒、潘梅将图书馆危机定义为对图书馆系统造成严重威胁或破坏、需要图书馆人立即作出反应的高度震荡状态[11]。

宋国臣认为，图书馆危机是指对图书馆的基本价值和职业行为准则架构造成严重威胁或破坏，需要图书馆人作出立即反应的高度震荡状态或事件[12]。

不难看出，上述关于图书馆危机的定义中，除刘兹恒、潘梅外，大多将图书馆危机定义为一种突发性、威胁性事件，这类定义通常包含4层意思：图书馆危机的主体是图书馆；图书馆危机是一种对图书馆构成重大威胁和危害的事件，它妨碍图书馆根本目标或价值的实现；图书馆危机具有突发性，往往出乎预料，突如其来；图书馆危机具有急迫性，它给予图书馆决策和回应的时间很短，对图书馆的管理能力提出了很强的时间性要求。

的确，从近年发生的图书馆危机来看，往往是由特定事件引发的，其表现形式也主要是对图书馆具有威胁性的具体事件。但是同时也应看到，图书馆危机事件不等同于图书馆危机本身，它仅仅是危机爆发后为人们所注意观测到的一种极端的危害现象，其背后代表的图书馆某一方面的危机往往早就已经存在。显然，如果将图书馆危机解释为一种事件，则极大地缩小了图书馆危机的外延。因此，如果透过现象探究本质的话，我们更有理由认为：图书馆危机的发生是图书馆内部与外部的构成要素、运作规则和发展秩序由常态异化、裂变为威胁性体系的过程。在危机中，图书馆面临的挑战不单纯是一个威胁性事件，而是一种涉及内部与外部多重利害关系的复杂困境。因此，借鉴学者董传仪对于危机的定义（危机是指系统内部与外部环境之间的不平衡状态），我们将图书馆危机定义为：图书馆危机是指图书馆系统内部及系统与外部环境之间的不平衡状态。它的外延是图书馆系统内外的各种矛盾关系，当这种矛盾激化的时候将演化为恶性突发事件。

首先，以状态而非事件来定义图书馆危机，一方面能更准确地反映图书馆危机的本质，有利于我们加深对图书馆危机形成机制、发生原因以及防范对策的认识和理解；另一方面，它明确了图书馆危机管理的方向是由异常状态向正常状态的转换。这样一来，图书馆危机管理本身就不再仅仅是对突发事件的处理，而更多的是对状态的调整，从而有利于图书馆人树立危机意识，建立危机应对机制，形成战略性的危机发展观。

其次，图书馆危机是一种不平衡状态。威胁性、突发性、损害性、急迫性等都只是图书馆危机的一种外在表现特征，而非其本质。根据辩证唯物主义的矛盾论，图书馆发展的根本原因在于其内部的矛盾性，图书馆系统矛盾双方既统一又斗争，促使图书馆不断地由低级向高级发展。图书馆内部的这种矛盾状态，当负面的一方压倒了正面的一方，出现严重不平衡的时候，就形成了所谓的危机状态。当这种矛盾发展到极致，将引起图书馆根本性变化的时候，危机就以一种突发事件的方式展现出来。

再次，图书馆危机是图书馆系统范围内一种不平衡状态。图书馆系统的类型是多种多样的，可以根据不同的原则和情况来划分，它可以是一种大的系统，如一个国家或某一地区的图书馆系统，也可以指某个相对较小的具体图书馆、图书馆中的某个或某几个部门。总之，图书馆危机这种不平衡状态都是处在一个具体的图书馆系统之中，它不是某个或某几个单一因素之间出现的问题，而是涉及构成系统的要素与要素之间、要素与系统之间、系统与环境之间三个层次。因此，在研究、解决图书馆危机时，要从整体上去把握产生这种不平衡状态的原因，从系统的特点和规律去控制、管理、改造出现了危机的系统，调整系统结构和系统中各要素的关系，从而防止危机的破坏性影响，使系统达到优化目标。

1.1.2 图书馆危机的成因

1.1.2.1 外部环境因素

1.1.2.1.1 政治经济环境变化

当今社会是一个复杂的大系统，各个国家的政治体制、经济发展程度不同，难免引起种种利益冲突和激烈竞争，激化到一定程度就会爆发危机。尤其是现阶段我国正处于传统社会向现代社会转型时期，整个社会的技术与知识结构、经济结构、社会阶层结构等都发生了重要变化，根据世界发展进程的规律，我国当前恰好对应着“非稳定状态”的频发阶段。根据一般规律，一个国家发展到人均 GDP 处于 1000 美元至 3000 美元的发展阶段，往往对应着人口、资源、环境、效率与公平等社会矛盾的瓶颈约束最严重的时期，社会失序、经济失调、心理失衡等问题就会比较容易发生，从而形成一些不稳定因素，容易因此引发危机[13]。图书馆作为社会的有机组成部分，社会的不稳定因素难免会波及和影响到图书馆的工作和安全，使图书馆危机的发生次数和危害程度与日俱增。

1.1.2.1.2 文化法律环境失衡

在我国社会转型过程中涌现出来的一个突出问题是社会文化价值观念失衡、法律滞后甚至缺失。在市场经济的激励下，人们的价值观念发生了巨大的变化，更趋向务实，注重物质和经济利益，而精神文化层次的需求相对弱化。例如，近几年中国出版科学研究所发布的国民阅读率调查结果表明，由于生活节奏紧张、没有时间阅读、新兴媒体对传统纸质媒体市场的分割等直接因素，导致我国国民阅读率持续走低，传统阅读、经典阅读较为缺乏，且阅读的知识性相应减弱，而功利性、实用性、消遣娱乐性走强，浅阅读、网络阅读成为文化消费趋势。图书馆作为我国公共文化服务体系和现代社会制度体系的重要组成部分，如果不能适时把握和适应这种社会文化背景和读者需求行为的变化，将会引发一系列发展方向上的不确定性危机。同时，图书馆的运行需要全面、完善的法律保障和制约手段，而我国迄今为止尚未出台一部国家层面的图书馆法，各地图书馆法律法规也很不健全，导致现阶段我国图书馆整体建置水平大大落后于国外图书馆建设标准，与我国的经济发展水平、人民群众的信息需求相比远不能匹配，面临行业性发展危机；并且，在我国加入WTO后，全球化背景下，图书馆在购买国内外网络数字资源和提供对外服务时面临更多的知识产权和版权风险，而国内现有的法规条文比较粗糙，定量性规定不足，操作性不强，致使图书馆容易面临法律及版权危机。

1.1.2.1.3 数字网络技术挑战

一方面，计算机和网络技术的快速持续发展改变了人们的生活、教育和科研活动。从传统图书馆到虚拟图书馆、数字图书馆，图书馆前进的每一步都与信息技术的进步和整个社会信息环境的变革紧密联系。由于数字图书馆网络系统具有分布广域性、体系结构开放性、资源共享性和信道公用性的特点，其网络信息安全问题日益彰显，网络病毒、黑客攻击、信息窃取和非法篡改数据等对拥有海量资源库群的数字图书馆造成的危害和损失特别巨大，并且概率日益增加；另一方面，高密度的信息储存技术，高速度的信息传递技术，高效率、高质量的信息查询技术的进展，使得以往图书馆所能提供的流通、阅览、检索和参考咨询等服务工作已经被计算机、程序和数据库所代替，图书馆面临全新的信息空间和竞争环境，搜索引擎正在取代图书馆从前在信息和知识交流链中的角色，成为连接出版发行商和信息用户的中介。新的信息和知识供应链使得读者正在更多地依赖能更快速、更好地满足他们信息需求的搜索引擎，越来越多的人习惯于通过Google、Yahoo、百度获取信息。这些新的提供信息服务的商业性机构已经超越了与传统图书馆的服务分工，使图书馆在信息共享链中越来越边缘化，图书馆的社会地位正在发生变化，甚至面临生存危机。

1.1.2.1.4 自然灾害威胁

从自然环境来看，目前人类对自然的认识还存在较多局限，加上科学技术发展水平的制约，自然界里还有许多人类未知或难以准确预测、不可控制的风险因素，一些巨大的自然力量也是人类无法与之抗衡的；此外，人类在利用自然、改造自然的过程中也对自然界造成了严重破坏，使自然生态系统失去了平衡，导致引起重大天灾。这些自然界的重大灾害往往是在人类毫无知觉、毫无防备的情况下突然降临，带有不可抗力，如暴雨、暴雪、地震、台风、海啸、洪水、酸雨、森林大火、山体滑坡等。图书馆作为社会系统的一个组成部分，在自然灾害来临时也不可避免地会遭受人、财、物的巨大损失，并影响到正常运转。

1.1.2.2　内部管理因素

1.1.2.2.1　图书馆整体发展水平滞后

现代信息网络环境对图书馆提出了更高的发展要求，而从整体上看，我国图书馆长期以来形成的组织模式、运行方式仍有许多未能适应现代社会发展之处，积累了许多问题，具体表现如下。

①管理问题，图书馆属于国家全额拨款的事业单位，市场化、规范化程度相对不足，管理体制不完善，责、权、利不明晰；图书馆管理人员欠缺先进管理理念和创新精神，对图书馆未来发展认知不清，对图书馆不能够很好地做出判断和分析，只能制定出不切实际的图书馆战略。

②经费问题，目前图书馆的经费来源渠道单一，而国家对图书馆事业的经费投入不足，虽然各级政府财政部门都在加大对图书馆的投入，但是由于书刊价格的飞速上涨以及图书经费管理不善，致使图书馆购买力锐减，资源保障力度不足。

③服务问题，由于缺乏新的服务项目、服务手段落后、服务意识欠缺等原因，而造成图书馆服务不能满足用户的多层次需要，导致读者流失，更多地转向网络搜索引擎及其他社会信息服务机构。

④人员问题，由于从业人员社会地位不高，经济收入有限，工作内容单一，缺乏挑战性和竞争力，难以吸引和留住高学历、高素质复

合型人才，致使图书馆人员队伍整体素质偏低，难以应用先进的技术和设备开展服务，也不可能提高管理水平和业务水平，等等。因此，我国图书馆整体发展程度已大大滞后于数字时代下社会经济水平、公众信息获取需求等，在现代化、网络化、高速运转的社会中，如果不能从根本上转变，势必造成矛盾加剧、冲突凸显，最终酿成危机。

1.1.2.2.2 危机意识缺乏

长期以来，图书馆处于相对稳定而边缘化的社会地位，体制的相对稳定性、市场竞争意识和环境的缺乏，使图书馆各种潜伏的问题容易被忽视，没有紧迫感和危机感。图书馆馆长如果危机意识淡薄，会对可能引起危机的问题视而不见，对发生的危机无法在第一时间确认，从而错失处理危机的最佳时间；图书馆员，尤其是一线服务人员是直接与读者打交道者，如果缺乏危机意识，则任何一个细小的工作失误都可能引发危机。

1.1.3 图书馆危机的类型

数字时代的图书馆危机可以按照不同标准进行多角度、多层次的划分，从而便于人们针对不同类型的危机开展专门研究，有针对性地进行危机管理与防范。

1.1.3.1 按危机的爆发时间与表现形态划分

1.1.3.1.1 突发性危机

突发性图书馆危机是指那些瞬时爆发出来、事先不可预知的危机。这类危机往往破坏性较强，因此一旦发生，图书馆自身又没有相应的危机管理措施予以抵制，则很容易遭受强烈甚至毁灭性的破坏与打击。突发性图书馆危机又可分为以下两种类型。

①自然灾害与社会事故危机。图书馆处于社会大环境中，必然受到突发性自然灾害和社会重大事故的影响，包括火灾、飓风、海啸、地震、污染、国际战争、社会动乱、疾病肆虐等突发事件给图书馆所造成的危害。例如，1986 年洛杉矶中心图书馆遭受火灾，致使 40 万

册图书被毁，125 万册图书受损[14]；2003 年在我国大面积范围内爆发了 SARS 疫情，给图书馆的对外服务及用户管理带来了极大挑战。

②社会公共关系危机。这里所指的公共关系是指除读者关系以外图书馆与外界其他组织及公众之间的关系。图书馆作为一种社会组织，与社会各界，如政府、新闻媒体、书商、周边地区及行业图书馆、供电供水部门、社区、一般公众等具有千丝万缕的联系，构成了错综复杂的图书馆社会关系网络。由于外界组织及公众属于图书馆的外部环境因素，图书馆对其监控通常较薄弱，由此而引发的危机往往始料不及。例如，2005 年三、四月间，广东省立中山图书馆实施改扩建时计划拆除“北斋”，社会舆论就“北斋”是否属于文物保护范畴展开了激烈的讨论，政府、新闻媒体、一般公众等给广东省立中山图书馆施加了巨大的压力[10]。

突发性危机虽然破坏性强，但其表现形态明确，爆发后容易引起图书馆及外界高度关注，大多可以通过借鉴企业危机管理理论，参照建立社会公共危机管理体系等方法解决。

1.1.3.1.2　潜伏性危机

潜伏性图书馆危机是指那些呈渐进式发展、持续时间较长、隐蔽性强的危机，尤其是图书馆由于对社会网络通信技术进步、数字化信息环境变化的不适应性而引发的危机等。这种危机表面看来不像突发性图书馆危机那样具有较强的破坏性，实则关系图书馆的数字网络环境的地位与生存，如果任其发展而不及时予以治理，其最终结果势必威胁到图书馆的可持续发展。另外，当潜伏性危机因素积累到一定程度时，也可能因为某一具体问题“一触即发”，以某种突发性恶性事件的形式爆发出来，即向突发性危机转化。潜伏性危机与突发性危机的主要区别如表 1 - 1 所示。

表1-1 潜伏性危机与突发性危机的区别

危机特性	突发性	潜伏性
爆发时间	瞬时爆发	长期潜伏
表现形态	较明确	较隐蔽
危害程度	高	由低向高发展
可预测性	差	中—高

潜伏性图书馆危机主要分为以下几类。

①管理危机。是指由于图书馆利用以前积累的管理经验应对数字信息新环境变化所引发的在运行管理方面所面临的一系列不适应和不平衡状态。目前，我国图书馆管理中还存在着许多危机因素，尤其体现在图书馆领导者、组织结构、战略规划、制度建设等方面。就图书馆领导来说，主要表现在：领导者专业素质不满足数字时代的需要，管理能力没有跟上数字化形势，缺乏数字时代的竞争意识与竞争策略；就组织结构来说，以印本资源的业务流程为依据设置的单一型职能分割和管理层级模型虽然具有高度的明确性和稳定性，但在业务和管理上存在缺陷，如在业务上将馆藏资源的组织加工作为图书馆重点，对用户服务功能重视不够，导致读者无法获得完整的一站式服务；就战略规划来说，无论是资源建设计划、服务计划、财务计划、设备计划还是人力资源开发计划、组织计划等都不同程度地存在着不适应性，尤其是优秀人才的大量流失以及经费短缺引发的危机更为突出；就制度建设来说，不合理的制度与不完善的制度都将触发图书馆系统在运行过程中的不适应性[15]。

②资源危机。拥有或可存取的文献信息资源是图书馆提供文献信息保障与服务能力的基础，在网络条件下，图书馆资源危机主要是指图书馆在文献信息资源，尤其是网络资源采集、组织、保存与评价的过程中产生的资源供给与需求不平衡状态。由于图书馆资源在类型、结构、来源、形式等方面进一步多样化，在信息市场、用户需求、资源类型等外部因素和图书馆经费、人才、管理、策略等内部因素共同

作用下，图书馆面临的资源建设问题日益复杂，导致了图书馆在资源采集、资源组织、资源保存和资源评价等环节中面临诸多危机[16]。

③服务危机。图书馆作为一种公共信息产品提供制度，为社会公众提供信息服务是其核心功能。图书馆服务危机是指在特定的环境下，某些因素给图书馆服务造成不利影响，扭曲图书馆服务理念，阻碍图书馆实现自身功能的非正常状态。不断纵深发展的数字环境，给传统的图书馆服务带来了前所未有的冲击，图书馆服务在时代的潮流中面临着重重危机，但是也给图书馆改进服务手段、提高服务水平提供了广阔的发展空间[17]。

④网络信息系统危机。现代图书馆系统是基于网络的数字资源体系与服务体系，因而网络安全是整个图书馆系统的技术基础设施与支撑条件，图书馆网络信息系统危机是指当前数字化网络化环境中图书馆网络信息系统建设、运行过程中所面临的主要危机。从危机发生的原因来看，网络信息系统的危机主要有自然灾害、疏忽大意造成的安全事故、蓄意破坏、恐怖袭击、网络病毒爆发、黑客攻击、系统故障等危机[18]。

潜伏性危机本质上是当前数字网络环境下图书馆面临的生存危机，是关系图书馆可持续发展的更深层次危机，并且因其隐蔽性而更容易被人忽视，产生“温水煮青蛙”效应，错失防范、治理的最佳时机。从这一角度看，潜伏性危机对图书馆组织危害更大，更难以对其实施危机管理，因而，我们选择这类危机作为本书将要研究的主要危机类型。它通常是多因素复合作用的结果，需要进行长期的、系统化综合治理。由于其通常具有一定的可预见性，其爆发往往会经历从量变到质变的过程，“防微杜渐”是这类危机事件管理的核心。

1.1.3.2 按危机产生的根源划分

1.1.3.2.1 外生型危机

外生型图书馆危机是由图书馆系统外部环境引发的危机，也称环境危机。它包括以下几个方面的危机。

①由不可控因素引起的危机，即上文提到的自然灾害与社会事故危机。

②社会其他信息服务商的变化引发的危机。

③用户信息需求及行为特征变化引发的危机。

④国内政策法律法规环境变化引发的危机。

1.1.3.2.2 内生型危机

内生型图书馆危机是指由图书馆系统内部因素引发的危机，如图书馆管理危机、资源危机、服务危机、网络系统危机、人力资源危机等，大多属于潜在性危机。图书馆对这些内部存在的危机因素要么认识不足，缺乏自我检察与监控机制，要么疏忽大意，发现漏洞却未及时采取措施，以致最终酿成危机。

1.1.3.2.3 内外双生型危机

内外双生型图书馆危机是指在图书馆外部环境变化与内部管理不善交互作用下产生的内生型危机，如图书馆内部管理不善被外界新闻媒体报道，引起社会公众舆论关注、讨伐，从而演化为危机。

1.1.3.3 按图书馆规模划分

1.1.3.3.1 大型图书馆危机

根据国际图联组织（IFLA）的定义，藏书规模在 100 万册以上的图书馆属于大型图书馆，主要包括各省市级公共图书馆、大型高校图书馆及少数大型专业图书馆。大型图书馆拥有及可存取的印刷及数字资源库较为丰富，是图书馆共建共享联盟网络中资源的重要提供者；服务对象也更为广泛，吸引着社会上众多的用户群体，因而在文献资源保障率、数字资源建设与长期保存、知识产权与版权保护、提高用户服务满意度方面肩负重要的责任，任何管理漏洞和服务问题都更容易引发社会公众关注，引发严重的公共关系及形象危机；此外，在数字信息环境下，在其他社会信息服务机构的激烈竞争下，大型图书馆作为行业内的龙头机构，同样面临严重的生存危机，亟须对自身功能效用和服务取向进行重新定位。

1.1.3.3.2　中小型图书馆危机

中小型图书馆是指藏书量在100万册以下的图书馆，主要包括市县级以下的公共图书馆、中小规模的高校图书馆、科研机构图书馆、企业图书馆、机关图书馆、中小学图书馆和民营图书馆等。与大型图书馆相比，中小型图书馆具有数量大、分布面广、附属性强、管理多元化、提供服务基础化、信息技术应用不足等“弱、小、散”的鲜明特点。因为其自身结构功能简单，抗危机能力相对较弱，很可能在突发性危机及自身矛盾运动中被扼杀。尤其是一些贫困落后地区的基层公共图书馆，长期面临经费严重匮乏、文献资源短缺、馆员素质低下等问题，在新的数字化网络化环境下，其发展却是举步维艰，生存价值及核心能力受到严峻考验，面临比大型图书馆更为严重和直接的生存危机[19]。

1.1.4　数字时代图书馆危机的特点

数字时代的图书馆危机既具有危机的一般特征，即高度威胁性或严重破坏性、不确定性、隐蔽性、聚焦性、长期性、复合性、难恢复性[21]，同时又具有新的时代特征，表现在以下几个方面。

1.1.4.1　公共危机爆发概率增大

随着社会的开放、经济的发展、民主与法律制度的逐步健全，我国公民的权利意识开始觉醒，越来越多的人认识到享受图书馆提供的公益服务是公民的权利。在这样的时代背景下，图书馆落后的基础设施、馆员淡漠的服务意识、不合理的收费制度及任何其他流程、安全管理上的漏洞等都较以往更容易遭人诟病。而当民众对图书馆的功能价值、服务产品的期望值与现实情况产生落差时，便容易向网络和各种传统媒体寻找宣泄的出口，形成对图书的负面新闻报道，如果图书馆不能及时应对、解决，最终会演变成公共危机的导火索。

1.1.4.2　潜伏性生存危机进一步加剧

数字化、网络化信息环境不仅导致用户的信息需求与行为正在发生着重要变化，也对图书馆自身的运营管理方式以及社会上其他与图书馆相关的方方面面产生了深刻影响。例如，生活、工作节奏的加快使人们需要更快更多地从网上获取信息，网络正在与图书馆争夺读者，尤其是新的网络信息服务商的崛起正在对图书馆提供的信息产品形成巨大冲击；网络及各种载体的文献信息资源的空前增长与图书馆采购经费的有限增长之间的矛盾更加突出，图书馆资源保障能力面临严峻挑战，等等。图书馆以往面临的各种关乎组织生死存亡的潜伏性危机不仅没有得到缓解，反而进一步加剧。

1.1.4.3　网络传播对危机发展有推波助澜的关键作用

随着互联网进入 Web2.0 时代，以博客、社区、RSS、WIKI 等为代表的网络大众媒体开始崛起，越来越多的网民开始在网络上发表自己的意见，改变了传统的主流媒体控制话语权的格局趋势。从我国近年来发生的图书馆重大危机事件来看，网络在危机信息传播中起着不可或缺、推波助澜的作用。例如，“信阳师院图书馆事件”最初在被河南《大河报》报道后，新华网河南频道、新浪网社会新闻等网络媒体迅即进行了转载，当天著名图情博客“老槐”发表了《愤怒与耻辱》一文，旋即通过网络激起轩然大波，图书情报界人士对此展开了激烈讨论和思考，直接推动了此次危机事件的升级、发展和解决。可见，网络中的危机信息传播具有自由、透明、速度快、波及面广、破坏性强、难以控制的特点，一旦放任或者不及时处理都可能会很快引起网络和传统媒体、公众的连锁反应，造成事态升级、危机夸大化，甚至给图书馆带来难以弥补的负面影响。

1.2　图书馆危机管理

危机是任何对象实体发展过程都伴随的现象。长期以来，人们一直都试图找出对危机进行管理和控制的方法策略，但真正意义上的“危机管理”理论，直到 20 世纪 60 年代才在管理学领域建立起来。

20世纪70年代的世界性资本主义经济危机，唤起了人们对危机管理的高度重视，使危机管理研究延伸到了经济领域；20世纪80年代后，随着跨国公司的发展和市场竞争的加剧，企业管理领域也开始大量引入危机管理理论与实践；到20世纪90年代，伴随国际政治、经济格局的剧烈变化，危机管理开始走进社会研究领域，尤其是“9·11”事件后，危机管理理论与实践在公共管理领域得到迅猛发展。

1.2.1 图书馆危机管理的界定

图书馆作为社会公共领域，在其发展过程也必然会遇到各种各样的危机事件。这种危机事件不仅来源于环境的各种变化引发的图书馆与环境间的不适应性，也包含图书馆自身矛盾运动所引发的各类问题。当前，随着信息环境的数字化、网络化发展，人类信息获取方式正发生前所未有的突变，人们的服务意识也空前提高和觉醒，人类正面临“信息爆炸性增长与知识贫乏”的悖论困境。社会信息环境的剧烈变化和图书馆自身矛盾运动引发的各类问题，都要求我们强化图书馆的危机意识，加强对图书馆的危机管理研究，促进图书馆适应环境的发展要求并实现跨越式的发展。

所谓图书馆危机管理，是针对图书馆发展演化过程中可能面临的各种危机制订各种危机管理预案，并对图书馆运行中出现的危机因子和危机事件从发生到消亡全程全面监控处理的管理理论与管理实践。

分析该定义可以发现，该定义体现了以下几个方面的特征。

①系统性。它既涉及危机产生前根据系统矛盾运动的分析预测及危机处理预案制订问题，也涉及图书馆实际运行中的危机征兆识别和已经出现危机的处理问题，必须对图书馆危机进行系统分析与统筹安排，否则就会出现管理疏漏。

②动态性。不同时间不同地点不同实体图书馆的危机类型应该体现出不同特点，尤其是随着时间的演化不同阶段所表现出来的危机更是如此，因此图书馆制订危机管理方案必须适应这种动态性的变化

要求。

③全程性。是对图书馆危机事前、事中、事后进行全面全程监控处理的连续链条，是一个系统工程，它不等同于单一的危机处理，也不等同于简单的危机公关。

④实效性。不仅应体现在危机事件出现时，更要体现在危机还没有爆发时，它包括危机管理的组织、制度、流程、策略、计划、决策等，涉及培养危机意识、组建职能部门、侦测并处理危机因子、建立危机预案和预警系统、处理危机事件、危机恢复、事后总结经验并学习改进等诸多方面的内容。

因此，图书馆在进行危机管理时，不仅要从一般危机管理理论与实践中汲取充分的营养，同时必须考虑图书馆危机管理自身的独特性，制订出符合图书馆自身实际的危机管理预案，构建相应的危机管理系统，实现危机管理的有效性。

1.2.2 图书馆危机管理的原则

1.2.2.1 统筹安排原则

图书馆危机管理是一个系统工程，单个危机事件的出现都可能涉及千头万绪的矛盾累积，因此，解决任何一个危机问题都不可能也不应该是“头痛医头脚痛医脚”的管理策略，而应该采取系统工程方法，综合地统筹安排，才有可能把危机解决得较为彻底，并符合图书馆本身的发展要求。

一般来说，从系统角度来考虑图书馆危机的解决方案，首先要明确危机的产生根源是什么，主要矛盾是什么；其次是要弄清楚与危机产生相关联的因素、因素间的关联作用以及这些因素的可能发展变化；最后，从系统的总体目标入手，把危机作为启动系统创新发展的契机，制订危机的长远解决方案。

在统筹安排图书馆危机解决过程中，定要贯彻“提升危机意识、预防为主”的基本策略。危机管理专家 W. T. Coombs 指出：“危机不可预测，但并非不可预期。聪明的组织都知道危机早晚会降临，他们只是不知道什么时候会来而已……最好的危机管理方法是避免危机发生。”[20]因此，图书馆应该重视在危机发生前从机制上做好防范工作，在危机的诱因还没有演变成危机之前将其平息，而不是等到危机对图书馆组织形象、公共关系造成损害的时候再采取行动。如果是那样，图书馆所付出的代价就是十分惨痛的。要做到对危机有效地预防，就需要有“防患于未然”的危机意识。这种危机意识的树立，不仅是对图书馆领导层来说的，还必须从上至下贯彻到图书馆的每一个员工，并要将这种意识上升为组织文化，使这成为全馆上下的自觉行为。有了这种忧患意识，有了这种为国家财产和读者利益高度负责的社会责任感，就一定能激发危机管理的自觉行动，就能在危机管理的全过程一丝不苟地做好机构设立、预案准备和完善、人员培训、安全监测、安全监控等全方位工作，使“预防第一”真正落到实处。

1.2.2.2 重点差异原则

图书馆事业的发展过程，单个图书馆实体由于各种条件的差异，因而产生的危机也是千差万别的。有的危机主要来源于管理制度的缺陷，有的可能来源于经费的紧缺，有的可能来源于技术上的瓶颈，有的可能来源于优秀人才的流失，有的可能来源于资源结构的不合理，有的可能来源于服务水平与服务内容的短缺，还有的可能是诸多可能原因的综合，如此等等。因此，图书馆在进行危机预案研究时，必须清楚本组织的主要矛盾是什么，与此矛盾相关联的一个或多个因素是什么，然后按照重点差异原则进行分析，对不同的危机给予不同的关注度并设置不同的危机预警等级，从而实现区别对待不同危机的处理模式。

在重点差异原则的指导下，要注意的是对微小的危机不予重视的极端，树立“正视任何问题积极主动”理念。事情无论巨细，只要成为危机，图书馆首先要做的事情就是必须意识到危机已经发生了，要采取积极的态度正视问题。典型莫如国家图书馆的“巴金赠书事件”，由最初的否认到部分承认再到最后对事件的回避态度，除了暴露出国家图书馆在危机管理上存在的诸多问题外，更是将国家图书馆置于了社会舆论严重不满的境地，使国家图书馆在危机处理中完全丧失了先机和主动权。由此可见，当危机发生时，无论面对的是何种性质、何种类型、何种起因的危机事件，图书馆都应该正视问题，积极主动地予以处理，即使起因不在己方，也应该首先消除危机事件所造成的直接危害，从舆论上、心理上赢得社会公众的认同，为危机的妥善解决营造良好的氛围。

1.2.2.3 因地制宜原则

由于图书馆危机的产生根源不同，即使是相同的根源在不同时间不同地点所表现出来的危机形式也可能千差万别，因此要根据实际情况，具体问题具体分析，因势利导，具体问题具体处理。为此，在制订危机预案时，我们一方面要充分汲取早期已经发生的各种危机的处理办法；另一方面应该结合本馆的实际情况，制订切实可行的危机预案，并且留有一定余地，为危机的灵活处理预置相应空间。

当危机已经发生时，具体因地制宜地处理危机时，要树立以下一些基本理念。

①及时果断和快速反应理念，即当危机爆发时，图书馆除了在态度上要积极主动、正视问题外，在行动上也必须做到迅速有效，在短时间内对危机事件采取有力措施予以处理，避免由于延迟可能给图书馆带来更大的损失，广东省立中山图书馆北斋拆迁事件的处理就充分体现了这一理念[21]。

②真诚沟通理念，即图书馆在遭遇危机时，应该积极与外界（尤其是各类媒体）保持信息畅通，及时回应各种报道，不能弄虚作假，遮遮掩掩，否则会欲盖弥彰，不利于危机局面的控制，同时要注意发布的各种信息必须保证前后一致。

③公众至上理念，即在危机处理过程中，图书馆应该将公众利益置于首位，更多地关注图书馆用户的处境，而不是考虑如何摆脱危机

给图书馆带来的责任，这是由图书馆的公益性质决定的，同时也是图书馆重塑组织形象、及早从危机中恢复过来的有效对策。

④注重后效理念，即图书馆一方面既要着眼于当前危机事件本身的处理，又要考虑到图书馆良好形象的树立和未来的长远发展，不能只关注眼前利益的维护，采取“头痛医头脚痛医脚”的权宜之计，而应着眼于全面的、整体的、未来的高度进行处理；另一方面在危机过后，图书馆要对危机的影响进行评估，总结危机处理的经验教训，从危机中认识图书馆自身系统的弊端和局限性，从而提升管理的科学性和规范性，并从危机管理中取得多重效果和长期效益。

1.2.2.4 互助协作原则

图书馆危机的具体产生可能是图书馆的某一部门，如读者服务部门，图书馆典藏部门，图书馆咨询部门，但危机的具体处理应该是图书馆各部门共同协作解决。因此，互助协助原则应该是图书馆危机处理的基本策略。

除了图书馆自身的互助协作外，图书馆界有必要加强业内的互助协作，成立区域性甚至全国性的图书馆危机管理协作互助组织，整合行业的力量来共同防御、应对危机，减轻危机对图书馆人员、馆藏等造成的损害。同时，要对遭遇危机的图书馆施以援助，帮助其迅速从危机中恢复过来。危机过后，要对危机管理的经验教训进行总结与分享，这对其他图书馆防控类似危机的发生、检查内部管理缺陷也具有十分重要的意义。在这一过程中，图书馆学会、学术团体、联盟机构等应该发挥自身的领导组织作用，积极组织并参与互助活动，为图书馆危机管理合作的开展提供组织上的保障。

此外，图书馆还应该参与多元主体共同组建的危机管理协作网络。无论是发生在某个具体图书馆的危机事件，还是大规模的波及整个社会的恐怖袭击、疾病、自然灾害等威胁，除了作为主体的图书馆要积极投入危机应对工作外，还需要来自图书馆外部其他组织机构的帮助，如交通运输部门、物资供应部门、电信管理部门、灾害处理专家等。

1.2.3 图书馆危机管理的框架体系

图书馆作为一个社会信息处理系统，它一方面表现为信息资源体系；另一方面表现为信息服务体系，都受到社会信息环境的深刻影响与制约。图书馆系统内部的主要构成要素是图书馆工作人员、提供的各种服务、拥有或可存取的资源、管理制度及相应的数字化基础设施（见图1－1），无论哪个部分都受到具体信息环境的影响。

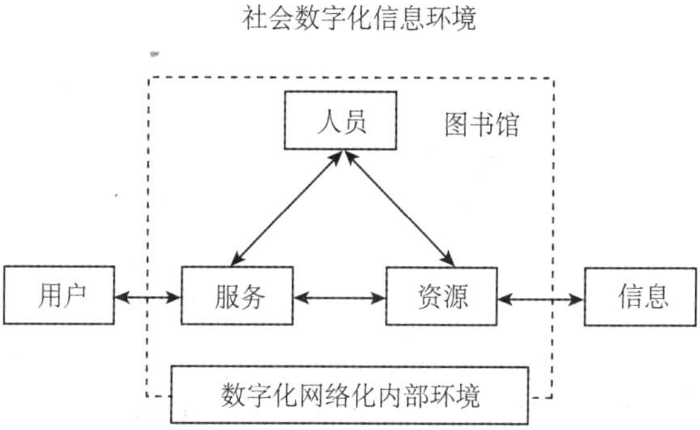

图1－1 数字网络环境下图书馆系统的基本结构[22]

外部环境中信息的存在形态、信息的数量与质量、信息的流通渠道与载体形式、新技术的应用等，都深刻影响图书馆的信息资源体系；信息用户的信息需求状态、用户信息需求的满足形式与方法、用户的信息行为模式与范式等，直接决定了图书馆的信息服务体系构成。图书馆系统作为开放的非线性系统，从环境获得各种物质、能量与信息，利用自身拥有或控制的资源为相关用户服务。环境各种变化引发的各种涨落与扰动都将影响图书馆系统的生存及发展演化，也是产生图书馆危机的主要根源。当前的数字环境下，由于信息技术的优势发展地位，使得其他系统构成要素显得相对劣势而不能适应系统发展的总体要求，各种要素渐次累积达到一定程度时就可能导致图书馆危机的出现。

图书馆危机管理研究主要是探讨图书馆危机的产生机制，并依据产生机制的差异制订危机管理的策略方案。根据前面对图书馆系统要素的分析，我们认为，图书馆系统危机的产生机制，是图书馆各要素结构及相互作用导致的系统远离平衡而形成的与环境不相适应的过程与状态，因而可能的危机包括：管理制度不适应引发的管理危机；信息资源体系不满足用户需求导致的资源危机；服务体系不完善导致的服务危机；信息基础设施的缺陷引发的信息系统危机。

1.2.3.1 管理危机的管理

管理危机是指由于图书馆利用以前积累的管理经验应对数字信息新环境变化所引发的在运行管理方面所面临的一系列不适应和不平衡状态，具体又可分为图书馆组织机构危机、战略规划危机、管理制度危机，等等。

因此，要应对相应的管理危机，图书馆机构及其领导者首先需要提高管理能力，具备准确制定实施发展战略、培育自身组织文化的素质，并采取积极措施应对各种竞争关系，充分发挥自身累积优势，才能更好地适应数字化环境下图书馆的发展[23]。

1.2.3.2 资源危机的管理

资源是图书馆系统的基础，没有资源的图书馆也就不成其为图书馆。在网络条件下，图书馆资源危机主要是指图书馆在文献信息资源，尤其是网络资源采集、组织、保存与评价的过程中产生的资源供给与需求不平衡状态。而图书馆资源危机管理就是在充分调研当前图书馆资源建设过程中面临的各方面危机的基础上，基于图书馆自身所处的资源建设环境，积极应对图书馆资源建设的挑战，制定合理的资源建设战略发展规划，减少乃至消除各种危机可能带来的影响和损害，有效保持和合理提高图书馆的资源建设效益。

1.2.3.3 服务危机的管理

图书馆作为一种公共信息产品提供制度，为社会公众提供信息服务是其核心功能。图书馆服务危机是指在特定的环境下，某些因素给图书馆服务造成不利影响，扭曲图书馆服务理念，阻碍图书馆实现自身功能的非正常状态。图书馆服务危机的主体是图书馆服务；其客体因素则有可能是内因或者外因，或者内外因交互作用；具体的环境可能加剧某些不利因素发挥作用；其表现形式就是使得图书馆服务无法正常实现，从而阻碍图书馆价值的实现。图书馆服务危机管理就是通过调查和分析当前信息环境下用户对图书馆信息资源服务的需求与资源供给方面存在的矛盾，探索现有的服务方式对未来发展存在的可能风险及预防体系和应对方案，通过调查国内外图书馆外延服务方式、服务功能、服务对象的变化对图书馆存在的潜在威胁，分析威胁的类型、程度，研究可能的解决方案。

1.2.3.4 网络信息系统危机的管理

现代图书馆系统是基于网络的数字资源体系与服务体系，因而网络安全是整个图书馆系统的技术基础设施与支撑条件。图书馆网络信息系统危机管理是指在调查掌握当前数字化网络化环境中图书馆网络信息系统建设、运行过程中所面临的主要危机，分析危机的主要类型、产生根源及对图书馆功能实现的影响程度，制订出危机解决的基本策略与方案。

图书馆网络信息系统危机在不同维度上表现出不同的特点，可从发生时间、产生原因、发生概率、内容及危机影响等多个维度来分析网络信息系统危机表现形式，从而根据不同危机类型研究危机管理策略与方法。

1.2.3.5 中小型图书馆危机的管理

严格意义上来说，中小型图书馆危机与前面几种危机类型并非并列关系，而是囊括了上述几类危机。之所以将其单独列出，是因为与其他各类型图书馆相比，各种危机对中小型图书馆产生的影响可能更为巨大与深远。这是由中小型图书馆自身具有的以下鲜明特点决定的。

①数量大，分布面广。以公共图书馆为例，我国独立的公共图书馆分为四级，分别对应四级地方政府：省（自治区、直辖市）级图书馆、地（市）级图书馆、县级图书馆、乡镇（街道）级图书馆。其中，市县级以下的中小型图书馆在全国公共图书馆数量中约占到85%以上。

②服务基础化。尤其是中小型公共图书馆，多为基层组织和读者服务，基础性服务是主流特征。

③附属性强。除中小型公共图书馆外，其他类型中小型图书馆多附属于特定的机构，有专门的读者群。

④文献专业性强。尤其是中小型专业图书馆，受母体机构的影响，资源重点为所在机构的科研专业方向。

⑤管理多元化。

⑥信息技术应用不足，等等。

数字环境下，中小型图书馆由于自身实力的差距，面临的危机更加突出，并且在以往的研究中常常遭到忽视。事实上，中小图书馆更应正视危机，建立危机处理机制，事前预防，事中控制，事后恢复，将危机变为正向发展的动力，敢于突破与创新，在危机中寻找发展的机会与动力。凡事都有其两面性，如果中小型图书馆的决策者把握时机，抓住机会运筹帷幄，就有可能会在危机中实现整个体制上的革新，实现新的飞跃。

1.2.3.6　危机信息管理系统的构建

数字化、网络化技术的发展使信息技术成为社会执行力的重要组成部分，图书馆危机管理也必须充分应用现代信息技术来解决。首先，应该开发一套危机管理预案生成的标准方法。关于危机预案的生成方法在国内外已经有比较成熟的做法（尤其是公共危机管理领域），图书馆领域可借鉴相关的方法，开发适合我国图书馆领域需求的危机预案生成方法。其次，应开发一套有实用价值且操作方便的危机管理系统。该系统能灵敏、准确地揭示风险前兆，并能及时提供警示信息，超前反馈、及时布置、防危机于未然，从而最大限度降低由于危机爆发所造成的图书馆各种资源的损失。一般来说，该系统应该包含危机信息的搜集、监测、危机诊断与预报功能，通过危机评估指标系统的计量，辅助生成危机报告，帮助决策者有效进行危机管理决策。

第 2 章　数字时代图书馆管理危机

随着现代信息技术的不断发展，数字化和网络化发展逐渐成为我国图书馆未来发展方向，如何充分利用数字化资源和网络资源为读者提供更好的服务是图书馆的重要使命。不断变化的发展环境对我国各类图书馆的管理和发展带来了新的要求与挑战，然而目前我国图书馆管理仍多以传统管理思想为主，存在许多管理问题，如领导者素质有待提高，中长期发展战略规划较为缺乏，组织结构有待改进，管理制度不合理等，尤其是人才流失更是困扰图书馆发展的重要因素，这些问题都有可能成为图书馆管理的危机因素。积极并充分认识我国各类图书馆管理中存在的潜在危机因素，制定相应的应对措施，对我国图书馆更好地适应数字化发展环境具有重要意义。

2.1　图书馆管理危机概念解析

数字图书馆建设方兴未艾，语义网使图书馆面临的外部环境发生了变化，泛在知识环境、Web 2.0、网格技术、云计算等概念的兴起又使图书馆受到了新的挑战。图书馆面临的数字环境不断地发生变化，在给图书馆发展带来机遇的同时，也使图书馆面临了前所未有的危机，如何应对不断变化的发展环境成为图书馆管理的重要内容。

2.1.1 图书馆管理危机定义

危机是指具有严重威胁、不确定性和有危机感的情境。图书馆是外向型的信息资源服务机构，其发展较多地受到外部环境变化等不确定性因素的影响。图书馆危机是各种危机中的一种特殊类型，是指图书馆系统内部及系统与外部环境之间的不平衡状态，它的外延是图书馆系统内外的各种矛盾关系，当这种矛盾激化的时候将演化为恶性突发事件。数字时代图书馆危机的实质是在数字环境中图书馆因不能适应外部变化和不确定性而给自身生存和发展所带来的威胁与挑战。

数字环境下的图书馆管理危机是指由于图书馆利用以前积累的管理经验应对新环境变化所带来的前所未有的管理挑战，而使图书馆在管理上所面临的各种需要尽快响应和解决困难的一种状态。管理危机表现在管理层对图书馆未来发展认识不清，管理思想陈旧，管理体制不完善，权责利不明晰，从而制定出不切实际的图书馆战略而导致的失误[24]。图书馆管理危机具有隐蔽性，常潜藏于日常工作中，一旦爆发或处理不当，后果不堪设想。

2.1.2 图书馆管理危机的分类

现代管理的基本职能通常认为是计划、组织、领导、控制，任何一种管理活动都必须由管理主体、管理客体、组织目的、职能方法、组织环境或条件 5 个基本要素构成。图书馆管理的主体主要指图书馆的领导者；管理客体主要包括人力资源、馆藏资源和馆舍建设等方面；组织目标主要指图书馆针对自身定位制定的战略规划；职能方法主要包括图书馆组织结构和管理制度。

目前，我国图书馆普遍存在管理思想落后、管理手段匮乏、管理实施机制混乱以及管理反馈机制缺失等现实状况。

2.2 战略规划

图书馆作为知识海洋里的一艘航船，首先必须明确要开往何方以及如何航行才能开到目的地，这也正是图书馆个体的使命与规划。数字时代图书馆生存环境已经发生了巨大变化，如果不对其生存环境进行分析，不制定正确的战略规划，不清晰地向公众传达图书馆的使命，图书馆在逐渐失去既有读者而又长期不开发或开发不了新读者的情形下，在信息技术和知识市场的推动下，走向衰亡并由“新面孔”的类似准数字图书馆的商业公司的部门、机构取代的可能性是存在的[25]。

图书馆战略规划是指图书馆面向未来确定图书馆使命、愿景、目标、战略及其实施计划的思维过程与框架，是一种能够将不同部门的运作凝结成集中一致的团队力量的整体性策略原则[26]。战略规划对图书馆具有重要的价值，它不但可以引导图书馆应对变化，把握未来，规范组织行为，增强组织活力，还能起到对图书馆的宣传作用。实施战略规划能够增强图书馆应对未来发展变化的能力与素质，同时能够规范图书馆在未来发展中的行为，增强组织活力与凝聚力。如果图书馆缺乏战略规划或战略规划不清晰，则会使图书馆在中长期发展中缺乏科学合理的规划与明晰的指导。图书馆的使命是为读者服务，长远的战略眼光能够帮助图书馆更为有效地满足读者需求并及时适应日新月异的数字化、网络化和知识化的发展环境。

图书馆的战略规划危机是指缺乏战略规划，或有战略规划，但由于对内外环境变化的不适应、估计错误、条件不许可而造成战略选择失误，以及执行不当而产生的危机。图书馆战略规划危机主要体现在战略规划制定上，多数图书馆所制定的战略规划并没有及时、充分地把握图书馆内外部环境的变化，或因估计失误、条件不许可而造成战略定位模糊、失当、欠缺，以及缺乏战略实施过程的监督与对执行结果的测评。

2.2.1　数字时代图书馆战略规划的制定

近年来，随着信息技术的飞速发展，整个社会已经进入知识与信息社会。数字时代的来临使得读者阅读习惯发生巨大变革，新技术不断融入图书馆行业也为图书馆管理与服务带来了新的挑战。图书馆应敏锐地注意到这些变化，并基于这些变化，对自身的基本功能和定位作出调整，制定适合本馆发展的中长期战略规划，以便应对数字时代可能对图书馆发展带来的危机。

2.2.1.1　制定战略规划时必需的要素

制定战略规划的前提是全面、系统、充分地了解图书馆所处的环境及其变化趋势、图书馆与环境的关系以及图书馆应对环境变化的能力。在制定战略规划时要考虑的问题包括：战略规划是否目标清楚、易懂，是否能够实现其全部目标，这一目标怎样才能很好地实现；同时战略规划实施所需条件是否能够达到。

图书馆制定战略规划，其框架至少应包含使命、愿景、价值观、目标体系、战略五部分。使命（mission）是组织存在的理由，是组织的目的与核心。图书馆需要制定出自己独特的服务声明，因为它能清晰地界定服务的重点和目标，这也为制定战略规划和进行决策打下基础。愿景（vision）是图书馆对未来一段时期组织发展蓝图的勾勒，也就是说，通过愿景建设，图书馆能够拟定出几年后组织将有什么样的表现。而战略规划则是在组织有了明确的使命之后，为了这个使命能够实现，确定一段时间内要重点解决的一些事情。而这些要解决的重要事情称为目标（goal）。

在制定成功的战略规划时，以下因素被认为是必需的。

①图书馆管理的目标之一必定是为把战略选择制订成实施方案，并使正式规划能具体执行。

②规划制定工作总目的必须使复杂的图书馆的各种标准被人们完

全了解。

③至少有一点共同的要求，那就是考虑规划的要旨、总计划、期限、方法等。

④规划系统必须和其他管理系统结合起来，如图书馆的资料系统等。

⑤在规划的制定中，作业线的领导者和部门领导必须参加。

2.2.1.2　数字时代图书馆生存环境的变革

图书馆在制定战略规划时应对其生存环境有准确的定位，只有充分了解环境变化趋势，才能准确预测未来，更好地制定图书馆的战略规划。准确把握环境后，图书馆的下一步战略关键点是对自身发展目标的定位。发展目标定位可以对图书馆进行战略层面的指导，使图书馆在信息服务、资源建设、人员设置方面进行合理、有效的规划[27]。

数字时代我国图书馆生存环境发生的变化可简单概括如下。

①技术环境的变化。网络、数字技术、信息技术的发展使图书馆的工作环境发生了革命性的变化，这既给图书馆带来挑战，也让图书馆面临新的发展机遇，联机编目、联合参考咨询、机构存储库建设、数字出版等成为可能。

②竞争者环境的变化。随着百度、Google 信息搜索商以及一些大型国际出版商等大量涌现，读者在获取信息的渠道上有了更多选择，这直接威胁到图书馆社会信息中心的地位，而图书馆也比以往任何时候更需加强对其竞争对手的研究。

③读者环境的变化。CNNIC（中国互联网络信息中心）2009 年 7 月 16 日发布的《第 24 次中国互联网络发展状况统计报告》显示[28]，2009 年上半年我国网民规模已达 3.38 亿人，继续领跑全球互联网；其中，使用手机上网的网民也已达到 1.55 亿人，约占我国网民总数的一半（46%）。网络改变着人们的学习、工作、生活方式，改变着人们获取信息的习惯，也促使图书馆更加重视对读者的研究。

2.2.2　图书馆战略规划存在问题及危机

战略规划早在 20 世纪 80 年代就成为国外很多图书馆应对挑战、把握未来的工具，也成为图书馆管理规范化和专业化的重要标准。但我国图书馆战略规划的研究刚刚起步，将战略规划作为图书馆管理工具的图书馆为数甚少，利用战略规划明确图书馆的愿景、使命和地位，并以此制定详细的战略措施的图书馆更是凤毛麟角。

从目前我国图书馆战略规划的制定与实施流程来看，战略规划危机主要是指图书馆由于对内外环境变化的不适应，缺乏战略规划，或估计错误、条件不许可而造成战略选择失误，或执行战略不当而产生的危机，主要表现在图书馆战略规划的不适应性、缺乏对数字化环境的分析以及缺乏实施效果评估等 3 个方面。

2.2.2.1　缺乏对图书馆发展环境的研究

数字化环境不可避免地改变了图书馆读者的需求和行为。目前，我国大多数图书馆将战略规划等同于工作计划，缺乏对图书馆战略规划的研究，尤其对数字化的发展环境重视程度不足，制定战略规划缺乏对图书馆发展环境变化的判断与预测。

2.2.2.1.1　信息环境的变化

信息环境是变革的驱动力，互联网技术极大地改变了图书馆的生存环境，这种变化增加了读者对检索功能的需求。目前，读者已经拥有较为成熟的网络信息鉴别力，并对现有文献信息存取的缺点认识更清楚，他们希望通过一系列技术产品（包括手机）寻找更多的信息获取途径。图书馆是开发数据的组织和标准、安全、认证、数字权利管理等相关问题的主要合作方，开放资源出版和机构知识仓储建设都被认为是改变学术信息交流过程的基本要素[29]。信息环境的变化要求图书馆未来发展具有更强的适应性，而我国传统图书馆大多仍以纸质资源为主要馆藏资源，面对即将来临的数字化环境尚未做好准备。

2.2.2.1.2 传播方式的变化

信息网络正以无缝的方式整合资源，为读者提供更多的信息获取方式，今天出现的新技术正在改变人们创造、管理和传播信息的方式，当今环境下，服务的各个方面都在很大程度上依赖于信息技术[30]。在数字化环境下，读者不再前往“物理”的图书馆查找纸质文献，而是能够通过网络随时随地获取自己所需资源的电子版。图书馆战略规划的制定也不能不考虑此类因素，否则将无法满足读者的信息需求。

2.2.2.1.3 读者需求的变化

在过去的几年中，图书馆读者学习和工作的信息环境发生了极大变化，越来越多易用的搜索引擎已经改变了读者日常信息搜索行为和期望，这种新的信息环境呼唤图书馆利用各种途径发现资源，满足各类研究人员的需要。创建图书馆自己馆藏数字内容并广泛开发图书馆内已有文献资源，更好地满足数字时代的读者需求变化是图书馆战略目标不能不考虑的因素，然而，目前我国大部分图书馆对读者需求变化研究不足，尚未提升至战略目标的高度。

2.2.2.2 战略规划的不适应性

目前，我国图书馆在制定战略规划过程中存在战略规划缺失与不当，缺乏长远性和前瞻性，以及缺乏战略规划研究等危机。

2.2.2.2.1 战略规划的缺失与不当

图书馆的战略发展要符合社会发展的需求，要适应并反映外部环境的变化，要与社会和读者的需求相吻合。目前，我国各类型的图书馆总体上来说缺乏对未来发展的战略规划，尤其是中小型图书馆，其业务工作依然沿袭内部的传统，没有确立可信和可行的目标，缺乏对外部激烈的竞争环境的敏感反应，竞争意识不强。图书馆这种固步自封的状态已经持续了相当长的时间，在当前数字化环境下已经演变为图书馆的危机困境，在google、百度等强大的搜索引擎的强势发展下越来越处于信息服务的边缘。

同时，国内传统图书馆在制定战略规划时往往缺乏长期规划。从国外图书馆制定的战略规划持续时间来看，80% 以上的机构以 2 ~ 5 年为期进行规划；少数机构按照 9 ~ 10 年进行总体设计，如芬兰国家图书馆等[31]。而国内图书馆在制定战略规划时较为缺乏对环境变化的预测，往往只是制订图书馆近年发展计划，缺乏对图书馆未来发展情况的预测和宏观把握，战略规划的制定缺乏长远性，战略规划也无法发挥其指导作用。

图书馆战略规划是图书馆未来发展的重要指导，也是提升图书馆竞争力和核心竞争力的重要手段。在数字时代，图书馆所处信息环境正在发生日新月异的变化，图书馆整体规划中如果缺乏战略规划，将会使图书馆在未来同行竞争中，甚至与搜索引擎、数据库服务提供商的竞争中处于不利形势，无法为读者提供满意的资源与服务。

2.2.2.2.2　缺乏长期性与前瞻性

目前，我国图书馆在实际工作中对战略规划重视程度不足，认识水平不高。除国家图书馆等一些较为大型的图书馆制定的战略规划能够按照愿景、使命、价值观、目标体系、战略等战略规划框架进行制定外，大多数中小型图书馆将战略规划等同于工作计划，往往只是提出具体的工作内容，而缺乏对外界环境变化的关注与行业发展的预测。在数字时代，战略规划应在图书馆发展的信息环境和法律环境方面实施新的改变，具体地分析图书馆发展的内部和外部环境，并对图书馆未来发展进行科学的预测，传统战略规划已经具有其不适应性，如果不改变，将会导致图书馆固步自封，无法在图书馆生存环境发生变化时及时作出应对。

战略规划不应等同于工作计划，图书馆在制定战略规划的过程中需要综合考虑外界技术环境、竞争环境、读者环境等变化，并对未来行业发展前景进行预测，从而得出适合本图书馆发展的战略目标，如果仅将战略规划简单地等同于工作计划，则根本无法实现战略规划对图书馆未来发展进行科学合理规划与指导的作用。

2.2.2.2.3 缺乏战略规划研究

国外图书馆20世纪80年代就开始重视战略规划的作用，对图书馆战略规划研究较多，但是，国内图书馆对战略规划普遍重视程度不足。近年来，随着信息技术的飞速发展，整个社会已经进入知识与信息社会，数字时代的来临也使得读者阅读习惯和阅读行为发生巨大变革，为图书馆管理与服务带来了新的挑战，如果我国图书馆不能敏锐地注意到这些变化，并基于这些变化对自身的基本功能和定位做出调整，制定适合本馆发展的中长期战略规划，将会对我国图书馆未来发展带来严重威胁。

2.2.2.3 缺乏对实施监控与效果的评估

2.2.2.3.1 缺乏战略规划实施的配套措施

战略规划的核心是战略目标，只有目标得到有效的执行才能真正转化为生产力，提高图书馆的服务质量。图书馆在制定战略规划的同时还应制定相应的配套措施，并对整个战略规划实施工作具体安排责任到人，使得图书馆每个人都能认识到图书馆战略规划的重要性与必要性，也能够更有效地促进战略规划的具体实施过程。战略规划实施的配套措施是战略规划最终能够落实的重要保证，但目前我国图书馆在其制定方面还较为缺乏，战略规划往往无法深入贯彻执行，这也就很难获得其应有的效果了。在数字时代，更应注意对战略规划的实施过程进行监控，否则将无法保证图书馆战略目标的顺利实现。

2.2.2.3.2 缺乏对战略规划的评估与调整

在制定战略规划的过程中，应重视对战略规划实施的评估。战略规划的评估并不是在战略目标完全实现后对其结果进行评估，而是应在战略规划实施过程中，定期对图书馆战略目标的阶段性成果进行评估，总结实施过程中发现的问题，分析已有战略目标的不足，并根据图书馆具体情况对战略目标进行调整，使其更为适合图书馆的未来发展。这就需要加强对图书馆战略目标评估指标体系的建设，然而这也是目前我国传统图书馆较为缺乏的方面。缺乏对图书馆战略目标的评估与调整有可能导致图书馆发展环境发生变化，而战略目标无法及时调整，使图书馆无法达到最优发展目标。数字时代图书馆发展要注重定期或不定期对战略规划的评估与调整。

尽管我国图书馆建设取得了巨大成就，但大多重视硬件资源建设，而缺乏软实力建设。具体表现在我国图书馆还十分缺乏从整个发展战略上来推广图书馆在社会经济建设中的价值和公众影响力的具体纲要，导致我国图书馆事业在整个公共事业中的经济投入长期不足。图书馆只有主动推销服务并承担使命，才能凸显其社会价值，才能在当前社会环境中得到更多的支持，在竞争公共财政投入中赢得先机。图书馆作为公共非营利性单位，在制定战略规划过程中，要能够帮助制定者更有效地对组织及其人员进行管理，建立的目标需要得到制定者和执行者的一致同意，战略规划需要进行充分论证，证明规划具有可靠性和可操作性，规划中需有战略重点，规划还需结合到组织结构中去，使之成为图书馆工作的一个有机部分。

2.3　领导者

图书馆事业的发展离不开优秀的管理人才，数字时代，图书馆领导者面临着前所未有的挑战。传统时代图书馆领导者多为其他领域老教授或专家兼任，尤其是高校图书馆，这一现象较为普遍，此类领导者对图书馆专业知识和具体工作的认识尚存在不足。还有部分图书馆领导者是从图书馆基层工作做起，对专业管理知识较为缺乏。数字时代的图书馆领导者在能力素质方面，不仅需要具备专业的管理能力，而且还需要具备相关的图书馆学知识。目前，我国图书馆领导者的素质能力与数字环境下对图书馆领导者的要求还有较大差距，这对图书馆的领导者提出了新的、更高的要求。

2.3.1 数字时代对图书馆领导者的要求

一位美国学者曾提出，一个成功的图书馆领导者应具备8项品质，即富有远见、足智多谋（尤其是在资金问题上）、团队的规则主导者、负有责任感、拥有政治头脑、良好的判断力、拥有企业家的精神和能够得到多数人的认可。数字化环境对我国图书馆领导者提出了新的、更高的要求，图书馆领导者应具备更先进的管理理念、更敏锐的洞察能力，通过更高效的组织管理帮助图书馆应对信息革命的浪潮。

2.3.1.1 管理能力

在数字化环境下，图书馆领导者的管理能力主要体现在以下两个方面。

2.3.1.1.1 良好的战略规划能力

在数字化环境下，各种变化非常迅速，所以需要图书馆领导者具有良好的预见性和良好的战略规划与调整能力。这对于图书馆的发展至关重要。传统的图书馆一直是固步自封，缺乏创新意识和变革进取的精神。在现代信息环境下，市场竞争日趋激烈，面对如搜索引擎的挑战和各种资源内容提供商的竞争，图书馆不但需要具有超前的战略来适应环境的要求，同时也需要不断地调整自身目标和规划，以求得更好的发展。在这种情况下，图书馆领导者的战略眼光和发展规划能力就显得极为重要。

图书馆领导者应具有良好的预见性和战略规划能力，能够适时调整图书馆发展战略，规划图书馆的未来，这表现在如何制定适应当前和未来数字化环境变化、又能符合本馆发展实际的战略规划；如何处理和对待技术在图书馆发展中的地位和作用；如何完善图书馆业务以面对外部竞争等方面。

2.3.1.1.2 积极创新能力

开拓创新是图书馆领导者应具备的重要素质，在数字时代，处于网络环境下的图书馆要想保持优势，就必须不断开拓、勇于创新。

图书馆领导者的创新能力主要包括管理理念的创新、理论知识的创新和技术创新。管理理念创新主要指图书馆领导者应不断吸取现代化的管理理念，进行有效的决策和指挥；理论知识创新主要指通过对图书馆学先进理论知识的学习，结合本馆自身情况，对图书馆实践进行指导；技术创新主要指通过积极采用新技术、新设备来适应数字化环境对图书馆的新要求。

2.3.1.2　图书馆学专业技能

数字时代图书馆领导者应具有广博的科学文化知识以及专深的专业知识和技能。图书馆领导者首先应熟练掌握图书馆学、信息学、计算机科学基础知识；其次，要熟悉与之相关的其他专业学科领域的基础知识。在信息社会，为实现知识信息的交流与传递，图书馆就要开发信息资源，服务于科研、教学、生产与社会实践。缺乏相关专业领域知识，就难以指导馆员们调研、分析、预测和专题文献检索。随着交叉学科、边缘学科以及新型学科的不断出现，对图书馆馆长提出了更高的要求，馆长的知识水平在一定程度上决定着图书馆的服务质量[32]。

2.3.1.3　对技术发展和外部环境变化的敏感性

技术的发展一直推动着图书馆的不断前进与变化。网格技术和云计算技术使整个互联网成为一个协同计算、并行处理的整体，在云计算成为基础设施后，图书馆也许还可以将自己的软硬件全部“外包”给某一片“云”，泛在知识环境的构建则要求图书馆融入到无处不在的知识环境中并提供随时随地的服务，Web2.0 技术的发展为图书馆服务提供了一些新的技术和方式。专家预言：21 世纪整个社会将变成人机对话的社会，获取信息的方式主要是人机合作。迅速感知环境和技术变化并做出相应调整和部署，将会使图书馆在不断变化的环境中免于失利，这对图书馆领导者来说尤为重要。

2.3.1.4 国外图书馆领导者的选取

目前，图书馆馆长选取主要有两种渠道：一是其他领域专家型学者；二是图书馆专业人士。选取其他领域专家学者成为图书馆领导者，优势在于能够借助其威信和号召力保持住图书馆的地位，并在经费预算、人员配备上获得优惠；而非图书情报领域的新任馆长有可能改革那些因过分囿于馆内业务而无法改革的问题，较为典型的是日本大学图书馆馆长的选取。

2.3.1.4.1 日本大学图书馆馆长的选取

聘任其他领域专家教授担任大学图书馆馆长，此做法在日本的高校图书馆馆长选取中较为典型。自明治44年（1911年）京都大学的新村首次以教授身份就任图书馆馆长以来，日本各大学争相效仿，时至今日，日本各大学图书馆馆长全部由快要退休的老教授们相继兼任，实际上成了一种名誉职务。其不足在于忽视了图书馆管理如同图书馆学一样也是一门学问，图书馆馆长必须熟悉和精通图书馆管理及图书情报学方面的相关知识，并且图书馆馆长的职位是一个领导岗位，并非是一个纯技术岗位，没有一定的工作经验和管理能力是当不好馆长的。

正如著名图书馆学专家汉夫列斯（K. W. Humphreys）在1981年莱比锡国际图联大学图书馆分会上所说的：“大学图书馆馆长必须要派专职的、经验丰富的图书馆员担任。”美国大学图书馆馆长的选取较为重视这一点。

2.3.1.4.2 美国大学图书馆馆长的选取

美国在大学图书馆馆长人选问题上与日本截然不同。美国《图书杂志》“求贤”栏目上曾经刊登过一则招聘威斯康星州大学图书馆馆长的广告，上面要求：“招聘能及时采用新技术，不断为师生拓宽服务领域，能营造馆内外的协调气氛，率领图书馆员奔向21世纪的、朝气蓬勃和经验丰富的人才担任馆长。具体条件：至少要在国家图书馆协会认定的学校取得图书馆学硕士学位，有7～10年的实践经验，其中包括 2 ~ 3 年的工作经验，有强烈的服务意识和书刊整理方面知识；有图书馆自动化和情报技术方面的经验；有口头书面的交流技巧；具备引领图书馆发展方面的知识和能力。”

从这里我们可以看出，图书馆馆长除具备一定的学历外，还必须要熟悉图书馆业务，有相当的工作经验和一定的领导管理能力，具备现代化知识和技能，才能够领导图书馆更好地发展。

2.3.2　图书馆领导者能力危机

尽管数字化环境给图书馆领导者能力提出了新的要求，但是从目前情况来看，我国图书馆领导者能力与数字时代的要求相距尚远，领导者能力危机主要表现在以下几个方面。

2.3.2.1　管理能力危机

管理能力危机，一方面表现在图书馆领导者考核和选拔过程中缺乏对其管理能力的评定；另一方面表现为图书馆领导者不能有效合理地协调组织带来的危机。未来的图书馆组织结构将是复杂的多重结构（部门设置和项目组并存）、网络化组织模式，如何处理好流动性组织和固定性组织及员工之间的关系，将是图书馆领导者面临的一大难题，如果处理不当，难以避免危机的出现。在选择图书馆领导者过程中，如果缺乏对领导者管理能力的考查和考核，忽视其作为一个领导者应有的管理素质，容易造成图书馆管理水平不高，不能有效地协调员工积极工作和发挥团队协作精神，人才流失严重等局面；如果领导者缺乏图书馆营销能力，忽视社会对图书馆的评价起到的积极作用，图书馆就会缺乏对外界环境的敏感性。图书馆领导者管理危机，从本质上讲是图书馆领导者选拔制度的危机，只有确立了完善的适应图书馆发展的领导者选拔和任用制度，图书馆领导者管理危机才有可能在未来得到改善或解决。

2.3.2.2　专业素质危机

专业素质危机表现为领导者对图书馆的专业知识和业务知识缺乏

了解，随着近年来图书馆学教育的影响，这一危机逐步得到了缓解。但在新的环境下，图书馆领导者专业素质危机有了新表现：缺乏良好的技术敏感度和素养，对图书馆发展的未来形势认识不清，不能把握有利于图书馆发展的技术变化和环境因素。这并不是说要求图书馆领导者掌握某项具体技术，而是强调其感知能力和专业素养。Roy Tennant 提出的图书馆领导者应该知道的10项关于技术的事情[33]从侧面反映出在数字时代图书馆领导者的专业素质危机。

尽管图书馆是社会知识存储和转播的中介，但是在当今社会中，图书馆仍然被视为其他权力部门的辅助机构。如在高校和科研机构中，图书馆是作为教学辅助机构的，即便是作为公共文化中心的公共图书馆，其在整个公共文化系统的实际作用和地位也尚未得到有效的保障。因此，图书馆的领导者多是在其他行业突出的人才，或是退居二线的领导干部，而拥有图书馆专业知识的领导者比例很小，领导者对图书馆的专业知识缺乏了解，对图书馆的业务缺乏认识，对图书馆的决策难免有失偏颇，同时由于图书馆专业知识的缺乏，导致对图书馆发展的认知不清，使得图书馆的战略发展规划目标不清，或是不切实际，直接影响图书馆的长期发展。这一现象和问题，在我国的图书馆界非常突出。领导者选拔和任用方面的非专业化，已经严重影响了图书馆的长远发展和对数字环境的敏感性与快速反应能力。

2.4 馆员

在美国有这样一种说法：图书馆服务所发挥的作用，5%来自图书馆馆的建筑物，20%来自信息资料，75%来自图书馆馆员的素质。人力资源是图书馆应对数字化发展的首要因素，高素质的馆员队伍是满足读者需求的重要保证。然而目前我国图书馆馆员社会地位普遍不高，高素质人才引进较为困难，现有人员人才流失现象严重，人才危机令人堪忧。

2.4.1　数字时代对图书馆馆员的要求

数字时代图书馆馆员的工作不再是简单地提供借还书服务，更多的将是为读者提供增值服务与满足读者需求，这对馆员的能力和素质提出了新的要求。

2.4.1.1　熟练应用图书馆相关信息技术

随着计算机互联网技术的发展和应用，图书馆正朝着虚拟化、数字化方向快速发展。数字时代对人才提出了更高的要求，数字时代的图书馆是一种技术密集型信息机构，它需要运用大量的高技术电子设备和计算机网络技术，新的技术环境和服务模式。在这种形势下，图书馆馆员应能够充分掌握现代信息技术知识，熟练应用计算机技术，较好地组织与利用网络信息资源，进一步开发信息产品，为读者提供增值服务，为网络信息咨询不断开辟新的空间。只有这样，才能保证图书馆的各项工作紧跟时代发展步伐。

2.4.1.2　复合型知识结构

数字时代的图书馆要求图书馆馆员的知识不断更新和补充，培养和造就一批知识丰富、才能全面的复合型人才将成为未来图书馆建设的重要任务。复合型图书馆人才要求具备图书情报专业知识、自然和社会科学专业知识、数据库及网络化技术知识、深厚的外语功底，能够系统掌握计算机知识和应用，并有较强的中外文献检索及阅读能力。

以参考与读者服务馆员为例，美国图书馆协会对参考与服务馆员的教育水平提出了严格的要求，要求学员在接受相关的教育和培训后，必须掌握以下知识[34]。

①与主要读者的中心知识范围有关的信息资源结构。

②关于联机目录、检索系统、数据库、Web 站点、印刷和电子期刊、专著、视听记录等基本信息工具的知识。

③主要读者的信息查找方式与行为。

④当面和以其他途径与读者沟通和交流的原则。

⑤技术对信息结构的影响。

⑥版权法与知识产权法。

⑦信息素质能力标准。

与传统图书馆相比，数字时代图书馆更加注重馆员对信息技术的应用以及全面的知识结构，高素质的图书馆馆员将成为图书馆未来发展的骨干力量。

2.4.2 图书馆馆员素质危机

目前，我国传统图书馆普遍存在馆员素质不高、专业性人员缺乏、优秀人才难以引进等危机状况。在数字化环境下，如果这些问题仍无法解决，图书馆将无法应对不断变化的信息环境和读者需求。

2.4.2.1 专业性人才的缺乏

目前，我国图书馆工作人员整体素质不高，专业性人才较为缺乏。从人员的来源看，图书馆人员结构存在“三多”，即教职工家属多、安置转岗人员多、需要继续教育的人多，而具有现代图书馆馆员素质要求的人较少。在课题组回收的调查问卷中，55.4%的图书馆人认为专业人员紧缺是自己所在图书馆人才方面存在的主要危机。

同时，大部分图书馆缺乏明确可行的人力资源战略以及有效的人力资源规划，从整体上看，图书馆的工作人员社会地位普遍较低、经济收入不高、工作辛苦繁重，与其他行业相比，图书馆是处于二线的辅助单位，人员发展受限，缺乏吸引力。高校大学毕业生即使到图书馆工作，也往往把图书馆作为自身发展的“跳板”，优秀人员出多进少，图书馆的工作常常被认为不具有挑战性，图书馆馆员个人价值实现的机会不大。在课题组对图书馆工作人员学历调查中，高学历（硕士及以上）工作人员所占比例非常不乐观，近半数的图书馆高学历人才为0，高学历人才能够达到本馆人数一半以上的图书馆仅占被调查图书馆的 2.3%，由此也可以看出目前我国图书馆优秀人才的缺乏，如表 2－1 所示。

表 2－1　图书馆高学历人才（硕士及以上）所占比例

比例范围（%）	数量（个）	所占百分比（%）	比例范围（%）	数量（个）	所占百分比（%）
0	264	46.6	50～59	6	1.1
1～9	75	13.3	60～69	3	0.5
10～19	83	14.7	70～79	2	0.4
20～29	38	6.7	80～89	1	0.2
30～39	31	5.5	>90	1	0.2
40～49	12	2.1	未填写	50	8.8

注：有效问卷数：566

2.4.2.2　人才流失现象严重

在图书馆急需人才的今天，我们不得不直面这样的窘境：图书馆过去、现在都在经历着高素质、高学历、业务能力强的人力资源的大量流失。

有调查表明，1985 年分配或引进到图书馆的馆员，约有 50% 以上（其中，主要是经过专业培训的人才）流失到外单位或企业与公司，甚至有的大学图书馆 3 年前引进的人才也所剩无几[35]。对江苏省 10 所本科院校馆员队伍情况的专项调查显示，2006—2008 年，高校图书馆离职人员占现有人员的比例平均达 11.2%，最高的达 15.1%；离职馆员中，63.6% 具有硕士以上学位，本科以上学历达到 86.4%，81.4% 为 35 周岁以下；现有队伍中，20% 的馆员具有离职倾向[36]。据天津高校图工委的调查，天津高校图书馆专业人员中，11% 的人对图书馆工作不感兴趣，16% 的人抱着有机会就走的态度，50% 的图书情报专业的本科生已跳槽。而非图书馆专业分配到图书馆工作的大学毕业生 80% 的人对图书馆工作不感兴趣，50% 的人已经跳槽，其中大多数研究生和本科生是当前图书馆急需的人才[37]。

图书馆人才流失现象严重主要包括以下 3 个方面的原因。

①图书馆馆员社会地位较低。从内部环境看，首先，领导重视不够；其次，图书馆社会地位相对较低，工作条件相对较差，有些学有所长的人才认为在图书馆难以找到与自己学历和工作价值相平衡的位置。

②经济收入偏少。由于图书馆各种经济收入较少、政策不活，创收能力受到限制。而从目前社会发展环境看，经济的发展促进了人们价值观念的变化，也推动了人们对物质生活的追求，诱导人们自发地专注物质利益满足，趋利心态使人们更多地走向高收入的行业，而我国市场经济的迅速发展也使得各类人才在市场中都能找到自己的用武之地，短缺的人才市场对图书馆事业松散的人才队伍形成了极大的吸引力。

③无法适应工作压力造成的人才流失。数字时代对图书馆要求提高，图书馆的工作也不再是简单的借还书与读者咨询，一些较为大型的图书馆更多开始图书馆学相关科学研究与对外拓展业务，相关人员的工作压力也日渐沉重。即使是高学历人才，也存在因为不能胜任工作压力离开岗位的现象，如果图书馆不注意关注此类人员流失的原因，将会使图书馆流失大量骨干力量，对图书馆未来发展造成重大影响。

2.4.2.3 人才队伍培养机制不健全

由于各种复杂的原因，很多图书馆在人力资源招募方面没有自主权，人事部门往往不太考虑图书馆的长期发展，如把不适合的人硬塞给图书馆，使人力资源与图书馆发展战略不匹配，等等，造成图书馆严重缺乏具有较高的专业素质同时又有管理能力和经验的管理人才，中层管理人员的储备力量不足[38]。同时，由于图书馆现行人力资本经营中，常常忽视图书馆馆员的个人价值，忽视了作为服务主体的“人”的存在，图书馆馆员获得再培训的机会不多，从而使个人价值再生的希望近乎渺茫。这使得图书馆馆员在服务工作中无法获得事业的成就感，也没有事业的归属感，工作无法满足他们对事业的追求，仅仅沦为工作者“养家糊口”的手段。如果不注重图书馆管理人员与普通馆员的继续教育与培养机制，重视图书馆中“人”的因素，使得图书馆馆员在工作获得自我实现，图书馆人才流失现象将会更加严重。

图书馆是否能够经营好图书馆现有的人力资本，有效地吸引人才，并阻止人才的大量流失，是关系到今后图书馆在信息时代、知识经济社会生存和发展的大问题。图书馆管理层必须注意提高自身的管理水平；必须树立人才意识，制定人才培养规划和目标，多途径、多渠道地加快图书馆馆员的素质培养。

2.5　组织结构

组织结构是组织内部正式规定的、比较稳定的，表明组织各部分排列顺序、空间位置、聚散状态、联系方式以及各要素之间相互关系的一种模式，是整个管理系统的“框架”；是组织的全体成员为实现组织目标，在管理工作中进行分工协作，在职务范围、责任、权利方面所形成的结构体系。组织结构反映组织成员之间纵向的等级关系及其沟通关系，横向的分工协作关系及其沟通关系，体现对工作内容及管理方式的认识。组织结构有直线制、职能制、直线—职能制、事业部制、矩阵制、委员会制等形式。

组织结构对组织的生存和发展起着至关重要的作用，在整个组织管理中具有举足轻重的地位。建立一个设计合理、运转灵活的组织结构，是有效完成组织任务的前提条件和基本保证。从实践上看，各种组织中存在的机构臃肿、人浮于事、职责不清、权限不明、效率低下、运行成本居高不下等诸多问题，无不与不合理的组织结构密切相关。

2.5.1　数字时代对图书馆组织结构的要求

任何组织结构都存在于一定的环境中。图书馆要维持生存和持续发展，其组织结构就必须不断地适应环境变化，与环境对其提出的各种需求相吻合。

信息技术和互联网的发展深刻地改变了和改变着用户的信息需求、信息行为和图书馆的服务内容、服务方式——用户不仅仅满足于文献的获取，而要求提供、专业化的知识服务；不仅仅局限于文献服务，而希望获得全方位、多层次的服务；印本资源服务呈萎缩、弱化趋势，而数字资源服务则得到急剧、深度的强化；到馆服务的重要性不断降低，越来越被看淡，而通过计算机网络提供泛在服务逐渐成为常态，越来越受到重视。所有这些，都对图书馆的组织结构提出了新的要求和重大挑战，使其本就不合理的组织结构在数字时代面临以往不曾有的问题和危机。

数字时代对图书馆组织结构的要求为：以用户服务而不是文献管理为中心；保持对用户需求的敏感性，对用户的个性化需求做出快速响应；为用户提供深层次的知识服务，而不仅是粗粒度的文献服务；优化用户体验，为用户提供一站式服务；面向数字资源，注重数字资源管理和网络化服务；信息技术成为图书馆工作和服务的底层支撑，发挥越来越重要的作用。

2.5.2 现有图书馆组织结构存在的问题及危机

现有图书馆组织结构一般为直线—职能型组织结构，同时也主要是按业务流程或文献类型划分、针对印本资源的组织结构。这种组织结构一方面具有直线—职能型组织结构存在的缺陷；另一方面与数字时代的要求很不适应。这两方面问题的叠加，使得现有图书馆组织结构面临较大危机。

2.5.2.1 直线—职能型组织结构带来的危机

直线—职能型组织结构把组织机构和人员分为两类，一类是直线领导机构和人员，按命令统一原则对各级组织行使指挥权；另一类是职能机构和人员，按专业化原则，从事组织的各项职能管理工作。直线领导机构和人员在自己的职责范围内有一定的决定权和对所属下级的指挥权，并对自己部门的工作负全部责任；而职能机构和人员，则是直线指挥人员的参谋，不能对直接部门发号施令，只能进行业务指导。这种组织结构的优点是既保证了组织管理体系的集中统一，又可以在各级行政负责人的领导下，充分发挥各专业管理机构的作用。但它有内在的缺陷，具体表现如下。

①管理幅度小，易带来本位主义，不利于组织创新。它建立在职权分裂的基础上，各职能部门之间的横向联系、协作和配合性较差，容易产生脱节和矛盾。各职能部门与直线部门之间如果目标不统一，则容易产生矛盾；特别是对于需要多部门合作的事项，往往难以确定责任的归属。各部门之间往往不是相互激励，而是相互制约；不是相互交流，而是相互封闭。

②管理层次多，信息传递路线较长，使得组织信息传递慢、易失真，出现管理真空、决策失误的可能性增大。

③属于金字塔式结构，权力集中于上层领导，下级缺乏必要的自主权。职能部门的许多工作要直接向上层领导请示才能进行处理，一方面容易造成决策监督的缺失；另一方面导致一线馆员工作积极性不高，办事效率低下。

总之，直线—职能型组织结构缺乏发现和解决新问题的能力，难以适应环境的迅速变化。

在数字时代，网络加快了信息传递速度，减少了信息传递层次，使传统图书馆金字塔组织结构所固有的缺陷日益暴露出来。

（1）对部门而言

部门间业务具有较高的独立性，业务协调主要靠领导。各职能部门各司其职，只对上层领导负责，缺乏部门间的沟通与协作。往往只依据本部门的准则及利益进行价值判断和决定工作态度，造成部门本位主义严重，在业务范围增加、业务量增多的情况下管理容易混乱。例如，首都图书馆的组织机构设置为：办公室、组织人事部、财务部、宣传策划部、合作协调中心（面向全市进行图书馆业务辅导、培训，为区县图书馆及街道、乡镇、社区图书馆提供协作、协调的部门）、采编中心、典藏借阅中心、报刊资料中心、北京地方文献中心、视听资料中心、信息网络管理中心、少儿综合借阅中心等，这是典型的直线—职能型组织结构。

技术的多样性促使图书馆部门分化，通过设立更多的部门来提供更多的服务，但是新设立的部门还是以职能划分为基础。北京大学图书馆的组织结构，如图 2－1 所示。

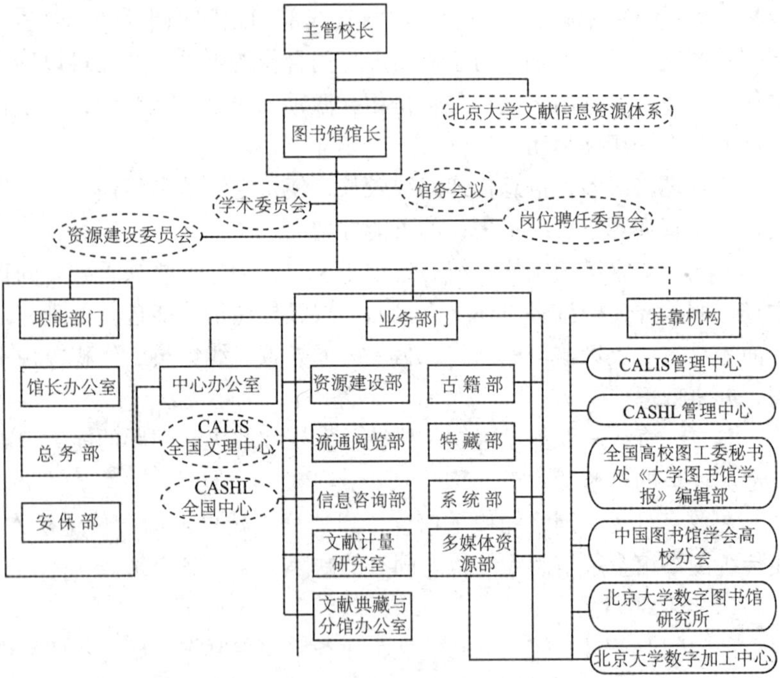

图 2－1　北京大学图书馆组织结构

有的图书馆把职能上相近的部门合并，但合并之后还是分成各个不同的部门或小组，如深圳图书馆虽然成立了读者服务中心、资源中心、技术中心和管理中心，但各中心依然是以职能划分为基础，依然分为若干部门（室、组等），如图 2－2 所示。

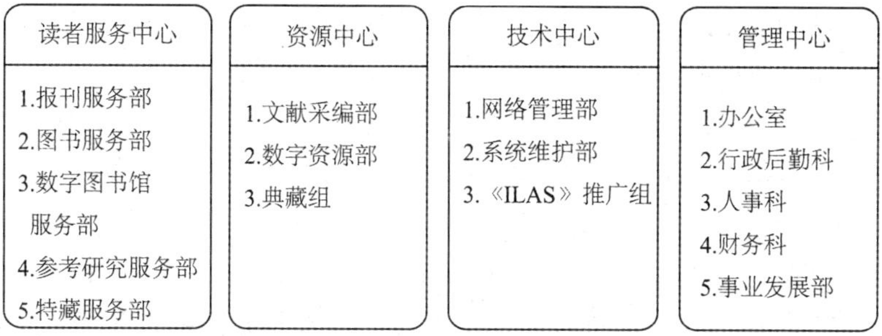

图 2－2　深圳图书馆组织结构

在按职能划分的层级组织结构下，图书馆各部门“各自为政”，形成相对封闭的小圈子，各种信息在图书馆部门间难以实现快速流动与共享，需要图书馆付出较高代价来应对日益增多的信息流，导致整体协同性较差、工作效率低下，面对用户跨部门的信息需求或漠不关心，或力不从心。

（2）对馆员而言

直线—职能型组织结构一方面促进了人才的专业化发展；但另一方面又使得各部门的工作人员只专注于自己的职能范围，在工作内容和环境出现变化时缺乏应变的弹性。采、编、借、阅、参（考咨询）等分工过于细化，使馆员视野狭窄、能力单一，无法适应数字时代对馆员复合能力的要求，无法满足用户多样化的信息需求。

此外，直线—职能型组织结构使馆员缺乏必要的自主权，造成馆员缺乏工作积极性和服务主动性，不仅不利于馆员自身的发展，而且无益于图书馆的形象塑造和服务能力的提升。

（3）对用户而言

尽管“读者第一，服务至上”是图书馆一贯倡导的原则，然而，直线—职能型组织结构并不能使这种倡导成为现实。用户需求信息的上传下达需要跨越部门界限，不仅速度慢，而且容易失真；为满足多方面的信息需求不得不造访多个部门，甚至来回折返；对服务满意度差的部门或个人无法进行有效监督和制约，凡此等等。用户只能按照图书馆既定的服务框架被动接受服务，如何奢望“读者第一，服务至上”？

2.5.2.2 业务流程或文献类型导向的组织结构带来的危机

在数字时代，根据用户需求在一个统一的空间范围内布局图书馆文献资源，构筑既可以阅览、借还书，又能检索、浏览、下载和获得参考咨询服务的“一站式”服务平台，是图书馆组织结构发展的必然要求。

目前，图书馆按功能一般分为技术服务部（包括采访、编目、典藏、信息系统等部门）、读者服务部（如流通、阅览、期刊、参考咨询/学科服务等部门）与行政后勤（办公室等）三大部门，每一部门之下再依功能或活动细分几个组别。大部分图书馆按业务流程（业务流程是组织结构的功能体现）分为采编、阅览、流通、期刊、参考咨询、信息系统等部门。在这种组织结构下，组织结构要素产生和划分的理论依据主要是文献载体形态特征、文献流程或用户类型，人为割裂了不同文献载体的相同文献信息间的联系，而忽视用户的需求与信息的内容和价值。在按照载体形式或用户群集中相关信息资源的同时，必然导致信息资源内容的相对分散。用户往往需按照信息服务形态的不同，到多个部门将所需文献资料收集起来，在追求信息的查全率过程中要付出更大成本。此外，按照文献流动次序设置的图书馆业务流程，使得馆员就像流水线的工人，岗位固定，视野狭隘，工作能力单一，不能有效发挥创造性和积极性。

长期以来，图书馆的组织结构都是以纸质文献资源的业务流程为依据设置的。随着信息技术特别是互联网的迅速发展，数字出版物总量呈几何级数增长，社会对数字信息资源的需求也普遍增强。面对这样的形势和需求，图书馆仍主要满足于纸质文献采、编、藏、借、阅、检等传统文献组织过程，忽视对电子馆藏和海量网络信息资源等数字信息的组织和利用，导致用户大量流失，在数字时代日益被边缘化。

传统图书馆组织结构和业务流程的影响很深，致使许多图书馆在数字时代仍然摆脱不了这种模式的影响。例如，使用现代技术重复传统的业务流程，看到电子出版物的增长，就开设电子阅览室；随着数字图书馆、虚拟图书馆的建设，就成立专门的数字资源中心，而从事数字资源和虚拟馆藏建设的人大多以计算机人才为主。这似乎是在舍本逐末，使得在实现科学管理、降低成本、提高效率等方面仍然存在不少问题。事实上，由于新技术的大量应用和持续更新，传统图书馆组织结构和业务流程已很难与数字时代相适应。

多年来，国内一些学者已经对图书馆组织结构变革的必要性和创新模式进行了探讨，从不同角度提出了变革方向和可供借鉴的模式。国外图书馆开发了两种新型组织模式，一是主题式部门分工，将原有业务组与人文、科学等主题组合并重组；二是矩阵式组织结构，设立项目小组。国内一些大型图书馆也开始重视一线服务职能的发挥与加强，为用户提供深层次的学科化知识开发与服务。但总体来说，多数图书馆仍在继续原有的组织结构，在面对数字时代用户需求和商业咨询机构、信息服务公司的挑战时，缺乏应变能力，有被边缘化的危机，甚至出现被边缘化的趋势。

2.6　管理制度

图书馆管理制度包括图书馆在开展工作和提供服务过程中馆员或用户必须遵守的章程、条例、规范、细则和办法等，是图书馆实行科学有效管理的依据和准绳，是整个图书馆工作和服务正常有秩序地进行的重要保障。

现代图书馆管理是一项十分复杂的管理行为：不仅要对馆内事项

进行管理，还要对有关馆外事项进行管理；不仅要对物进行管理，还要对人进行管理；不仅要对传统的纸质文献资源进行管理，还要对数字资源进行管理；不仅要对静态的文献信息进行管理，还要对动态的文献信息、科研信息等进行管理，等等。图书馆管理的涉及面宽泛而繁杂，不难想见，如果没有一定的管理制度，图书馆的管理必定会出现问题；如果没有完善的管理制度并得到有效执行，图书馆的管理必定出现危机。

2.6.1 图书馆管理制度的内容与要求

图书馆是为用户提供文献服务的地方，图书馆规章制度的建立既要考虑图书馆内部各部门如何协调运作，还要考虑图书馆与用户之间的关系。基本管理制度主要有以下 3 种。

①管理章程。图书馆管理章程主要是对图书馆的宏观管理。第一，准确定位，明确本馆的主要服务对象和在上级主管单位中的主要职能；第二，确立组织结构与人员数量，根据本馆实际情况，建立适合自身发展的组织结构，对图书馆整体工作流程进行规范，对各部门的职责和权利明确定义，使各部门之间协调发展。

②管理细则。在图书馆微观管理方面，还需制定相应的管理细则，保证图书馆整体发展的有序性。细则主要是对各个岗位的工作范围、职责、权利与义务进行规范，使得图书馆工作中的每项任务都能够得到规范处理，做到有法可依，有法可循。数字时代图书馆管理细则除包括文献采集、编目、借阅、书库管理等传统管理制度外，还包括数据库维护与管理、数字资源组织与长期保存等管理细则等。

③控制机制。要保证管理章程和细则有效执行，还需相应的管控措施对馆员工作质量和效率进行评价和控制。例如，采用岗位聘任制和绩效工作制度，能够使馆员增强危机意识，提高工作主动性和工作效率；实行用户监督制度，能够提高图书馆形象和服务水平等。实施管控措施，能够保证管理制度的顺利执行。

2.6.2　图书馆管理制度存在的问题及危机

从图书馆个体来看，目前我国大多数图书馆仍然沿袭传统的规章制度，缺少与时俱进的管理制度。管理制度不是一成不变的，需要根据图书馆所处环境、服务对象需求的变化而变化。当环境发生改变，旧的管理制度往往成为图书馆向前发展的障碍。在张扬个性、数字资源极大丰富的现今社会，重管理轻服务、重约束轻激励、重平衡轻竞争、重纸质资源轻数字资源的管理制度若不能及时改变，必然会引发图书馆与用户之间的矛盾，甚至引来媒体的“讨伐”，最终导致危机事件的爆发，典型的有“国图事件”、“苏图事件” 等。

我国图书馆事业在发展过程中主要是事业单位性质，长久以来以人治管理、经验管理为主，缺乏科学的现代管理思想、理念与方法，因而存在诸多不合理的管理制度。目前，我国图书馆在管理制度方面存在以下 3 个方面的危机。

2.6.2.1　认可危机

当前图书馆基本上是实行以物为主、以工作任务为中心的刚性管理制度，对馆员和用户大都采用“管”、“卡”、“压” 等僵硬的管理方法，而忽视甚至无视对人的管理，尤其是服务，缺乏人性化，不易得到用户、馆员的理解和认可，一方面影响了馆员主观能动性和创造性的发挥，不利于更好地为用户服务；另一方面也往往使用户产生抵触情绪，不利于图书馆工作的开展。

在数字时代，建立健全合乎人性的管理制度已成为图书馆应对挑战时必须考虑的重要因素。目前，各图书馆都不同程度地存在不合理的管理制度，主要是指图书馆单方面制定的格式合同，其条款往往侵害馆员和广大用户的权益，典型的如：读者办理借书手续之前，应仔细检查所借图书是否有撕页、勾画、污损等现象，并及时向工作人员声明，否则还书时责任自负；请毕业班同学于 × × 日前来办理退证手续，逾期押金不予退还；严禁高声喧哗、闲聊，违者处以罚款或吊销借书证；图书馆将定期对存包柜进行清理，对超期存放的物品一律视为无物主处理。不合理的“霸王制度”，使我们经常看到用户与馆员争执的场面，既影响了双方的情绪，又损害了图书馆的形象，往往使图书馆处于舆论的风口浪尖。

造成这种现象的一个重要原因是图书馆管理制度多由领导制定。本课题组问卷调查有近 60% 的图书馆管理制度是由领导决定的，如图 2－3 所示。

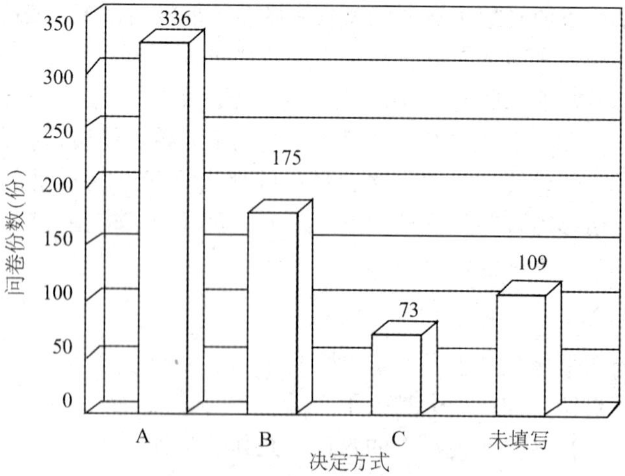

图 2－3　图书馆管理制度的决定方式

注：A. 领导决定；B. 职代会通过；C. 其他（有效问卷为 576 份）

2.6.2.2　内容危机

管理制度不完善和存在漏洞也易引起危机事件的发生。在管理制度制定过程中，需要全面、系统地考虑各部门之间的关系，制定细则时使其尽量完善。例如，在对图书馆信息资源管理过程中如果存在漏洞，常常会导致数据损毁、无法恢复；日常管理制度不完善常常会导致用户利益无法保证，图书馆形象受损害等。

根据课题组的调查结果（见图 2－4），有 40% 以上的图书馆其管理制度 6 年以上才修订一次，甚至有的自制定以来从未调整过。这是造成管理制度内容缺失和不完善的主要原因之一。

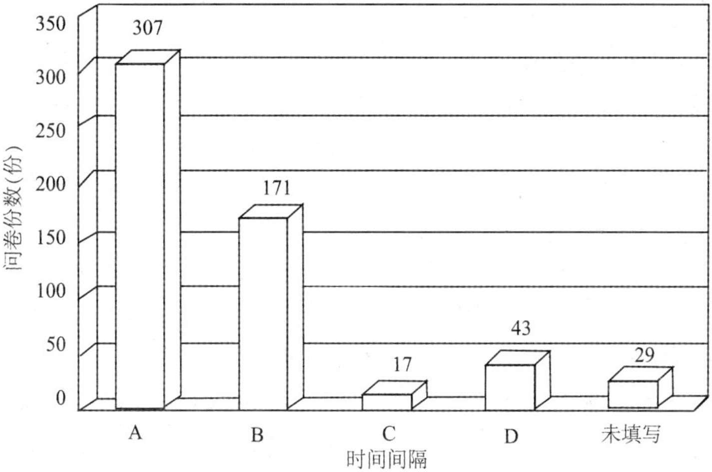

图 2－4　图书馆管理制度修订时间间隔

注：A. 1～5 年；B. 6～10 年；C. 11 年及以上；D. 从未（有效问卷为 567 份）

（1）面向数字资源、新技术的管理制度建设滞后

信息技术革命呼唤规章制度创新。计算机、通信技术与网络技术在图书馆的广泛应用，使图书馆在信息处理和信息检索的技术手段上发生了深刻的变化。例如，馆藏机读目录数据库的建立使得文献编目、著录、标引、检索、借阅与原来相比大不相同；网络环境下的用户服务（包括网上预约、催还和续借服务），网上馆际互借和文献传递服务，网上电子公告、电子论坛和意见箱服务，网上信息资源导引服务，最新信息定题通告服务，网上协同信息咨询服务等，都是过去未曾遇到的课题。所有这些管理、服务、技术等方面的问题都需要加以规范和调整，创新的工作方式和环境需要依托创新的规章制度。

（2）缺乏预防和预警制度

图书馆应急管理的有效运行有赖于制度建设，而制度规则建设薄弱是国内图书馆普遍存在的突出问题。缺乏应急管理制度会导致当危机发生时依靠经验或临时性的非正常手段，处理结果不理想且容易造成严重后果。

（3）缺乏前瞻性

制定管理制度的目的不是规范已经发生的行为，而是约束可能发生的行为。针对某一具体行为而出台的就事论事的制度不是制度，而是“事故处理报告”。

（4）缺乏可操作性

条文表达含糊不清、用词不当或不能量化，操作起来有一定困难，容易导致危机的出现。例如，有的图书馆规定，由于馆员个人责任给图书馆造成重大损失的，应扣除责任人当月奖金，并处以损失额75%的罚款，但对于什么是“重大损失”却没有做出界定。类似的例子还有对优秀馆员进行奖励，但对具体的奖励措施、方法等却只字未提。缺乏可操作性、规范性，容易造成制度的执行弹性大，使馆员和用户产生信任危机。

2.6.2.3　执行危机

管理制度没有得到有效执行，只是一纸空文，缺乏管理制度执行的保证机制。对于很多图书馆来说，缺乏的不是完善的管理制度，而是有效的执行。在制度的执行上容易出现以下两个极端。

（1）随意性大，形同虚设

不少图书馆在执行制度时，考虑的不是制度本身，而是此事是由谁做的、会涉及谁、会影响到谁的面子等人际关系问题，最终的处理结果也往往与主要领导对此人的好恶有关。

课题组的调查显示，有40%以上的被调查者认为“缺乏监督检查措施”是安全管理的隐患，是选择“规章制度不健全”的被调查者的两倍多。其他补充的内容还有“安全管理是设置了，但形同虚设”、“监督检查力度不够”等，如图2－5所示。

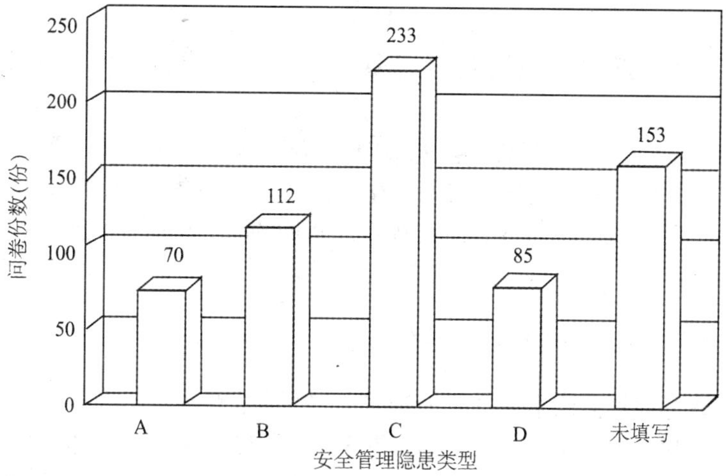

图 2－5　图书馆可能存在的安全管理隐患

注：A. 各级领导不重视；B. 规章制度不健全；C. 缺乏监督检查措施；D. 其他（有效问卷为 577 份）

（2）机械执行

严格按照管理制度处理各项业务是实现图书馆宗旨的必要条件，然而，不问具体情况、过分地强调和机械地执行制度，反而会使本是实现宗旨的手段成了工作的目的，使图书馆活动失去了应有的效率。过于强调遵守各项管理制度，在面临紧急和意外问题时就会陷于僵化，缺乏应变的灵活性与弹性，削弱人员的主动性、积极性和创造性，如不少图书馆都有只有工作满几年才能竞聘什么岗位之类的规定，在执行的时候也是“照本宣科”，工作年限不够的一些馆员即使素质高、能力强，也不能参与竞聘，严重影响了他们的工作热情，使馆员队伍失去活力。

2.7 管理危机的应对之道

传统图书馆的功能主要包括保存信息资源、开展社会教育、传递信息等，随着数字时代的到来以及读者信息素养的不断提高，读者对图书馆的长期发展提出了新的要求，图书馆的管理理念和管理方式需要与时俱进，不断创新。

2.7.1 提升战略规划地位

战略规划对图书馆具有重要意义，实施战略规划能够引导图书馆应对变化，把握未来，规范组织行为，增强图书馆在数字时代的应对能力。针对目前我国图书馆战略规划不当或缺乏的状况，可以从确定定位、数字化革新和强化评估指标体系建设3个方面改进战略规划。

2.7.1.1 准确定位

战略规划的制定、实施与控制过程是解决图书馆战略危机的必要手段。战略规划是组织长期可持续发展的重要保证，图书馆在未来发展过程中，首先应该确立发展目标，根据本馆组织结构、人员素质、服务能力、研究与开发能力、设备与财务状况情况，分析图书馆外部环境特征，制定其长期目标与短期目标。要保证已制定的战略规划能够达到预期效果，还需对战略实施过程进行控制，深入分析图书馆各项管理工作与日常活动还存在哪些不足，不断反馈与改进，才能保证战略规划最终得以实现。

2.7.1.2 数字化革新

图书馆要适应目前不断向前发展的数字化环境，必须在数字化革新中保持领导地位，在战略规划中体现出数字资源与图书馆服务的整合。例如，在数字化环境下，图书馆可开展创新性的数字化服务，创建和运用数字知识仓储和出版服务，引导读者推动、理解、采用学术信息交流和出版的各种不同模式。在满足读者需求方面，可以通过建设并维护优秀的馆藏资源，提高数字资源的管理和获取，以经济可行的、可持续的方式促进这些资源的最大限度使用并发挥其价值，以促进图书馆更好地为读者提供服务。

2.7.1.3 强化评估指标体系建设

只有战略目标最终达成才能使图书馆服务真正实现质的飞跃，强化评估指标体系的建设，能够很好地监督战略规划的实施过程，有助于图书馆最终实现战略目标。各图书馆系统、图书馆与图书馆之间可自发搭建图书馆管理协作联盟或成立管理委员会，就图书馆战略规划的管理与监控评估开展具体的工作。管理委员会一方面在机构的协调下制定图书馆的战略规划；另一方面对图书馆战略规划的执行结合评估指标体系进行监督，实行管监分离。中国图书馆学会或各省图书馆学会也可联合国家或地方文化部门成立管理委员会，加强对图书馆的管理和评估验收工作。值得说明的是，我们尤其要借鉴国外，将市民、社区居民、志愿者等公众适时纳入到管理委员会中，由过去的硬件指标评估（如国家一级图书馆鉴定）层次上升到强化社会服务效率评估。

2.7.2 突破传统管理理念

优秀管理人才是组织机构发展的重要推动力量，领导者自身素质的高低对图书馆发展更具有重要影响。在数字环境下，图书馆领导不仅要具有图书馆专业知识，还必须具有较强的战略眼光和敏感性，能敏锐地捕捉到外界环境的变化、相关技术的发展和业界的发展动向；同时，具备较好的执行力，能够以各种手段调动工作人员的积极性。

图书馆领导者应突破旧有的管理理念，更新观念，合理使用人才，打破僵化、守旧的用人制度，建立科学合理的考核制度，使得人尽其才，给每个人施展才华创造良好条件；建设灵活和全面保证的IT基础设施，保证最新通信技术的应用软件和计算机设备的成果用于图书馆所提供的动态和创新的服务；完善管理信息系统保证有效决策的制定。在对图书馆管理过程中，还应不断修正图书馆发展和实施变化的过程，以保证符合图书馆读者信息利用的最佳实践。

2.7.3 改善馆员发展环境

人才是任何机构组织发展的重要推动力量，在图书馆的发展中，人才的作用是至关重要的，提高管理人员素质，重视人力资源建设，图书馆才能够在将来可能面临的人才危机中立于不败之地。可以通过事业的激励、培养多样性人才和提高专业技能3个方面来创造适合人才发展的环境，吸引人才，培养人才、留住人才。

所谓事业的激励，是指强化图书馆员再培训的机制，拟定图书馆员的职业生涯规划，组织帮助员工制订基于双方发展共同需要的发展计划，重用与激励专业人员，以事业吸引人才。作为个体的员工除了希望有一个好的工作环境和优厚的工作待遇外，更需要不断提高自己的工作能力和综合素质，在工作中不断进步并获得足够的成就感。图书馆员在为读者提供信息服务、情报咨询的工作中付出了自己的努力和劳动，将工作做好了，自然希望自己的工作成绩能得到认可。如果图书馆管理层想激励馆员，提高他们的工作效率，就必须让员工知道自己的业绩将获得何种回报。通过适当的激励措施，肯定图书馆员的个人价值和取得的工作业绩。通过图书馆员的再培训，让他们获得充电加压的机会，满足其对不断进步的需求，既实现了图书馆员个人价值的再生，又加强了他们对图书馆的忠诚度，从而提升了图书馆的整体素质，使得馆员个人与图书馆共同进步。

除此之外，图书馆还应培养致力于公共服务事业的具有各种不同才能的员工队伍。努力培养一个学习型环境，鼓励员工之间相互学习，为组织贡献自己的力量。积极为馆员提供专业性培训和发展计划，保证有计划地为员工提供培训和发展的机会，提高其专业技能，使其在目前和未来能提供优质的服务。

2.7.4　创新组织结构

组织结构创新关系到图书馆职能的实现，也关系到图书馆存在价值的实现。面对社会环境的变化，唯有顺应变革才能给图书馆注入新的生命力。图书馆组织机构必须适应新的发展，进行组织结构创新。创新组织结构是一项整体、全局的系统工程。它不是在原来的基础上作简单的修补，而是从图书馆的战略规划出发，以满足用户多层次、多元化的需求为中心，重新设置职能机构，设计工作流程，明确责任权利。

2.7.4.1　组织结构扁平化

组织扁平化（horizontal organization），是指通过减少组织管理层级、压缩职能部门和机构、裁减冗员，尽可能减少组织的决策层和操作层之间的中间管理层级而建立一种紧凑的、富有弹性的横向组织。组织扁平化摒弃了传统金字塔式组织结构诸多难以解决的问题和矛盾，达到使组织变得灵活、敏捷、富有柔性和创造性的目的。它强调系统、管理层次的简化，管理幅度的增加与分权。组织结构扁平化可以增加上下级的直接联系，减少行动和决策间的时滞，减少信息的失真，加快对信息环境动态变化的反应速度。计算机网络技术在图书馆的深入应用，使信息可以在同一层次上传递和共享，传统的自上而下的信息传递变为图书馆网络平台上纵横交错的平等交流。馆员既是信息接收者，又是信息发出者，而且馆员间、馆员与用户之间可以实现信息驱动下的工作、服务互动，这些都将增强馆员个体的全局观念，促进图书馆各类服务工作的创新。

根据以用户为中心的原则，纵向整合图书馆业务流程，合并功能相似的业务，减少重复作业，按照学科、专业集中相关信息资源（包括图书、期刊、报纸及电子资源），按功能划分信息资源，取消原有的分割管理模式，实现知识的一站式管理，以利于用户理解和集中利用图书馆的信息资源。

2.7.4.2 内部组织团队化

团队组织以团队为工作单位，承担某一项目单元的工作，并具有工作任务和目标，考核以团队为单位进行。在一线部门组建团队组织已经成为国内盛行的一种组织方式，团队由少数人组成，拥有互补技能，愿意为共同的目的、业绩目标而承担责任，以实现较高业绩。

传统图书馆的组织结构，处处体现的是对有形信息载体的“物”及“物”的关注，而恰恰忽视了用户需求这一组织结构产生的出发点。既然人们的利用总是从内容出发，图书馆的组织结构就应该打破载体形态的界限，而以内容作为划分的依据，形成以工作团队为基本服务单位的柔性服务方式，由若干人组成的学科团队全面进行某学科文献的收集——提供全过程，这既方便用户，又有利于馆员向专业化、学科化方向发展，从而提高服务水平和服务质量。

可以以学科组、项目组构建图书馆各种专业部门。根据图书馆服务目标、对象及图书馆各种资源现状确定图书馆服务部门，以信息需求的专业化把图书馆划分为若干个学科或专业性部门。每一部门均为全职能部门，负责该学科或专业的相关文献信息资源建设、信息服务、用户辅导乃至系统维护、技术性问题的解决等各项工作。图书馆创建团队组织有利于增加馆员的主动性与集体观，提高图书馆决策能力与水平，从而提高工作效率和用户满意度。图书馆团队中馆员自身的知识信息可在团队中互通有无，促进本团队组织发展，并带动其他团队共同进步，继而实现本馆事业的可持续发展。

2.7.4.3 推行民主治理

美国图书馆员谈到他们的管理体制时，常用到 Decentralize 这个词，意思是“分权式的”、“非中央集权的”。在组织机构和岗位设置中，上下级之间的隶属关系是十分清楚的。在管理机制运行过程中，管理权分散在各级干部手中，各级领导对管辖范围的行政、人事、业务等各方面的问题都有充分的处置权。上级领导必须维护下级领导的权威，不能越级直接处理下级管辖的事情，各人的职责范围非常清楚。在这种管理制度下，各级管理人员对自己的职权范围有多大，责任是什么，什么该管，什么不该管，什么问题有权处理，什么问题无权处理，工作向谁请示汇报都十分清楚，使他们可以充分发挥自己的能力，敢于负责，在自己管理的工作领域里干出有声有色的成绩来。过多地向上级领导问取自己管辖范围内问题的解决办法被认为是不称职的表现。下面的干部各司其责，主要领导就有精力研究考虑全馆发展方向等全局性的重大问题，不断地把工作推向更高水平。从整体效益看，分权制的优越性是不言而喻的。

变革组织结构可分步实施。目前条件下，可在发扬现有组织结构优点的同时，撤销和合并一些不适应当前信息社会的过时机构，建立一些适应时代发展的新机构，并加强职能部门间的横向联系。

实际上，任何组织机构都不可能一经建立便十分完善，因为各种内外部因素总是处于不断变动之中。只有及时发现组织机构产生的问题，并采取相应的改进措施，实施组织结构的局部或整体调整，才能保持组织的高效运转。要设计一种理想的组织结构形式是非常困难的，因为许多需求实际上是相互矛盾的，故难以设计出满足各种需求的组织结构形式。但是，相对于某一组织特定的条件来说，必定有一种更有利于提高管理效率的，因而也是最佳的组织结构。否则，就没有研究组织结构的必要，也没有改革组织结构的必要了。最佳的组织结构，是最适合组织存在的特定条件的结构。

2.7.5 推进管理制度文化建设

图书馆在管理制度上存在的危机，迫切需要图书馆领导者在知识管理理论的指导下，主动适应时代的发展变化，对管理机制、组织机构、管理模式、人力资源、文化环境等进行新一轮的整合和创新，以提高图书馆管理的整体综合效能，增强图书馆的应变能力和创新意识。

完善的管理制度是图书馆日常工作顺利进行的重要保证，也是避免图书馆内突发危机事件的重要保障。传统的管理方式多为行政管理和经验管理，但在数字化时代已经暴露出弊端。由于资源形式、服务对象的需求相异，图书馆在制定管理制度时需要运用现代管理科学的思想和方法，全面考虑规章制度的整体性、关联性和均衡性，实施系统化管理。

当然，在图书馆运作的过程中，要对自己所制定的规章制度加以严格地执行，否则就无法起到规避风险的作用。除此以外，客观环境是在不断发生变化的，图书馆的制度建设也必须要做到与时俱进，不断地根据实际情况进行相应的调整，否则，可能会导致新的风险的产生。

2.7.5.1 制度建设以人为本

21 世纪管理的本质就是认识人性、尊重人性、以人为本。认识人性是管理的前提、基础；尊重人性是管理制度制定、实施的核心内容和具体体现；以人为本是管理的目的和追求。只有认识了人性特点，才谈得上尊重人性，根据人性特点制定管理制度。图书馆领导者必须充分认识到：馆员们拥有的知识、对单位事业的价值取向和奉献态度，将决定图书馆事业的成败；馆员在其人格上都是平等的，人人都希望得到尊重和重视；每个人都在寻求个人价值实现的最大化。同时，期望个人的付出得到公平的认定和合理的回报；思想上对自由的追求，必将导致行为上的相对自由等。这些不能不说也是现代图书馆人人性的一种体现。因此，图书馆在制定管理制度时要有一种从人性和感情出发的思路，即从理解人的本性释放而不是约束阻碍人性发展的立场上；从尊重、满足而不是忽略、压制人的感情需求的立场上；从调动而不是压抑人的积极性，激活而不是阻碍才能发挥的立场上，来研究和制定管理制度。

制度化管理要彻底破除“板着脸孔”式的生硬的管理制度和规章，在制定各种规章制度时，应更加充分地考虑“人”的因素，充分尊重“人”，使各项管理制度更为科学、更具人文关怀色彩，更加符合人性发展的需要，在充分尊重人、信任人的基础上能够最大限度调动每一个“人”工作的主动性、积极性和创造性，使人性化管理的内容和制度管理的内容融为一体，实现最佳结合。在管理的全过程之中，要把“以人为本”的人性化管理理念贯穿到底，作为管理的轴线。管理思路、管理模式、管理制度、管理机制、管理方式的设计要始终围绕“以人为本”来展开。

管理制度是否合理、透明，是制度管理能否顺利实施的关键因素。不合理的管理制度，必然会引起馆员的心理不平衡，由此会挫伤馆员工作的自觉性和积极性，产生抵触情绪，损害领导者和馆员的和谐合作。合理的管理制度应该以单位的集体利益为依据，满足馆员共性的精神和利益需求；有利于单位的组织目标的实现；合乎法律法规要求；实行对人、做事的全面管理。

制度实施效果不仅在于制度的合理性，还在于馆员对制度的明理程度。要提高下属和馆员对规章制度的认识水平和行为遵守程度，重要的是在于向下属和馆员讲“理”，使他们明理，让他们懂得制定管理制度的必要性和对大家的利益好处。另外，要特别注意让馆员参与制度制定的全过程，使他们从根本上清楚制定管理制度的目的及其合理性。

2.7.5.2　面向数字时代完善管理制度

从危机管理的角度来讲，图书馆面临的许多危机，如管理危机、资源危机、服务危机、信息系统危机等，都是可以通过建立严格的管理制度来加以规避。通过建立一系列的图书馆规章制度和详细的工作条例，图书馆工作和服务的各个环节可以有一个统一的规范和标准，避免或减少因人员变更、对象变化等情况可能给图书馆带来的风险。例如，制定图书馆的采访工作条例，详细规定图书的采访来源、采访途径、采访质量的控制标准、文献的选择标准等，将风险尽可能地降低到最低程度。在制定一系列规章制度时，一定要充分考虑到图书馆在今后的运作中可能会遇到的风险，并对之进行充分的规定和制约。

建立健全面向数字时代的图书馆管理制度。诸如数字资源采集、加工、描述、服务、保存、评价等管理制度，计算机网络安全管理制度，用户隐私保护制度，突发事件应急制度，等等。

2.7.5.3 营造管理文化

管理是一种文化的实现过程。优秀的管理不仅能不断把事务性工作制度化，而且还体现在图书馆文化的建设上不断创新。制度化管理的最高境界就是制度文化的建设。图书馆要根据本馆的特点，不断创建具有本馆特色的制度文化，这样，图书馆在图书馆管理文化的平台上，就可以实现人性化管理与制度化管理的最佳结合，进一步提升图书馆管理的水平。

不能把管理的现代化、科学化和规范化简单地理解为建立完善的管理制度，还要抓好制度的执行，两者共同构成图书馆的制度文化。如果没有有效的执行，再完美的制度也会形同虚设。但不论如何，现代图书馆在实施制度化管理过程中一定要把握好“以人为本——趋于育人，间接育人”这个方向。

管理制度要体现民主性，提倡自我约束。现代制度的运行主要借助两个方面的维持模式——内在维持模式和外在维持模式。外在维持模式是指社会根据规范所提供的判断人们行为善恶以及对错的标准，以谴责、惩罚、强制等手段使人们在社会生活中按照规范行事；而内在维持模式是将社会规范内化于自己的社会实践意识之中，从而自觉不自觉地遵守规范行事。当侧重于外在维持模式的时候，人才会感到自主和自由，因此，要建设高品位的图书馆制度文化，用优秀的制度文化来引导馆员和用户自我教育、自我约束。

在图书馆管理中，哪怕是最完善的制度也有不完善的地方，即便是最先进的管理制度也有过时的时候。所以，图书馆在执行制度时应该注意环境的变化与发展，不断赋予各项制度以新的内容和形式，使之得到不断创新与发展。

制度是现代图书馆管理不可缺少的工具，也是现代图书馆实现管理科学化和现代化的必由之路。科学合理的制度不仅要体现管理的科学化和规范化，更应体现出这样的特性——让每一位馆员都有充分表现自己、施展才华的机会。对于现代图书馆来说，制度不仅是规范图书馆及馆员行为的行为准则，还应是突出人才的“推进器”和留住人才的“引力源”。图书馆管理制度只有体现出刚性与弹性、稳定与动态的有机统一，才能在规范实施与动态创新的双重作用下不断完善，不断发挥其保障与促进图书馆发展的作用。

第 3 章　数字时代图书馆馆藏资源危机

随着信息技术、开放获取、数字化科研等的出现和发展，数字时代图书馆馆藏资源的内涵与外延发生着重大变化。在内涵上，馆藏资源已经由图书馆拥有访问权和保存权的资源进一步扩展到图书馆可能只拥有访问权而没有保存权的资源，即用户通过图书馆可以访问的一切资源，包括实体资源与虚拟资源；在外延上，从获取渠道上看，馆藏资源既包括图书馆通过订购、呈缴或自建自采的资源，还包括通过网络采集等方式采集的资源；在表现形式上，馆藏资源主要有印本资源和数字资源；在资源保存上，可以分为具有本地保存权的资源和不能本地保存的资源。数字时代图书馆馆藏资源在类型、结构、来源、形式等方面的进一步多样化，使得图书馆面临的馆藏问题日益复杂，由此导致图书馆在馆藏采集、馆藏组织、馆藏保存和馆藏评价等环节中面临诸多危机。了解数字时代图书馆馆藏资源发展过程中面临的各方面危机，其根本目的在于让图书馆充分认识自身所处的资源建设环境，清晰把握馆藏发展的挑战，减少乃至消除各种危机可能带来的损害，有效保持和合理提高图书馆的馆藏资源建设效益。

3.1 馆藏资源建设危机

3.1.1 资源类型危机

现在，随着数字资源数量的剧增和利用上的便捷，越来越多的用户倾向于利用数字产品，尤其是科学技术期刊数据库，致使许多学校图书馆开始大量订购专题或综合期刊全文数据库，同时尝试停订相应的印本期刊。例如，清华大学图书馆自 2005 年以来，随着数据库订购量的逐年增加，印本期刊的订购量逐年下降，2008 年仅订购了 198 种左右的印本期刊①，如表 3－1 所示。

表 3－1　清华大学图书馆印本期刊与电子期刊订购情况

年份	印本期刊（册）	电子期刊（册）
2005	1074	23598
2006	674	27456
2007	300	27968
2008	198	29969

有权威报告预言，到 2016 年，科技学术期刊将主要以数字版本为其基本出版形式，甚至只出版数字版本[39]。尤其是学术期刊、会议论文、学位论文等数字资源已经成为科研用户首选使用、习惯使用和依赖的基本资源。在 E-Science 环境下从事科研活动需要利用各种类型、多种来源渠道的学术信息，除了传统印本资源和期刊论文、图书、会议文献等数字资源外，还包括新的数字资源类型，如预印本、实验室报告、网页等，尤其是演讲稿、备忘录和笔记、战略规划和白皮书、专利、数据表单等新型资源类型更值得从事科研活动的人员注意。图书馆要想在 E-Science 环境下更好地服务于教学与科研，就需

① 薛芳渝．浅谈大学图书馆的机构改革与队伍建设［PPT］．

要根据用户需求，合理地确定不同资源类型的比例，并且了解其获取渠道。在此过程中，图书馆馆藏采集的资源类型决策必然会更加复杂，资源采集工作也将具有更大的挑战性，如果处理不妥，除了会对馆藏发展产生比较大的影响外，还将影响 E-Science 环境下教学与科研的良性发展。

3.1.2 知识产权危机

资源类型的多样性及资源获取渠道的多样性，使图书馆在馆藏资源获取过程中面临的知识产权危机也越来越多样化，不仅包括传统意义的收藏侵权产品发生的版权危机或开发馆藏资源不当发生的版权危机，更多地会陷入供应商责任连带引发的版权危机，可以说，稍有不慎便有可能被卷入错综复杂的版权纠纷中。

在入藏侵权产品发生的版权危机方面，根据过错责任原则，图书馆在不知情的情况下被动购入侵权资料虽不承担法律责任，但是不能够再提供服务。因此，图书馆应防范侵权资料以主动，或者被动的方式流入馆藏之中，对入藏的侵权资料要停止使用、封存或者销毁。例如，在“殷志强诉金陵图书馆侵犯版权纠纷案”中，法院认为：“图书馆在采购、收藏各种介质的图书、期刊时所应尽的主要注意义务是购买合法出版物。”[40]2008 年 10 月 29 日，北京市西城区人民法院在“娄师白诉湘潭市图书馆案”中判决湘潭市图书馆败诉，要求湘潭市图书馆收回并销毁其正在销售、赠出及库存的含有侵权内容的《齐白石辞典》[41]。

在供应商责任连带引发的版权危机方面，面对国内版权法方面存在的诸多问题，图书馆极有可能由于购买数据库供应商未能妥善解决版权问题的资源而面临承担连带责任的危险。例如，“吴锐等诉北京世纪超星信息科技有限责任公司案”中，北京理工大学图书馆的超星图书馆由于使用了未经授权的图书而被连带告上法庭[42]。《每日经济新闻》认为，各地图书馆因购买超星的盗版图书而成为一座随时可能喷发的火山。而在国内相继发生的诸多相关案件中，图书馆无可避免地被牵连到版权纷争中，而购买的部分数字资源有可能面临不能提供使用的危机。例如，“中国大百科全书出版社诉超星案”、“樊元武诉上海图书馆、清华大学、清华同方光盘股份有限责任公司案”、“殷志强诉金陵图书馆侵犯版权纠纷案”、“何湖苇等诉浙江省图书馆侵权纠纷案”、“何海群等诉北京交大、中国人大案”、“李昌奎诉超星图书馆系列案”等案件中，广东省立中山图书馆、上海图书馆、金陵图书馆、浙江省图书馆、北京交通大学（图书馆）、中国人民大学（图书馆）、青岛理工大学（图书馆）、贵州大学（图书馆）等无论是作为单独被告，还是第一被告，或者连带被告，其根源都是供应商没有解决好授权问题。

3.1.3　获取渠道危机

由于电子文献、网络资源的出现及这些资源有着不同于传统文献的存取、传播、利用方式，与以往相比，图书馆获取信息资源的方式发生了相应的变化。从采集渠道来看，图书馆获取资源的方式主要是通过购买、交换、接受捐赠等途径来进行。通过调研国外若干所较有代表性的图书馆的现行战略规划，将其馆藏获取渠道加以统计，如表 3－2 所示。

表 3－2　馆藏资源获取渠道统计

图书馆类型	图书馆名称	购买	交换	接受捐赠	共享	免费获取
公共图书馆	美国国会图书馆	√	√	√		
	英国国家图书馆	√			√	√
	多伦多图书馆	√				√
高校图书馆	华盛顿大学图书馆	√			√	
	剑桥大学图书馆	√			√	
	西澳大学图书馆	√				√

续表

专业图书馆	美国国家医学图书馆	√			√	
	加拿大科技信息研究所	√			√	
	中国科学院国家科学图书馆	√			√	

除了前述传统馆藏资源获取渠道外，图书馆还通过入网、联机共享、租用、免费获取等多种方式获取馆藏资源。

虽然如此，随着开放获取理念进一步普及，基于声明性著作权例外，即创作共享协议（Creative Commons，CC）的资源提供方式也为广大资源创造者所接受、提倡，与个体使用者一样，图书馆也可以根据具体某项资源所采用的声明性协议，即“署名（Attribution）”、“署名+非商业用途（Attribution & Noncommercial）”、“署名+非商业用途+相同方式分享（Attribution & Noncommercial & Sharealike）”、“署名+禁止派生作品（Attribution & Noderives）”、“署名+禁止派生作品+非商业用途（Attribution & Noderives & Noncommercials）”和“署名+相同方式分享（Attribution & Share & Alike）”，更为灵活地选择资源。图书馆馆藏资源获取渠道的进一步多样化，在给图书馆带来获取便利的同时，也让图书馆在渠道选择上面临更大的决策风险。

3.1.3.1 印本资源

图书馆的印本资源主要包括传统的中、外文图书和中、外文报刊。对于高校图书馆来说，印本资源的保障功能是图书馆为教学、科研和社会发展提供的最基本职能；而对于公共图书馆，印本资源则肩负着为大众服务与为科研服务的双重任务。但是无论职能是否相同，印本资源的获取渠道却基本上是一致的，主要是通过各种采购书目或征订信息进行采购，其次还有少量是通过交换或者接受捐赠等形式获得。

据本课题“国内用户利用图书馆资源”统计数据显示：印本资源，尤其是中文图书仍然是读者最喜欢借阅、需求量最大的文献类型，而图书馆中文藏书质量与藏书结构的优劣，直接影响着用户对图书馆资源提供方面的依赖性。一般来说，中文图书的获取渠道主要是采购，但是目前国内图书出版现状以及获取渠道方面存在的诸多问题，给中文图书的采购质量带来很大的危机。根据本课题调查，50%以上的被调查者表示其所在图书馆中文馆藏在质量或数量方面不能满足其利用需求，主要表现在所需要的图书在公共 OPAC 系统中根本检索不到、馆藏图书比较陈旧等方面。

相对中文图书来说，国内高校或公共图书馆外文图书是通过采购和接受捐赠（如通过亚基会或亚洲之桥）等方式获得。由于外文图书的价格昂贵，图书馆外文经费有限，图书馆，尤其是高校图书馆则根据学科建设的需要，将征订书目发到各学院资料室，由各学科专业教师进行圈选，故采购质量基本有保障。但是基于垄断市场，外文图书到书周期普遍较长，一般需要 3 ~ 6 个月的时间，极大影响了教师圈选图书的积极性和图书的利用率。而对于通过亚基会或者亚洲之桥等渠道获得的赠书，由于大多数高校没有经过仔细甄选，则会出现赠书的品种与其学科建设不相符、内容陈旧等问题，造成对藏书空间及加工人力极大的浪费等问题。

图书馆中、外文报刊的获取渠道主要是订购或交换，外文报刊主要是通过具有资质的图书资料进出口公司订购，渠道来源单一，而且比较正规，采购质量一般可以得到保证。但是由于中文报刊又分邮发和非邮发两种，随着中文报刊供应商的出现，渠道来源比较广，势必会对中文报刊的采购质量及连续性造成比较大的影响。

3.1.3.1.1　出版市场缺乏学术出版规范增加了资源采购的盲目性

我国当前的出版界正处于一个转型阶段，出版的适应性危机首先凸显出来。出版行业的这一危机，致使出版社必须通过一系列变革来加强竞争力[43]，但在此发展过程中缺乏一定的出版规范（尤其是学术著作的出版方面），给馆藏资源采购造成很大的困扰。

（1）缺乏学术评审制度

全国每年的学术出版物中，低水平重复出版现象严重，致使品种过度膨胀，而具有学术价值的著作比例较低[44]。例如，根据《全国总书目》和《人天书目报》，2002—2005 年国内共出版经济类图书 43724 种，但是利用 Google Scholar 对其引用频率进行查证发现（见图 3－1）：具有被引情况（被引次数≥1）的图书共有 14511 种，占 4 年出版总量的 33%，其中 5＞被引次数≥1 次的占 56.1%，10＞被引次数≥5 次的占 19.6%，100＞被引次数≥10 次的占 23.6%，被引次数≥100 的仅占到 0.71%。

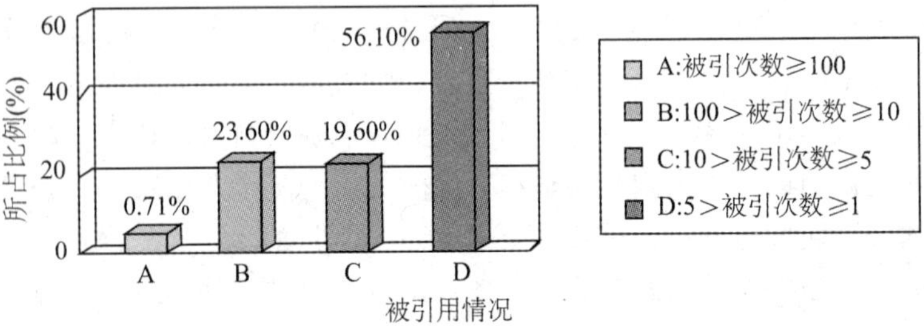

图 3－1　各被引次数文献总量占具有被引情况文献总量的比例情况

被引次数越高，越说明学术研究成果具有较高的利用价值，对本学科领域发展具有较高影响和推动作用，因此通过 Google Scholar 查证文献被引次数，可以判断文献的学术价值，通过对查证结果进行分析可知：经济学图书低水平出版的情况比较严重、学术质量良莠不齐，学术著作的被引频次差异非常大。

（2）缺乏国际统一书号的规范，异书同号现象屡见不鲜

例如，ISBN 为 7－5034－1563－0 的中文图书，目前就包括《电影与人生》、《民国时期上海苏北人问题研究》、《实现农村全面小康目标与投融资体制研究》、《中华之根》、《临红楼集》、《人民战争颂》、《让汉语真正容易学》、《胭脂河》、《莆田纵横》等 10 余种，均出自中国文史出版社，从图书的载体形态和内容涉及来看，却不属于系列丛书；从出版时间来看，均不是同一时期出版，时间跨度比较大。

诸如此类的问题层出不穷，再加上合作出版、二渠道出版情况复杂多样，盗版图书猖獗，使本来就缺少规范、混乱的学术出版市场更加鱼龙混杂，增加了图书馆对学术资源采购的盲目性，直接影响到图书馆印本资源采购质量。

3.1.3.1.2　*采集渠道的多元化无法真正弥补单一渠道造成的危机*

图书采购工作一直有一个理想，那就是知道将要出版图书的信息，根据自己的需要预订并在图书出版发行之时就能尽快得到该书而为读者提供服务。实现这一理想，基础条件就是存在全面准确的图书出版信息预告，并提供符合图书馆要求的书目信息的征订目录。而纵观图书馆征订书目，其经历了一个由《新华书目报》到书商书目、由单一采集渠道到多种采购渠道相结合的发展演变过程。虽然采购渠道不断多样化，但仍然无法弥补单一渠道给图书的采购质量造成的危机。

（1）《新华书目报》角色的边缘化以及书商书目的崛起

从《新华书目报》诞生到20世纪90年代末期，图书馆界谈起图书征订目录，必然直指该报。在当时由《新华书目报》提供中央一级出版社和北京地区出版社将要出版的图书征订信息，配合《上海新书目》和其他地方版新书目构成了我国图书征订书目体系。各书目在其负责范围内具有唯一性、垄断性，一直作为各图书馆主要的图书征订工具，扮演着图书馆图书征订目录的核心角色。在漫长的时间里，图书馆界习惯在这种书目体系下运作，简称《新华书目报》社科新书目和科技新书目以及《上海新书目》为“三目”，对其有着很浓的感情。在这一阶段，我国图书馆配市场在稳定和平淡中发展，民营馆配书商还不多见，市场竞争并不激烈。

20世纪90年代末期，以北京人天书店有限公司、武汉三新书业有限公司、安徽儒林图书有限公司等为代表的一批民营馆配书商纷纷成立，与新华书店系统和其他一些国有馆配书商共同角逐图书馆配市场，为沉寂许久的图书馆配市场注入了活力，迅速提高了图书馆配市场的技术能力和服务水平。这些民营书店根据自己的资源特色和图书馆客户的需求，纷纷推出了自编征订书目，特别是北京人天书店还创办了《人天书目报》。民营书商图书征订目录信息部分来自图书出版单位，部分来自《新华书目报》，还有一部分来自书商现货。随着民营书商馆配市场占有率的逐年提高，到2005年前后，民营馆配书商已经成为图书馆配市场的主力军，他们在为图书馆客户提供自有书目的同时还提供《新华书目报》，图书馆可以根据书商书目征订图书，也可以根据《新华书目报》征订图书。在这个阶段，可以说书商书目与《新华书目报》在征订角色上平分秋色，互相配合，共同为图书馆提供征订目录服务[45]。

2005年以来，作为图书馆配市场重要的消费群体——高校图书馆由于学校评估的因素，突击采购量大大增加。同时，国家也随着经济实力的增强和对文化事业的重视而大大加强了对公共图书馆的投入。据统计，目前全国各类图书馆有8万多家，每年的图书馆采购量有50亿元人民币[46]，且图书馆的采购能力每年都逐步增长，这给了民营书商飞速发展的机会。由于民营书商经营的灵活性，附加服务对图书馆具有很强的吸引力，折扣方面也比国营书商具有优势，越来越多的图书馆选用一家或数家民营书商作为图书供货商。在此大势下，图书馆圈选图书的书目也就首选书商书目。此时的《新华书目报》只是作为衡量书商书目优劣的标尺和查缺补漏的工具之一，其原来所具有的图书馆征订书目角色已经边缘化。

（2）书商书目的现状及发展瓶颈

可以说，书商书目打破了图书馆从新华书店系统现购、征订书目仅《新华书目报》这种单一的书目来源形式，图书馆不但仍然利用《新华书目报》选购图书，而且更多的开始依靠书商书目。按理说，利用书商书目，图书馆可以扩大采购图书的渠道，弥补原先渠道单一的局面，还可以采购到更多有价值的图书，从而提高印本馆藏质量。但是通过对2002—2005年国内5家图书馆采购渠道及经济类藏书的质量进行对比发现：随着与书商合作力度的加大，5家图书馆经济类藏书质量却呈逐年下降趋势；采购渠道比较稳定的图书馆，藏书质量最为稳定；采购渠道变化较大的图书馆，质量下降幅度也最为明显。此结果的出现，让我们不得不对书商书目的全、精、准产生怀疑。

这里从销售折扣率、地域性、出版社性质、学术权威性等方面进行考虑，从全国 500 多家出版社中选取 5 家，对人天书店、教图公司、武汉三新三家目前在全国影响比较大的书商提供的这 5 家出版社 2007 年出版的新书总量进行统计，发现对于折扣率较低的高教出版社出版的图书书目，三家书商收集数量差异非常大，最高的与最低的相差近 4 倍；地方出版社的书目信息，三家书商收集的差异同样也比较大（见表 3－3）。

表 3－3　三家书商提供的书目中 5 家出版社所有 2007 年出版的新书总品种数

类别	出版社范围	高等教育	上海古籍	清华大学	山西教育	机械工业
教图公司	557	966	208	1982	10	1644
人天书店	498	1811	241	2436	42	2965
武汉三新	554	572	240	1972	13	2203

由表 3－3 可见，书商提供的书目品种不全，尤其是缺少折扣率比较低的图书或者是一些比较难获得的地方出版社出版的图书。造成此现象的原因主要有：一方面，书商始终是以赢利为目的的企业，它编制征订书目的初衷只是为了满足自身销售图书的需要，正是这种唯利性导致了书商书目的“故意”不完整性；另一方面，现在各图书馆普遍开始实行图书采购招标，书商为了能够中标往往打折扣战，学术类、科技类图书折扣率都很低，为了保证生存，书商就自动把这部分图书的信息剔除，而这些恰恰是许多图书馆特别急需的文献资源。有时为了确保到书率，书商也会有意屏蔽一些发行量小、采购困难的图书的信息，像一些专业性很强的书或发行量不大的地方版的书，如《蓝田古文化》这本书，由福州地图出版社 2005 年出版，但发行量较小，因此在几个书商的征订书目中都没有被列出，当然图书馆也很难通过书商获取征订信息并订购该书。书商征订书目的这种“故意”

缺失影响了图书馆馆藏建设的质量[47]。

另外，据业内人士透露，在书商书目中出版社库存书、滞销书、特价书、二渠道书或合作出版书目信息的比例越来越高。更有甚者，图书馆在书商到书验收中发现质量比较低的二渠道书、盗版书。由此可见，印本资源的采购质量，与采购渠道的稳定性以及是否采用书商书目这一渠道有着必然联系，采购渠道的多元化无法真正弥补单一渠道造成的质量危机，书商书目鱼龙混杂更增加了图书馆采购图书的盲目性，给图书采购质量带来更大的隐患。

3.1.3.2 数字资源

由于电子文献、网络资源的出现及这些资源有着不同于传统印本资源的存取、传播、利用方式，与以往相比，图书馆获取资源的方式发生了相应的变化。据本课题调研，53%的被调查对象表示其所在的图书馆数字资源经费比例逐年增加，88%的被调查对象表明数据库资源主要以购买自本地、租用使用权为主要途径，而网络资源主要是免费获取。因此，各数据库供应商资源采购渠道等方面存在的诸多问题，同样会给图书馆数字资源的获取和使用带来巨大风险。

3.1.3.2.1 内容存在不稳定性

近年来，国内高校或者公共图书馆订购网络版期刊的数量突飞猛进，并已经成为这些图书馆的主流资源，通过网络即时使用电子全文数据库也已经成为用户的主要信息利用形式，而削减印本期刊订购也成为了调整资源结构的主要措施。因此，随着数字资源的发展，优先选择电子文献资源（即所谓 e-first 方式）和只选择电子文献资源（即所谓 e-only 方式）的文献资源建设模式，逐步成为国内图书馆资源建设的主流发展趋势。然而，对于通过商业渠道获得的数字资源，却由于资源市场的激烈竞争，使得资源的内容稳定性受到影响，而其内容的不稳定，会影响图书馆对它的完整保存和用户的正常利用。例如，由于出版商及供应商的合并，有时会影响已购电子资源，产生资源内容缺失或不能正常使用的风险；又或者是出于版权原因（事后发现无权或版权发生变化)，出版商对数字资源内容进行删减，造成内容的缺失，如果图书馆只订购了相应的数字期刊，没有订购印本期刊作为保障，就会对图书馆资源内容的完整性造成影响，如果所缺的是用户需要的部分，就要寻求其他途径去获取，而无法得到数据库供应商的赔偿。

3.1.3.2.2　销售模式让图书馆灵活选择资源的余地减弱

从当前主要的数字资源销售模式分析，在数据库的订购过程中，图书馆往往会受到数据库供应商的种种限制。例如，将不同的数字期刊按着既定的形式，如按学科或专题，进行捆绑打包，使图书馆不能自主选择所需资源内容；订定一个基价与时间点，防止图书馆在签订协议前删除重复的订购，或限制图书馆在签订协议中途撤订；要求图书馆订立多年协议，并在协议中订定未来更新协议的基价；欲利用未包含于协议中的过期期刊要加收费用，或撤订期刊后如欲利用订阅期间内的数据要加收费用等，名目繁多。虽然通过数据库的订购可以让图书馆使用更多的资源，但是，当前的这种数字资源销售模式却严重削弱了图书馆选择的权利。短期而言，图书馆可能因此交易方式而获利，但是，长期来说图书馆可能会失去对学术传播的影响力。

据报道，2004年，美国TRLN 4个会员图书馆无法继续接受数字资源的销售形式，而停止续订两种电子期刊套装产品：Elsevier's ScienceDirect 和 Blackwell's Synergy，改以文献传递和馆际互借的形式向用户提供期刊的获取服务。

3.1.3.2.3　联合采购挤压了图书馆自主选择所需资源的空间

国内图书馆大多参与CALIS联合采购，来购买外文数据库资源。联合采购最大的优势就是可以用有限的资金获得更多的电子资源，但是这种方式对于图书馆来说也是具有一定风险的，具体表现如下。

①按学科或专题打包的数据库资源销售的策略，不可避免会造成部分电子期刊的重复订购。例如，中国期刊网（CNKI）和重庆维普（VIP）中和期刊重复率非常高，基本覆盖了社会科学和自然科学的

各个领域，只是VIP在收录量上占一定的优势，比较适合用户进行科技文献的回溯性检索，而CNKI重点收录国内公开出版的核心期刊与具有专业特色的中文期刊，在综合性方面做得比较好[48]，国内大部分图书馆同时购买了这两种数据库产品；Project Muse中的410种期刊，其中有37%与EBSCO全文数据库中的期刊重复。

②数据库试用期过短，大多数仅一个月，使图书馆无法通过试用数据获得真实利用率，因此存在购置的数据库利用率不高的风险，也给以后的续订造成很大的困惑。

③部分数据库以低价吸引高校图书馆订购后，续订时价格上涨幅度非常大或下一个协议期内价格成倍增长，使得图书馆越来越感觉不堪重负。

④数据库商的联合采购条款，有时会存在着对图书馆不公平的条款。例如，图书馆如果在合同期中间购买数据库，许多数据库商在协议中并不折算未使用的月份，图书馆就要多支付费用；一些E-book供应商可能沿袭传统图书借阅习惯，对电子书的借阅有复本的限制，制约了读者对电子图书的利用。

由此可见，虽然联合采购可以集合多家图书馆共同采购电子资源，节省采购人力和物力，获得更好的交易条件，扩展用户使用数据的范围，提高资源使用率，但是，数字资源的联合采购却使图书馆面临馆藏质量受削弱、出版商和供应商主宰信息市场、图书馆员无法影响联盟集体选择决策等危机。

3.1.4 建设经费危机

对于每一个图书馆事业来说，经费永远是一道坎，跨过了这道坎的图书馆，其发展就有了最重要的保障，因为必要的经费支持是图书馆资源建设与良性发展的基本条件。

近年来，无论国内还是国外，无论是高校图书馆还是公共图书馆，随着世界经济持续快速增长与各国图书馆事业的良性发展，图书馆文献采集经费大多都能够得到保障，有的国家图书馆甚至是逐年增加。例如，据美国《图书馆杂志》调查，2001—2008 年美国公共图书馆年度经费预算分别增长 6.5%、3.9%、2.3%、5.0%、3.3%、5.5%、3.7%（其中 2004 年除外，数据尚不明确），基本上实现了图书馆经费的逐年持续增长[49]。在中国的《普通高等学校图书馆规程（修订）》中，第 35 条规定："高等学校图书馆的文献信息资源购置费应与学校教学和科学研究的需要相适应，并根据学校的发展逐年增加。生均年购文献量应不低于教育部的评估指标。高等学校的文献信息资源购置费由图书馆统筹安排，合理使用。"因此，许多高校基于本科教学评估指标中对图书资料数量指标与质量指标的要求，也逐年加大对图书馆文献采集经费的投入力度。

在国外，图书馆的经费来源渠道比较广，不仅来源于中央和地方政府的拨款，而且还包括项目募捐、基金会资助和自筹经费等途径。而在国内，图书馆的经费来源一直以来主要是财政拨款，随着书刊、电子资源价格的不断上涨，管理与维护成本的不断增加，设备投入的不断加大，单一来源的经费往往不能满足图书馆的需求，许多图书馆特别是县级或区级图书馆的文献采购量几年来零增长现象非常普遍。即便是规模较大的公共图书馆、高校图书馆，其年度经费预算也远远无法跟上资源价格的增长步伐。但是，在当前乃至未来很长一段时间内，图书馆的数字资源（如专业数据库等）主要依靠供应商提供，这些数字资源在采购模式方面类似于传统的期刊订阅，需要不断补充和丰富以保持其内容的持续更新；在资源的保存方面，大多只有使用权，而不能保存在本地。因此，如果没有持续的经费支持，就会导致前期的大量投资付之一炬。随着馆藏资源规模的不断丰富，图书馆不仅要采集新的印本资源及数字资源，而且还要续订和维护原有资源，投入资金不断增长甚至快速膨胀，长此以往，单纯依靠行政拨款势必难以承受，一旦中止下拨款项或减少投入势必影响其馆藏建设，甚至导致前期的内容资源投入的浪费。目前，图书馆在资源获取方面，与以前可以根据经费状况调整印本文献采购量具有非常大的差异，经费危机对图书馆馆藏资源发展的影响也较传统图书馆更为严重，图书馆经费投入的不足将严重导致图书馆各类型资源采购的不足，使图书馆失去建设优势馆藏资源、突出馆藏特色的能力。

经费危机的存在，主要原因就是我国图书馆法建设的滞后和不完善，缺乏对图书馆馆藏资源发展所必需经费进行有效保护的措施和制度，致使经费划拨缺乏相应的监控机制，很难达到国家对普通高校图书文献购置经费占办学经费比重的要求；其次就是经费渠道过于单一，缺乏其他渠道的经费资助。

3.2 馆藏资源组织危机

从传统意义上分析，图书馆的馆藏组织指的是图书馆和其他文献情报机构将所收集的文献根据其内容性质、特点、形式、读者需要以及馆舍条件等进行系统的划分和组织，以便保管和利用的工作[50]。馆藏组织的中心内容是对馆藏文献的合理布局，即合理组织各种不同的文献库。布局应保持相对稳定，同时也应根据变化了的情况对馆藏作相应的调整，但变动不宜过于频繁，以免影响到保管和利用。文献库的组织源于对文献的划分，较大的图书馆一般将馆藏文献划分成若干个不同的部分，如图书和期刊，普通书与线装书，常用书和非常用书，综合性图书和专科性图书，纸质文献与音像文献、缩微文献等。在划分馆藏文献的基础上，分别组成不同用途的文献库，如通常可以划分为基本文献库、辅助文献库和特藏文献库三部分[51]。

在信息技术的推动下，数字化网络化成为图书馆必须应对的一种必然趋势。从图书馆资源组织的对象属性这一角度分析，图书馆的资源组织已经从传统的主要基于印本资源的组织模式，向数字化网络化环境下以印本资源和数字资源相结合的组织模式过渡；从图书馆资源组织的对象与图书馆的所属关系分析，图书馆需要组织的资源已经不再仅限于图书馆通过“购买—拥有”的模式而获得的资源，而是向基于“购买—拥有”、“订购—访问”及“网络采集—提供导航”等多种来源渠道而获得的资源；从图书馆资源组织的对象类型上分析，图书馆的资源组织已经从传统的图书、期刊、会议文献、科技报告、学位论文、专利文献等，向科学数值、标本、化学分子式等资源过渡；从图书馆资源组织的呈现渠道来看，图书馆的资源组织已不再局限于物理空间上书库中各式书架的排列、书架上书籍的放置，而是物理空间呈现与网络空间表示共同发展；从图书馆资源组织方法来看，图书馆以往单纯基于人工信息语言的组织方法，如我国的“中图法”、“科图法”、“人大法”等，正在不断受到大众分类法这一更为倾向于自然语言的信息组织方法的冲击。

在此基础上，图书馆对资源的呈现方式也不能仅仅局限于目录式浏览或关键词检索，而是要考虑如何以标签云的方式，更为直观、形象地揭示出图书馆资源的数量与受关注的强烈程度；同样，受 Google、Baidu 等搜索引擎仅以一个输入框就能不断吸引用户使用的成功举措影响，图书馆以学科信息门户、学科导航等来揭示图书馆资源的方式也在不断受到挑战。良好的检索界面与高效的检索结果，离不开底层强有力的资源组织方式。图书馆能否如搜索引擎那样，呈现给用户的资源检索界面简单、资源检索结果直观、资源检索效率更为显著，正成为数字化网络化环境下图书馆资源组织面临的一大具有挑战性的目标。

简而言之，数字化网络化环境下图书馆资源组织的定位将是：综合运用多种资源组织方法，对来自不同渠道的不同类型的资源，以物理与虚拟相结合的呈现渠道，有效地采用目录式浏览、关键词检索、标签云呈现等表达方式，集成、直观、简单地提供给图书馆的本地用户与远程用户。事实上，当前国内图书馆的资源组织现状离此定位仍有相当长的一段路要走。但是，用户永远不会等图书馆，而只会找能够为其提供最便捷服务的信息服务者，因此，在数字化网络化环境下，图书馆如果不能有效实现前述目标，将会使其存在的意义与价值大打折扣。

3.2.1 新的资源组织方式带来的挑战

Web2.0促进了“微内容”的大幅生产，引发了信息组织、获取、呈现的变革，为网络信息组织方式提供了更多的可能性。以Tag、Blog、Wiki等为代表的Web2.0信息组织机制和模式是这一阶段学界关注的热点。随着研究的深入，人们意识到以开放、自由、无疆界为显著特征的Web2.0网络仍然需要运用信息组织的方法进行不同程度、不同范围的规范和控制，从而为信息更好地服务于用户提供支持。这也为信息组织的研究触角延伸至Web2.0开辟了路径。但是，图书馆能否采用既兼容改造后的传统叙词表、分类表，又能结合知识本体、语义网、主题图，同时引入大众标注等新兴的信息组织方式，是Web2.0环境下图书馆能否更好地适用于用户的信息获取偏好的瓶颈。

大众标注（folksonomy），Web2.0环境下组织网络资源的这种新方法的出现，给图书馆基于受控语言、操作人员需要经过专业培训的知识组织理念带来了新的冲击。与传统的资源组织方法相比，大众标注是指用户使用标签（tag）对自身创建或他人创建的网络资源进行标注，以供标注者自身或者他人检索的一种过程。在这一过程中，信息用户不再仅仅是被动的资源利用者，而是参与对资源的创建、修改、丰富、完善、评价和推荐，乃至组织和分类的行列[52]。面对着如此丰富的标注对象类型（图书、文章、音频、视频、人物、事件等）以及参与用户的广泛性和标注的随意性，图书馆需要更多地考虑如何客观地认识此类资源，并且有效地利用其为用户提供服务。而为了确保信息资源能够在各种不同的应用场景中有效地被发现、自动处理、集成与复用，从而有助于计算机之间以及计算机与用户之间的协同工作，则是Web2.0环境对图书馆信息组织的基本要求，图书馆能否在语义标注、语义推理、语义搜索引擎和语义 Web 服务等占据先机，也将使图书馆面临新的挑战，这些方面的问题解决不好，也将成为阻碍图书馆在 Web2.0 的环境中充分体现自身价值的危机。

3.2.2　网络资源自动标引、自由分类给图书馆带来的新的资源组织危机

图书馆常用的资源描述方法有都柏林核心元数据集（DC）、机读编目格式（MARC）、资源描述框架（RDF）、可扩展标记语言（XML）和本体（ontology）等，而常用的资源组织方式有在线联机目录、导航链接、门户、数据库、机构仓储等。作者调研了国外若干所具有代表性的图书馆的网站和现行战略规划，了解当前图书馆的馆藏组织方式，如表 3－4 所示。

表 3－4　图书馆的馆藏组织方式

图书馆类型	图书馆名称	联机目录	导航链接	门户	机构仓储	数据库
公共图书馆	美国国会图书馆	√	√	√		√
	英国国家图书馆	√	√			√
	多伦多图书馆	√	√	√		√
高校图书馆	华盛顿大学图书馆	√	√			√
	剑桥大学图书馆	√	√	√	√	√
	西澳大学图书馆	√	√	√		√
专业图书馆	美国国家医学图书馆	√	√	√		√
	加拿大科技信息研究所	√	√			√
	中国科学院国家科学图书馆	√	√	√	√	√

由表 3－4 可以看出，即便当前较有实力的图书馆，其对馆藏组织的主要方式仍然是联机目录、导航链接、机构仓储和数据库。这些资源组织方式对于传统的印本资源或数据库资源，从检索利用的角度来讲，已日趋成熟，但是对于网络资源却存在着危机。

目前，普遍的网络资源组织方式是通过文件、主题树、数据库或超媒体方式，建立学科导航库、学科知识库或建成本馆特色数据库，用户可以通过关键词等方式查找到所需要的信息线索，最终连接到相应的网络资源库，或通过高度链接的网络结构在各种信息库或知识库中自由航行，找到所需要的信息或知识[53]。但是网络环境为信息资源的组织制造了空前复杂的环境，信息内容纷繁复杂，数量庞大，流动变更频繁，因此造成网络资源的组织危机，致使图书馆网络资源开发不足与低效利用现有资源现象并存。一方面，图书馆利用自动标引、自动文摘、自动编制分类表、自动编制索引等手段对“海量”的网络学术资源进行组织，往往对信息的质量缺乏准确的判断，因此网络学术资源的组织没有起到相应的学科导航作用，影响了用户对专业学术资源的利用；另一方面，在网络资源的组织中，往往缺乏对用户信息需求的调查与分析，从而影响到网络学术资源的组织和利用[54]；第三，在虚拟科研环境下，图书馆如何对网络资源进行有效组织，成为了图书馆将这些资源内容有机嵌入知识服务体系、高效服务科研、教学的极其重要的一个问题。

自动标引是解决海量信息的快速组织的关键核心技术，无论是网络搜索系统、数字图书馆，还是各种数据库都离不开自动标引技术的应用。经典的自动标引理论和方法是基于词频/逆词频的统计方法以及各种改进方法。近年来，多数图书馆通过学科信息门户的方式将某一领域的网络信息资源通过人工标引以导航的方式提供给用户浏览。可以说，在网络资源数量规模相对较小时，这种基于人工标引、人工分类的网络信息资源的组织方式已经不能适用于当前海量的网络信息资源的组织。据 2010 年 1 月 15 日《第 25 次中国互联网络发展状况统计报告》公布的数字[55]，自 2005—2009 年年底以来，中国网站的数量增长了近 4 倍。在此情况下，图书馆能否有效地实现对网络信息资源的自动标引、自由分类是一项相当有意义而又充满挑战的工作。但是，目前自动标引技术仍存在过度依赖词频统计的误区。大量实验数据统计表明，词频分布规律对于关键词的选取没有太大作用。能否避开各种基于频率统计方案的陷阱，着重在语义学和人工智能学等方面作出积极努力，摆脱传统信息组织方法存在的很多困境，将机器自动识别、学习的方法与传统的信息组织方法相互融合，是图书馆有效解决网络信息资源组织危机的必经之路，如表3-5所示。

表3-5 2005—2009年中国主要互联网基础资源数量

时间	IP地址（万个）	域名（万个）	网站（万个）	国际出口带宽（Mbps）
2005年年底	7439	259	69	136106
2006年年中	8479	296	69	214175
2006年年底	9802	411	84	256696
2007年年中	11825	918	131	312346
2007年年底	13527	1193	150	368927
2008年年中	15814	1485	192	493729
2008年年底	18127	1683	288	640287
2009年年中	20503	1626	306	747541
2009年年底	23245	1682	323	866367

3.2.3 网络资源数量与类型的快速发展对图书馆提出元数据的动态维护需求

网络资源数量的迅速增长和类型的复杂多样化，进一步加大了作为资源组织者的图书馆在资源描述与组织方面的压力，图书馆需要提升自身对元数据的动态维护能力。在NSDL、G-Portal等数字图书馆项目中，人们创建元数据来描述高质量的网络资源内容，使得它们更加容易被发现与获取。由于网络资源往往是动态变化的，这就要求记录它们的元数据也随之更新，于是，网络资源的元数据维护问题逐渐成为图书馆界研究的焦点。为此，有学者针对这个问题构建了关键情景元素（Key element-Context，KeC）试验模型[56]，该模型确定了网络资源元数据维护的 3 个子任务：进程监测、变化发现和元数据更新。进程监测是通过周期性的监测获取网络资源目标的最新版本，以此来发现变化；变化发现是通过比较网络内容目标的不同版本来判断是否有变化发生；一旦监测到变化，这些内容目标的元数据就要相对地进行更新。对于一个给定的元数据属性，网页上有对应的内容域可以直接确定属性值，将维护者选取的反映元数据属性的内容域称为关键元素，帮助定位这个关键元素的概念称为情景。KeC 模型允许元数据维护者根据自己的需要选择网页中的内容领域进行跟踪，主要思想是采用关键元素和情景的概念缩小网页变化监测的范围，以此来减少元数据维护的消耗。作为元数据维护者的图书馆可以从多样的辨认选项中选择最适合的关键元素与内容规范来监控元数据。此外，已有研究人员创建了针对元数据动态维护的评估计量法，根据产生的警报数和用户维持的耗费程度来估量该模型的工作性能。其中，警报数指的是元数据维护者接收到的要对元数据属性进行检查的消息的数量，一部分警报确实发现了元数据的变化，导致了对元数据的维护，另外一部分属于虚假警报，不需要修改元数据。从当前图书馆关于元数据的维护和管理情况分析，图书馆界多停留于对元数据的静态维护上，如何根据网络资源数量与类型的变化，动态维护用于描述与组织网络资源的元数据，成为图书馆界接下来需要认真面对的资源组织问题。

3.2.4 编目外包给图书馆资源组织带来的危机

对于传统印本资源组织来说，已经发展得相对成熟，但是由于编目外包这一新的业务外包方式的出现，必然给印本资源的组织带来危机。

早在 20 世纪七八十年代，美国、日本等国家的图书馆开始将编目业务部分外包，1967 年 OCLC 成立之后，由于它费用低，质量高，成为世界各国图书馆编目外包的服务商。在国内，随着国家联合编目中心、CALLS、各地区采编中心的建立以及书商外包模式的出现和成熟，从 90 年代开始，各图书馆借鉴国外经验纷纷效仿，对编目加工业务实行外包。据不完全统计，上海地区的 18 家高校图书馆中，就有 16 家涉及编目业务外包，甚至有一些图书馆采取全外包模式，即使是没有采取采编外包的图书馆据说也在积极响应，探索适合本馆的外包方式。但是采编外包是否真正解决了图书馆目前存在的各种问题，是否达到图书馆所要求的，是否能保证图书采购的质量，却是值得思考的问题。

编目外包，一方面，可以减少编目人员的负担，加快文献处理的速度，在不降低质量的前提下节省开支，解决诸如待编积压图书、工作负荷不均、专业人员不足等问题；另一方面，可以减少重复劳动，在一定范围内实现统一编目，图书馆书目数据达到规范化和标准化。但是，由于承担编目外包业务的公司多采用计件付酬的方式，速度与质量往往难以成正比。在此情况下，由公司提供的编目数据质量难以稳定；承担编目外包业务的公司在选择编目人员时，并未能认真把好编目人员准入问题，同时编目人员上岗后，相关编目技能的培训也相当缺乏，这导致需要在校对方面承受更大的压力或者是严重影响编目质量[57]。据一项“针对馆藏资源的组织与加工，在采编工作的外包模式方面”的调研显示，在回收的 579 份问卷中，32% 被调查者表明所在馆采取到馆加工的外包方式，10% 被调查者则表示所在馆采用异地加工的外包方式，而 23% 被调查者指出所在馆同时采用“到馆加工”和“异地加工”的外包方式。而另一项“如何控制编目业务外包质量”的调研中，31% 被调查者表示所在馆有“专人对外包质量进行抽校”，15% 被调查者表示所在馆“没有设立专门岗位对编目数据的质量进行审校”，10% 被调查者表示所在馆“缺乏有效的质量控制措施”。由此可见，编目外包这一印本资源组织方式，必然会给编目质量带来一系列危机。如果不采取积极有效的质量控制措施，则可能对图书馆工作产生严重的后果：长期编目外包，数据质量达不到要求，图书馆的书目数据质量就会直线下降，影响读者对馆藏图书的检索和利用。

针对图书馆编目外包的问题，至少，图书馆需要考虑的是，在数字化网络化环境下，图书馆编目工作是否需要重新定位？编目工作还是图书馆（基础）业务工作的核心之一吗？图书馆的基础工作、服务工作、未来发展之间有没有生态链的问题？编目工作的数量与质量的平衡点在哪里？可以接受的编目质量的标准是什么？图书馆编目业务面临的是萎缩还是新的发展机会？等等。

3.3 馆藏资源保存危机

图书馆对印本资源，尤其是珍贵文献和古籍图书的保存非常重视，除了建立一套比较完善的保存制度和保存方法外，防火、防潮、恒温、恒湿等保护措施也已相当完备。随着数字资源成为图书馆重要的主体馆藏，有关数字资源的保存问题受到图书馆界的强烈关注，数字资源自身的技术属性、销售模式、涉及的政策法律等独特性，使得数字资源的保存危机日益显现出来。

3.3.1 严重的技术危机

与非数字资源的保存相比，数字资源复制件制作与保存的便捷与低成本使得保存更易于实现，但是，数字资源的长期保存却给图书馆带来新的挑战，包括：软硬件的技术退化；突然或者无法预测地出现老化，尤其是对那些不经常利用的数字资源；那些以数字形式传播的数字资源，其生命周期往往较短。这就要求图书馆在保存这类资源时，必须在其存储载体老化或者是信息有可能丢失前，采用动态管理的策略，不断地制作能够被当前技术或设备可阅读的多个复制件，并分开单独存储。整体而言，数字资源长期保存给图书馆在复制权例外方面带来的新需求缘于以下几方面。

3.3.1.1　数字资源的备份

为了有效地保存数字资源，图书馆往往需要在订购期间或数字资源有效期内持续不断进行不同的数据备份，并且确保每一个备份文件都能够供人们在任何时候方便地访问、传播并以当前较为通用的方式加以利用。进行不同数据备份的目的，是不仅确保数字资源能够成功地存储到数字存储库，并且能够利用元数据对其加以标识；而且在必要的情况下，能随时将数字资源转换成另外一种格式进行存储，并且能够定期地检测、更新和复制，确保数字资源任何信息（即便是一个比特流）的不丢失。为了防止水灾、电灾、火灾以及硬件受损等引起的毁坏，图书馆需要将数字资源的不同备份文件分别存储在不同地点，以避免引发不可恢复的损失，而这方面的危机事件在图书馆时有发生。

3.3.1.2　存储介质或格式的老化

印本资源的老化往往是一个渐变的过程，而且易于发觉，如图书馆馆员可以根据照片是否发黄或纸张是否发黄、发脆，判断是否需要对印本资源进行保护或制作复制件，以防止保存的资源内容受损。数字资源的老化主要包括两个方面：一是保存经过编码的信息的存储介质；二是能够被其他系统（这种系统的处理结果同样能被人类所识别）解析的软件系统（或存储格式）。对于存储介质而言，如光盘或者硬盘，均有可能老化，并使得存储于其中的信息不可复原。而数字格式、数字系统以及硬件技术的进步，往往会产生旧系统无法操作或者以旧格式存储的数字资源无法被识别的风险。如果没有在数字资源的存储介质或存储格式老化之前，制作备份，并将其以当前技术可识别的存储格式及时迁移到当前技术可识别的存储介质中，那么，数字资源将无法恢复，也无法被正常读取。因此，与印本资源相比，数字资源的老化往往不易察觉，而且一旦老化，将是彻底地不可读取，完全不会像印本资源在老化时还有部分内容可以被利用。

3.3.1.3 数字资源的生命周期与虚拟传播

数字技术为数字资源的传播带来了新的方式，如允许用户通过互联网访问数字资源，这使得图书馆馆藏资源的性质发生了变化。在用户看来，图书馆拥有的数字资源馆藏，其概念内涵已不完全等同于非数字时代的馆藏资源，因为图书馆并没有实际存储这些数字资源复制件的存储权，而只具有访问权。在以往，图书馆往往是通过提供物理复制件的方式提供非数字资源的借阅，在流通的过程中，这些物理复制件可能会丢失或受毁损，而数字资源的借阅与流通则不会存在此种问题。对于一些电子期刊的订购而言，图书馆往往会在订购其电子访问权的同时，也会采购相应的纸印本，这使得图书馆无须在这类电子期刊的保存上投入过多财力的情况下，也能因为拥有印本而确保相应的内容能够继续被访问。但是，针对那些图书馆只是订购其访问权而且是通过网络获取的电视或广播节目，图书馆并没有权利拥有这些数字节目的数字复制件，除非签署了特别的协议，否则，图书馆并不能对其订购的数字节目进行保存。

3.3.1.4 数字资源长期保存需要采取联盟的方式实施

数字资源内容规模庞大，分布广泛，建立数字资源长期保存可靠的基础设施，其初始投资将耗资巨大，单靠一家图书馆或者一家保存机构肯定无法承担。而且数字资源长期保存过程中涉及的创建、管理、编目和存储也需要多种知识、多个系统和多种技术的全面支持。因此，多方参与，多家支持，明确各自的共享权利与相应职责，构筑以非营利性组织、科研院校、数字资源销售商、数字资源创建者、数字资源版权拥有者、数字资源传播者为联盟的数字资源长期保存联盟体成为数字资源保存有别于非数字资源保存的又一重要体现。

3.3.1.5 使用机制危机

图书馆购买的数字资源主要有保存在本地和租用使用权（IP 访问）等形式。对于租用使用权的数据库，出版商一般只授予图书馆对电子资源的“使用权”，限制图书馆对所购资源的保存，并使用相关技术限制用户的复制与下载。图书馆如果对数字资源没有保存权，一方面，其网络使用权就难以保障，一旦图书馆因为经费或其他原因造成不再续订，图书馆将无法使用原先所订的资源内容，目前绝大多数外文数据库采取这一形式，许多图书馆都表示了对此风险的担心；另一方面，自然灾害、出版商倒闭或合并以及其他原因，也时时刻刻威胁着高度依赖数字资源的图书馆用户。正如中国工程院院士胡启恒说：“我国已处在数字资源的长期保存危机之中，随时都有可能爆发。必须与危机抢时间，尽快建立我国数字资源长期保存体系。”[58]而对于保存在本地的数字资源，如果开发人员的变更或供应商改行从事其他方面的工作，也不可避免地面临无法正常维护与内容更新的风险。

3.3.1.6　管理机制危机

通常而言，对于印本资源的保存，图书馆只需要保存其最初的格式，并确保保存环境的干净整洁与可靠，或进行一定的维护，如对纸张进行脱氧处理等，就能保证几十年甚至是几百年之后该资源仍可以被有效读取与利用。与此相比，数字资源的保存则需要投入更多的精力，如对于如何制作多份备份、分散存储，元数据标识以及在存储介质与存储格式老化前，随时以新的存储格式将数字资源迁移到新的存储介质上，确保其始终处于当前技术与设备可读取的状态等方面。同时，管理和维护中也存在着诸多风险。

3.3.2　知识产权危机

用于长期保存的数字资源主要分为外采数字资源、自建数字资源、缴送数字资源、网络公开资源等，一般图书馆必须得到授权才可获得对这些数字资源存档的权利。但数字资源类型多，版权关系相对复杂，需要针对具体情况分析具体的权利归属，如作品本身的复制权、作品数字版本的复制权、作品或作品数字版本的信息传播权和邻接权、作品或作品数字版本的支持软件的著作权等。

对于获得合法存档权的数字资源，图书馆首先需要利用数据管理模块对其整理并编制长期保存元数据，然后将数字资源和元数据存入长期存储系统，并根据需要维护被存储数据的持久可利用性。因此，在存档和维护管理过程中，数字资源的复制、析取元数据以及数字资源的刷新（refresh）、迁移（migration）、仿真（emulation）等处理，必然涉及一系列的知识产权问题[59]，尤其是自建数字资源、网络资源及数字作品等，图书馆在对其进行长期保存管理的过程中，所面对的知识产权危机就比较严峻。无论是在著作权立法、修订机制相对较为完善的发达国家，还是在著作权立法方面仍存在较大的完善空间的发展中国家，均未能通过本国现行的可适用于图书馆的复制权例外规定，使得图书馆更为顺利地利用复制权例外解决数字资源长期保存中涉及的主要版权问题。可适用于图书馆的著作权例外的存在，为图书馆开展资源建设与信息服务带来很大的便利。但是，从当前世界主要国家的情况看，可适用于图书馆的著作权例外与图书馆的业务实践并不协调。在数字资源长期保存成为图书馆需要重点面对的问题之时，这种不协调更为明显。

需要指出的是，虽然数字作品的传播能够为其创作者带来数百万元的利润，但是，这种只是数字形式存在与传播的数字资源，其有效的保存也给作品创作者或作品版权拥有人带来新的挑战。图书馆不能随意将自己长期保存的数字作品不加限制地提供，需要明确界定、获取和保障自己在一定条件下将长期保存的数字资源向一定范围的用户提供一定形式的服务的权利。此外，虽然网络可公开获取资源的长期保存也需要引起重视，而且借助相关的爬行技术能够方便地收集和保存这类资源，但极有可能会侵犯作品的复制权，图书馆在收集和保存这些数字资源时必须相当慎重。

3.3.3 图书馆资源异地保存遇到的问题

异地保存是指通过在异地建立和维护一个备份存储系统，利用地理位置上的分离来保证系统和数据对灾难性事件的抵御能力。从保存的资源类型上分析，图书馆资源异地保存主要涉及非数字资源的异地保存和数字资源的异地保存。对于非数字资源的异地保存，图书馆更多需要考虑的因素是物理环境和存储介质；而对于数字资源的异地保存，图书馆不仅需要考虑物理环境和存储介质，更需要考虑软件环境和网络传输等因素。而两者的可靠实现均需要图书馆有足够的资金、技术和人员支持。在数字化网络化环境下，图书馆采购的资源，无论是在类型，还是在规模上，均发展迅速。这无疑对图书馆开展资源的异地保存带来更大挑战。

3.3.3.1 图书馆非数字资源异地保存面临的危机

图书馆非数字资源主要包括传统的印本、胶卷、磁带、拓片、拓本、舆图、平片等。这些资源往往具有不可复制的独特历史保存价值。为了确保重要非数字资源的长期保存和永久安全，开展图书馆非数字资源的异地保存非常有必要。从当前国内的实践看，由于经费、人员等原因，我们国家并没有图书馆开展非数字化资源的异地保存。即便是作为国家重要的资源储存库的国家图书馆，至今也没有这方面的举措。事实上，这是相当令人担忧的。在数字化网络化时代，人们或许更为关注的是数字资源的长期保存，但非数字资源的长期保存一样需要高度重视。若图书馆能及时有效地做好非数字资源的异地保存，即使遭遇战争、地震、水灾、火灾、泥石流等破坏性事件，也不会影响我国民众对非数字资源的存取、利用。由于图书馆非数字资源的异地保存需要大量的空间建设、经费投入和人员支持，因此，要求各个图书馆开展非数字资源的异地保存是不现实的，而应该是从国家层面加以统一支持，指定特定图书馆，如国家图书馆，承担全国非数字资源的异地保存任务。

当前，由于我国缺乏图书馆法，著作权法有关图书馆可适用的著作权例外规定也过于模糊、狭窄与缺乏，这使得国家层面的图书馆非数字资源异地保存的开展缺乏可靠的法律保障，进而影响到图书馆对非数字化资源异地保存在经费上的持续稳定投入。在非数字资源异地保存极其急需的情况下，这种问题的严峻性更为明显。

令人初感欣慰的是，在国家图书馆“十二五”规划座谈会上，原文化部副部长、国家图书馆馆长周和平透露，为了确保重要文献资源的长期保存和永久安全，国家图书馆将酝酿建设国家文献战略储备库，相关建设方案正在论证中[60]。周和平表示，建立国家文献战略储备库，目的是居安思危，在特殊情况下保护作为国家重要资源的文献信息资源不受损失。拟建中的国家文献战略储备库，将对国家图书馆馆藏各类纸质文献的保存本实施异地战略保存，对馆藏数字资源实施异地防灾备份保存。与此同时，有关学者也在探讨如何建立联合储存图书馆，虽然多数学者建议联合储存图书馆仅收藏各个成员馆剔除的资源（包括数字资源和非数字资源），但是，储存图书馆必然以实体图书馆为支撑来实现。若能在我国建立起一些示范性的联合储存图书馆，则至少可以为我国实现图书馆非数字资源的异地保存提供可能的物理空间。这对于初步解决我国图书馆界的非数字资源异地保存危机是有积极意义的[61]。

3.3.3.2 图书馆数字资源异地保存面临的危机

数字资源已经成为图书馆重要的主体性资源。有效地长期保存图书馆数字资源，离不开图书馆异地保存系统的支撑。一般地，根据异地保存系统对灾难的可抵抗程度，可将图书馆数字资源异地保存系统，分为数据容灾异地保存系统和应用容灾异地保存系统。数据容灾异地保存系统是指建立一个异地的数据系统，该系统是对本地系统关键应用数据的实时复制。当灾难出现时，可由异地系统迅速接替本地系统而保证业务的连续性。应用容灾异地保存系统比数据容灾的层次要高，它是在异地建立一套完整的、与本地数据系统相当的备份应用系统。在灾难发生后，远程应用系统迅速接管或承担本地应用系统的业务运行。从成本上分析，前者明显低于后者，但从恢复的效率上看，后者则要明显高于前者。

根据诸多因素和不同的应用场合，可将用于数字资源保存的图书馆异地保存系统分为 4 个等级。第 0 级：本地备份。这一级灾备，实际上没有灾难恢复能力，它只在本地进行数据备份，并且被备份的数据只在本地保存，没有送往异地。第 1 级：本地备份，异地保存。在本地将关键数据备份，然后送到异地保存。灾难发生后，按预定数据恢复程序恢复系统和数据。这种方案成本低、易于配置、易于实现。但当数据量增大时，存储介质管理的难度增大，当灾难发生时存在大量数据难以及时恢复的问题。第 2 级：热备份站点备份。在异地建立一个热备份站点，通过网络进行数据备份。也就是通过网络以同步或异步方式，把主站点的数据备份到备份站点，备份站点一般只备份数据，不承担业务。当灾难发生时，备份站点接替主站点的业务，从而保持业务运行的连续性。第 3 级：异地灾备中心。在相隔较远的地方分别建立两个数据中心，它们都处于工作状态，并进行相互数据备份。当某个数据中心发生灾难时，另一个数据中心接替其工作任务。这种级别的备份根据实际需要和投入资金的多少，又可分为两种：第一种，两个数据中心之间只限于关键数据的相互备份；第二种，两个数据中心之间互为镜像，即零数据丢失。零数据丢失是目前要求最高的一种灾备方式，它要求不管发生什么灾难，系统都能保证数据的安全。因此，它需要配置复杂的管理软件和专用的硬件设备，需要的投资相对而言是最大的，但恢复速度也是最快的。

依据前述分析，要想建立一个面向数字资源的图书馆异地保存系统，需要考虑的因素较为复杂，如备份/恢复数据量的大小，应用数据中心和备援数据中心之间的距离和数据传输方式，灾难发生时所要求的恢复速度，备援中心的管理及投入资金的多少等。与图书馆在非数字资源的异地保存遇到的问题类似：一方面，我国各类型图书馆购买了大量的国内外数字资源，暂且不考虑只购买访问权的数字资源的保存问题，而对于已经获得本地永久保存权的数字资源，开展有效的长期保存活动已经成为图书馆在资源建设上获得可持续发展而不可回避的问题，但是，目前各类型图书馆对这类数字资源的异地保存也没有开展具有建设性的行动；另一方面，国家相关政策法律特别是著作权法在此方面的立法空白，也使得图书馆开展数字资源的异地保存面临很大的变数。与非数字资源的异地保存需要由国家层面的图书馆来实现相比，是否数字资源的异地保存也依然采取这种模式，还是由各家图书馆根据自身的经费、技术和资源实力，各尽所能，各行其道。事实上，这方面也需要有法规的制约与规范。但我国目前却缺乏这方面的各个层次的政策法律。两方面的问题，无疑进一步扩大了我国开展数字资源异地保存的障碍。

3.4 馆藏资源评价危机

随着信息技术、开放获取、数字化科研等的出现和发展，图书馆馆藏资源在类型、结构、来源、形式等方面的进一步多样化，使得图书馆面临的馆藏问题日益复杂，由此导致图书馆在馆藏采集、馆藏组织、馆藏保存和馆藏评价等环节中面临诸多危机。怎样认识馆藏资源建设环境，把握馆藏发展的挑战，减少乃至消除各种危机可能带来的损害，有效保持和合理提高图书馆的馆藏资源建设效益，显得尤为重要。

3.4.1 图书馆馆藏资源评价现状分析

1974 年，国际标准化组织颁布了 ISO 2784 – 1974（E）“国际图书馆统计标准”[62]。1987 年，我国“七五”期间重点研究项目“全国文献资源调查与布局研究”，从某种意义上说，是我国图书馆界馆藏评价的启蒙运动。该课题在向全国图书馆界宣传、普及文献资源建设和资源共享思想的同时，也把国外先进的馆藏纸质资源评价思想和方法引入中国。20 世纪 90 年代中期以后，国内馆藏评价研究逐步转向对电子文献的评估。2003 年以后，随着电子文献采购经费所占比重的日益增长，电子文献的使用和绩效评估研究日益得到重视。最具代表性的有戴龙基主编的《文献资源发展政策研究》[63]；索传军著的《数字馆藏评价与绩效分析》[64]等，反映了我国馆藏资源评价的成果。

国外对数字馆藏评价的相关研究开始得较早，建立起的评价指标体系也较多。其中，影响较大、较全面、操作性较强的研究项目有：ISO 2789 的 Measuring the Use of Electronic Library Services，The European Commission 资助的欧洲图书馆绩效评价和质量管理系统项目 EQUINOX、美国研究图书馆学会统计和测量项目的电子资源使用评价（measures for electronic use）[65-67]等。这些项目的评价指标多与电子资源的使用和服务绩效有关，而且定量指标较多。

国外这三方面的研究，有关馆藏资源利用和服务的评价指标比较详细、具体，量的特征比较明显，可获取性强。其他具体的指标，有些指标量的特征明显，有些指标质的特征明显，有些指标质和量的特征都不很明显。鉴于此，我们把馆藏资源评价指标分成三类：定量指标：量的特征明显，便于计算和度量，如数据库的购买成本，利用率，记录或全文下载成本等；定性指标：质的特征明显，适合进行定性评价，如数字资源的收录范围、检索界面的友好程度等；半定量指标：质和量的特征均不明显，评价时可以利用文字资料解释说明定量指标，同时，也可以利用已有的统计数据为定性说明提供证据，如用户满意度、数字资源内容的权威性、时效性等。

我国现有的馆藏资源评价指标已经与快速发展的数字馆藏不相适应，关于馆藏资源评价体系构建目前只停留在研究阶段，国内还没有哪一个图书馆利用这一新的评价体系评价其馆藏资源。虽然业界都渴望新的馆藏测评体系尽早问世，但是由于馆藏测评体系构建的工作量大、花费的时间长、投入的人力和物力较多，评价过程比较复杂，因此没有投入人力与物力开展馆藏测评体系的构建与调研工作。即使是开展了此项目的研究，也多停留在定性描述阶段，缺乏从量化的角度建构馆藏评价的模型，其实用性受到影响，从而给馆藏发展政策的制定、馆藏质量的有效控制带来影响。

3.4.2 馆藏资源评价危机的根源

馆藏资源评价是对图书馆所有资源的评价，包括对馆藏数量、馆藏结构、馆藏本身以及馆藏使用效果等各个指标进行评价，是对一个图书馆的物理馆藏、数字馆藏等的综合分析与总体评价。合理、完善的馆藏评价机制的构建是检验馆藏质量的一个重要手段，也是对馆藏结构和各载体资源采购决策适时进行完善、调整的重要依据。据相关调研统计，11%的受调查者表示其所在图书馆具有完善的馆藏质量评价机制，71%的受调查者表示对馆藏资源没有进行任何方面的评价或正在摸索实践，从以上结果可以看出，目前大多数图书馆缺乏馆藏评价机制，势必会给馆藏结构和馆藏质量带来危机。本节我们将重点讨论一下图书馆资源评价存在的危机状况。

3.4.2.1 印本资源的评价指标滞后带来的危机

目前，我国国内还没有一个统一的馆藏资源评价体系，教育部制定的《普通高等学校本科教学工作水平评估指标体系》、中国图书馆学会制定的《省图书馆评估标准细则》等，对我国馆藏资源的评价起着非常重要的作用，促进了图书馆事业的发展。《普通高等学校本科教学工作水平评估指标体系》将“图书馆状况”作为5个主要观测点之一，该观测点又分为两个等级标准，即A级和C级。A级标准要求“管理手段先进，图书馆使用效果好”；C级标准要求具有“生均图书”和“生均年进新书量”两项指标。《省图书馆评估标准细则》[68]主要从办馆条件，基础业务建设，读者服务工作，业务研究、辅导、协作协调，管理，表彰、奖励等六大指标评价图书馆，涉及图书馆资源评价指标主要是基础业务建设中的文献入藏、藏书质量两个二级指标以及读者服务工作中的年外借册次、年流通总人次两个二级指标。从以上标准看出，我国图书馆馆藏评价指标主要包括：藏书量、藏书的知识含量、藏书结构和藏书利用情况。

在实际操作中仍存在很多问题，如《普通高等学校本科教学工作水平评估指标体系》中关于图书馆的评价指标过于简单和笼统，过于强调馆藏数量，对馆藏质量的要求可操作性比较差，不能真正起到对馆藏资源的合理评价；同时对于数字资源的评价问题，指标体系中更加简单。因此，我们说目前国内馆藏印本资源评价指标滞后，难以指导在新的网络环境下图书馆资源发展的实践，印本馆藏资源评价存在重大危机。

①印本资源评价指标体系滞后，导致馆藏纸质资源的收集无章可循。图书馆相当长一段时间，没有印本资源的评价指标体系，就是有也是很笼统地介绍，不具有可操作性。因此，以前印本资源的采访工作具有盲目性和片面性，没有可依靠的规程约束。

②印本资源评价指标体系滞后，导致采访模式受人为因素的困扰和影响。在馆藏纸印本资源的收集整理过程中，缺乏相应的完善的制度制约，各馆馆藏采访政策差距很大，不同的馆长对馆藏收藏的重点也不相同，采访人员不稳定，又缺乏相应的资源评价指标，使得采访工作随意性很大。图书馆长期以来，采访模式受人为因素的困扰和影响。

3.4.2.2　数字资源的评价指标体系带来的危机

近年来，图书馆采购的各类数据库、电子图书越来越多，在馆藏资源建设中的比重和地位越来越重要，但是对图书馆来说无论是选购新的数字资源，还是续订使用到期的已有的数字资源，都面临着对数字资源的选择和评价，由于数字资源的评价指标滞后，直接影响到图书馆对数字资源的选择，这已是所有图书馆共同面临的现实问题。主要体现以下几个方面。

（1）评价指标差异过大

造成这方面的主要原因是许多作者针对的评价对象不同，设计的评价指标也不同，尚没有一个统一的标准。

（2）指标体系不完整

数字资源评价是一个复杂、庞大的体系，评价的指标也非常复杂。至今，评价机构或学者提出的指标体系，尚未达成共识也说明了这一点。

（3）指标设计不合理

有些评价方法并未对网站信息内容的质量与网站流量、访问量和被连接量间的关系等指标作科学的界定，使指标之间有较多重复，指标对象界限模糊，缺乏科学性，不具备实用性，使人们无法根据这些标准对网站的质量进行评价。

（4）评价指标建立不规范

有些专家依据科学的规范体系，建立有准则层和指标层，但许多专家并没有严格区分，显得指标比较混乱。

（5）指标名称不规范，不统一

从文献看，国内外学者建立的评价指标体系多达数十个，涉及的评价指标也有数十个，名称和语义的不一致，会引起不必要的麻烦。

（6）指标体系设置模糊

指标体系的设置是数字资源评价的核心问题，决定了评价的成功与否，但现有指标体系的研究比较分散，指标体系的框架也是见仁见智。从现有的各指标看，没有能全面反映数字资源的内外特征，人们无法利用其中的任何一个体系来对数字资源作出全面、系统、客观的评价。

3.4.2.3 馆藏资源评价方法的不完善带来的危机

评价指标提供的仅仅是指导，而真正对馆藏资源进行评价是需要使用一定方法的，需要考虑实际的可操作性。网络信息资源的评价方法可划分为3种类型：定性方法、定量方法以及定性、定量相结合的综合评价法。具体方法有链接分析法、层次分析法、加权平均法、评价性元数据方法[69]等，但它们各有自己的不足。国内在评价方法的研究上还处于介绍阶段，而且介绍也不够深入具体。特别是在可操作性方面，实践性评价研究有待深入，馆藏资源评价是一项实践性很强的工作，把指标体系用于实践，进行馆藏资源的评价是一项关键的工作。但目前所建立的指标体系中，指标的可获取性和可操作性不高。有些指标看似合理，但其具体测度和运用则有相当大的难度，不具备实用性。可以说，无论是实践还是研究往往侧重于定性分析，缺少定量手段，对指标的层次、指标的类型以及如何对指标进行赋值等问题有待深入地探讨与研究。

（1）层次分析法的评价危机

将层次分析法用于馆藏资源评价，主要有两个方面的缺陷：一是层次分析法本身存在局限性；二是层次分析法对于馆藏资源评价存在适应性的问题。层次分析法中对系统的划分和权重的取得都是人为进行的，而且评分也需要人工实施，虽然经过了误差控制，但仍不能避免人的主观性，从而使得分析的结果与实际状况存在一定偏差。组成馆藏资源的各要素之间也存在着相互影响和相互作用的关系，用层次分析法直接对其进行笼统、简单的层次划分，既改变了馆藏资源要素之间的特定关系，也使得其结果与实际情况不符。

（2）关联分析法的评价危机

由于关联分析法只是单纯地针对馆藏资源定位、关联度等信息评价，并没有从馆藏资源整体因素出发，不能全面系统地反映馆藏资源的综合水平。

3.4.2.4　馆藏资源评价指标的不完善带来的危机

3.4.2.4.1　印本资源评价指标不完善带来的危机

现代图书馆注重藏书的使用，将藏书社会效益的发挥，即藏书资源被开发利用的情况、满足社会文献需求的能力等，作为藏书评价的重要标准[70]。这些评价标准主要包括：藏书量；藏书的信息知识含量，该标准通常以核心书刊的拥有率为考核标准；藏书结构，指图书馆藏书体系中各个组成部分的组织形式，它反映着不同文献类型、不同学科内容、不同收藏水平、不同语言文字、不同载体形式的藏书在藏书体系中相互依赖、相互制约、相互结合的方式及其在藏书体系中各自占有的比例；藏书利用情况，主要通过读者调查和各种文献流通统计数据来进行。这些标准没有能够完全反映出近年来图书馆信息资源结构的变化，如藏书量，只是用于计算公共图书馆最低或最佳藏书规模的非常简单的公式，在高等学校图书馆，情况更加复杂。由于高校教师、博士生及其他从事研究工作的人员比大学生的需求程度高，因此，不能对每个读者等量齐观。高校图书馆的藏书规模必须与学校的人数、规模及课程复杂程度联系起来。因此，我们说这些评价标准已难以指导图书馆馆藏建设和发展的实践。

3.4.2.4.2 数字资源评价指标的不完善带来的危机

（1）数字资源内容的评价滞后

对于一个全文数据库的收录内容来说，主要收录的内容对相关学科内容的覆盖程度越高越好；收录的数据条数越多越好；所收录的年限范围越长越好；收录的权威出版物所占的比例越高越好。

由于数据库所收录的出版物会发生变化，有些出版物已停刊或不向数据库商提供电子版，还有些出版物由提供全文到只提供文摘等。图书馆不能及时发现这些内容并作出科学合理的判断，导致评价指标不能正确地予以使用。如果此类情况过多则数据库的质量会有所下降，但对它的评价可能还处于初始阶段而产生误差。

（2）数据更新频率及滞后

数据库的更新包括日更新、周更新和月更新。由于印刷版权限制或数据库商数据加工周期等原因，出版物被收录进数据库的时间与印刷型出版物的出版时间出现滞后情况，这影响数据库的时效性和质量，可以说，数据库的更新频率越快，滞后时间越短则数据的质量越高。因此，数据更新频率及滞后也直接影响到评价指标的科学性。

（3）检索系统及功能的评价滞后

由于检索功能的优劣、检索操作的难易、检索界面的友好程度等因素将直接影响用户的检索效果和使用，所以在对内容评价的同时，也要对检索系统进行评价。主要包括以下几个方面。

①检索方式：主要指系统提供给用户的各种检索途径和检索入口，包括浏览检索、简单检索、二次检索、高级检索、可检索字段等，系统既应提供基本或简易的检索途径供初学者及一般用户使用，又应提供各种形式的高级或复杂的检索模块供用户进行精确检索；检索字段的设计是否多而广，除可提供题名、作者、主题/关键词、刊名、出版商、文摘等基本检索字段以外，是否可提供"文摘/篇名/主题词"、"关键词/篇名/文摘"等联合检索字段；是否提供针对学科主题与文献类型的特点设计的专门检索字段，如化合物、分子式、引文、会议名称、会议地点等特殊多样的检索字段。检索字段越多，用户的选择就越多，就越方便用户使用。

②检索技术：主要是指系统允许用户使用的检索技巧，一般包括布尔检索、组配检索、截词检索、引文检索、相关检索等；检索限定：指对所查的信息是否有选择与限定的自由，如能否对不同的数据库、可检字段、出版时间、文献类型、文献语种、出版物级别等进行自由选择与限定，使用户可以按照时间、相关度、被引用次数等进行升降序的排列。如果是全文数据库还要评价以下两点：一是能否进行全文检索；二是在检索结果中能否用全文限制作二次检索或在检索时就可以用全文做限制。

③检索结果：主要包括查全及查准程度，是否将全部相关文献检出，有无遗漏，检出的文献是否均与检索提问相关，有无误检；检索速度：指从进入数据库检索到输出检索结果所花费的时间，包括等待查询结果的时间，时间越短越好；输出方式：输出文件的格式是 HTML 文件或 PDF 文件，或其他的文件格式，是否需要专用的浏览器，是否提供了在线阅读、存盘、打印、E-mail 发送等方式，检索结果的

最大输出量是多少；排序方式：能否按相关度、出版时间、题名、著者、来源、语言、出版国等多种方式进行排序；超链接：是否能通过超链接的方式进一步查找相关作者、相关主题词、相关分类号等文献信息、引文信息以及浏览相关网站资源等；标记方式：是否设有全选、逐页选、逐条选或任意条选等多种标记方式。

④用户服务：主要包括帮助文件，由于用户层次具有差异性，系统应提供完整、详细实用的帮助文件以及必要的主题/关键词表、刊名列表、名录等常用参考工具给用户随时检阅；检索历史的记录：是否能记录用户的检索历史，保存检索策略与检索结果；检索界面：检索界面功能键或工具条的设置是否清晰、明确、完备，界面的切换是否灵活，能否允许用户作适当调整，是否具备简单检索和高级检索两种选择；用户培训：可否在网上提供培训课程，可否根据图书馆要求进行馆员和读者的培训；个性化服务：可否创建个人账户、电子邮件定题服务，文献传递服务，可否根据用户兴趣爱好定制个性化用户页面。

检索技术的实现由提供商提供，是否属实以及使用效果等，必须通过用户的信息反馈得到，购买前的评价只能体现供应商的一面之词。信息的不准确，不能如实反映评价指标的正确性，导致数字资源评价指标的滞后。

（4）数字资源利用情况的评价滞后

这一指标应在使用后进行评价，数据由两部分组成：一部分是统计数据，由数据库提供商提供；另一部分数据来源于对相关用户的调查进行定量测评。主要包括：用户访问量，包括用户访问数据库次数和在某一数据库中提出检索式的次数；文摘/全文下载量，指用户在某一个数据库中下载到本地的文摘或全文的篇数；数据库适用率，指数据库的内容对用户需求的满足程度，即本馆数据库覆盖的学科范围与服务对象之比；用户满意度，指用户在使用后对数据库的评价，包括易用性和实用性两方面；统计系统功能，主要指统计报表是由数据库商提供，还是用户自行操作，可否在网上直接获得，统计报表的质量如何，统计指标含义是否明确、规范，统计项目是否全面，可否按类别、文种、年代、日期等进行统计。

（5）提供商服务的评价滞后

数据库提供商的服务在很大程度上影响着数字资源的质量和用户的使用。由于数字资源不像印刷型文献，它有系统安装、运行、维护、软件升级更新、数据更新等问题，这就要求提供商的用户服务及时到位，售后服务的质量要高。但是提供商的人员更迭以及服务意识等的滞后，都造成了数字资源评价的不稳定性，导致评价指标的滞后性。

（6）数据质量等其他方面的评价滞后

相同类型的数据库之间的内容重复程度以及数据的准确性、数据有无重复或遗漏情况等；数据来源：包括信息提供者的声望和数据的可靠性；数字资源组织方式：资源的组织形式是单一还是多样的，是否按学科或主题进行了分类，分类是否合理等，都直接影响到评价的结果，然而这些内容都不可能进行及时评价导致滞后。

总之，馆藏资源评价是图书馆定期对其馆藏体系的状况、功能以及馆藏满足用户需求情况全面地衡量、测定和评价的过程。馆藏测评是图书馆馆藏建设和发展过程中的一个重要的反馈环节，为图书馆提高馆藏资源的质量、优化各学科资源结构以及采购经费的合理使用等决策提供重要依据。现代图书馆馆藏资源构成的多样性，致使传统的以印本资源为对象的评价指标体系发生变化，包括资源数量、资源质量、利用率、复合度评价等方面。可以说完善的评价指标体系是建设高质量馆藏资源的保证，不仅要求文献数量和质量并重，即保持一定的采集数量，使馆藏的增长达到最佳状态，不断提高采集质量，以保证馆藏质量达到最优状态，而且要求建立最佳的馆藏结构体系，以期满足不同用户对各类型资源的利用需求。

3.5 图书馆馆藏资源危机的应对策略

3.5.1 资源建设

3.5.1.1 增强危机意识，培养现代图书馆的价值观念

在资源采集如何适合图书馆用户的需求方面，就所在图书馆是否建立馆藏发展与学科建设紧密结合机制的问题，在各种措施中，按各位受调查者选择的强度，从高到低分别是“定期召开读者座谈会”、“邀请各学院学科负责人或教师参与文献现场采购”、“积极到各学院进行数字资源利用培训”、“学科专题书目圈选”等。因此，图书馆应在多方面提高馆藏采集馆员的素质，增强危机意识，培养现代图书馆的价值观念与馆藏理念，增强对各方面专业知识的掌握以及用户信息需求和信息行为等方面的分析能力，提高资源（特别是网络资源）的鉴别、评估和筛选能力等。并且在馆藏采集过程中，通过建立多级的“馆藏资源建设”机制，成立专门的馆藏资源建设部门，形成馆藏发展和学科建设紧密结合的机制，采取多方面措施，多渠道广泛征求学科专家和读者对馆藏建设方面的意见和建议，争取在全体师生的共同努力和帮助下提高图书馆馆藏质量，优化图书馆馆藏结构。

3.5.1.2 根据本馆定位，引进、保存资源的内容和形式而有所侧重

公共图书馆和高校图书馆重视印本资源和电子资源共同建设，而专业图书馆侧重于数字资源的建设。这主要体现在高校图书馆和公共图书馆在其战略规划中均提到将继续引进印本资源和电子资源，并将两者均纳入长期保存的计划中。公共图书馆引进和保存的内容涉及范围较广，包括政治、经济、教育和生活各个领域，高校图书馆引进和保存的资源内容多数是各学科的教育资源，同时还有一些学术资源。

而专业图书馆由于其受众群体知识结构更加专业化、学术水平更加专深、操作技能更加强大，所以引进和保存的重点落在了大量电子学术资源上。

3.5.1.3 妥善解决资源建设中所涉及的知识产权问题

数字资源和网络资源建设中会涉及种种法律问题，如数字版权法、网络获取许可、知识产权法，解决好这些法律问题将能帮助图书馆更完善、更顺利地进行资源建设和长期保存。而通过本课题对各个图书馆战略规划的分析发现，只有少数图书馆在规划中提到了如何对待法律问题，大部分图书馆均没有涉及，说明这些图书馆对法律问题没有达到一定程度的重视。因此，在预防和化解图书馆馆藏危机的过程中，妥善处理有关版权问题非常值得注意。

3.5.1.4 重视销售市场的调研

图书馆要采取多种文献采集方式相结合的采购模式，避免由单一采集方式产生学术著作无法获取的情况，并且加强对文献出版、发行及销售市场的调研分析：在文献计量学的基础上对本校重点学科文献出版情况进行深入分析，从而测定出版较规范，出版学术质量较高的“核心出版社”，并加强与其之间的直接合作；对目前最常见的书商采购模式进行分析与了解，对书商书目数据进行对比分析，对书目圈选与现场采购进行对比研究，对书商的未到书反馈清单进行核实和分析以及对各供应商图书到书率定期对比分析，从而找出供应商的运作规律，指导图书采购工作；在通过对其诚信度、实力、提供书目的范围及是否提供增值服务方面进行全方位的考察的基础上，综合考虑各方面因素，结合本馆藏建设策略，确定合作书商并制定完善的合作协议。

3.5.1.5 图书馆之间交流与团结

图书馆在购买数据库资源时应避免盲目，在对国内外相似图书馆馆藏资源配置情况充分调研的基础上，尽量延长拟购数据库的试用期，尤其是比较昂贵的外文数据库，在试用前期做好充分准备，增强数据库试用宣传，对试用期间的浏览量、下载量、单篇成本等指标进行对比分析，然后结合高校学科建设、教学科研的实际需要以及本馆实际情况作出正确决策。在协商联合采购条约时，充分考虑到采购数据库产品中可能出现的问题，尽量减少不平等条款的产生，并且在协约中，要求数据库供应商保证数据内容的稳定，约定好数据库所包含内容，将来如发生的重要内容删减应及时反馈到图书馆，并给图书馆相应的经济补偿。

3.5.2 资源组织

3.5.2.1 资源描述多样化

大部分公共图书馆使用的资源编目方式是较为古老的 MARC 方法，而高校图书馆则使用 MARC 或 DC 方式进行资源描述，有的大学两种方式并用，如西澳大学图书馆计划过去 3 ~ 5 年里的流线型 MARC 记录的创造仍然会继续使用，还要购买技术工具来支持元数据的自动生成。专业图书馆通常采用多种资源描述方式，且描述方法较为高级。由于专业图书馆针对特定的用户群体建设特定范围的信息资源，其信息资源内容具有专业性、学术性的特点，因此采用的描述方式也较为高级，如 RDF、XML、Ontology 等。采用不同的资源描述方式与组织方法，将有利于图书馆更好地揭示资源，帮助用户实现知识发现。

3.5.2.2 加强组织体系之间的互操作

图书馆在网络资源和馆藏资源的开发、利用和建设中，不但要加强图书馆之间的横向交流与协作，对用户需求的网络学术资源状况进行调查与分析，结合网络资源的特点，在既定标准的基础上对搜索到的网络信息进行必要的控制和过滤，实现有效、有序的信息组织，并且争取技术上的突破，实现各个图书馆的网络信息组织体系之间互操作，增加信息利用的有效性[71]；而且要根据图书馆馆藏信息的特点，运用完善的检索系统，建构多层次的，包括联机联合目录、网络数据库和可直接在网上获取的电子化、数字化文献信息的资源结构，面向所有用户提供明确的导航作用。

3.5.2.3　完善编目外包质量控制机制

从印本资源采访角度来说，多家供应商参与合作是上策，更有利于供应商之间的优势互补，增加采选图书的途径。但是对于编目外包来说，多家供应商参与会使得图书馆陷于两难境地，编目质量不但难以控制，而且在供应商集中到书期间，其外包人员难以及时到位，极大影响图书馆新书加工的进度。因此，编目外包服务的最佳选择是一家外包商进行到馆加工，这样可以使外包人员相对固定，便于对其进行培训，更便于对外包质量进行控制。

图书馆对图书分编质量更要进行严格的控制，首先加强图书馆专业人员对书目数据审核，在对书目数据进行审校过程中，要高质量、严要求，不但著录格式和项目要与本馆一致，而且要认真与已有的馆藏数据查重，避免索书号不当，或同类图书分散排架。其次就是加强对外包人员的培训工作，主要表现在：一是对外包人员进行培训，熟悉图书馆采用的分类细则和书目数据著录细则，包括图书馆所执行的编目标准级次和一些特殊要求；二是关于索书号的问题，索书号一般有分类号加流水号或种次号的，也有分类号加年代号或著者号的，不管是哪一种取号组合，都必须要求外包人员掌握取号规则。

3.5.3　资源保存

3.5.3.1　从法律的角度，拓展与图书馆数字资源长期保存相当的复制权例外空间

对于由图书馆开展的数字资源长期保存活动，由于涉及图书馆自建数字资源、向资源提供商订购的数字资源、网络可公开获取的数字

资源及特定用户群体缴送的数字资源，因而，图书馆数字资源长期保存涉及的版权问题也较为复杂。从国别角度区分，图书馆数字资源长期保存涉及的作品既包括受国内著作权法律保护的数字作品，也包括由国外著作权法律保护的作品。从作品的版权保护状态区分，图书馆数字资源长期保存涉及的作品既涉及处于版权保护期限内的作品，也涉及已过了版权保护期、进入公共领域但其精神权仍受保护的作品。从版权拥有人是否能够联系到的角度划分，图书馆数字资源长期保存涉及的作品既涉及版权拥有人可联系的数字作品，也涉及版权拥有人无法或难以联系的数字作品（即无主作品）。

从世界多数国家当前的著作权立法分析，即便是著作权立法机制和修订机制较为完善的发达国家，其著作权法律规定的复制权例外也未能满足图书馆数字资源长期保存的复制权例外诉求。一般而言，对于图书馆可以借助复制权例外解决版权问题的作品，均是受版权保护的对象。在此情况下，图书馆在开展数字资源长期保存的过程中，从充分利用图书馆享有的复制权例外的角度，需要做好以下两方面的工作。

首先，图书馆需要明确与作品相关的国际性、地区性或国家性著作权法律，为享有著作权复制权例外提供明晰的法律依据。由于不同国家的著作权法律对图书馆出于保存的目的而享有的复制权例外，在保存主体的资质认定、保存复制件制作的触发条件、保存复制件的数量、保存复制件的技术手段与存储介质、复制件的传播方式与传播对象等方面均有不同的规定，明晰不同著作权法律有关图书馆可适用的复制权例外规定，能够有效地让图书馆避免侵犯著作权，也能够最大限度地节约图书馆数字资源长期保存的成本。

其次，图书馆知晓作品的发表状态。依据一些国家著作权法律的规定，图书馆出于保存的目的制作复制件而享有的复制权例外，往往会因作品的是否发表而在具体限制条件上有所不同，即保存复制件的数量，保存复制件的制作技术，保存复制件的传播范围会对已发表的作品与未发表的作品有不同的适用。例如，美国现行著作权法有关图书馆出于保存目的制作复制件而享有的复制权例外规定。因此，知晓作品的发表状态，图书馆便可以依据自身能够适用的国际性、地区性或国家性著作权法律规定的复制权例外规定，在数字资源长期保存的实践中，特别是有关资源提供商就数字资源保存协议进行谈判的过程中，最大限度地利用自身可适用的复制权例外。

3.5.3.2　依靠图书馆联盟，争取数据库资源的长期保存权

我国各类图书馆近几年购置了大量数据库资源，如 CALIS 目前已组团购买了数据库 283 个，其中文摘索引数据库 126 个，电子期刊数据库 80 个，电子图书数据库 21 个，事实型数据库 52 个，其他数据库 4 个，参加的高校遍布全国各地[72]；中国国家科学数字图书馆项目管理中心在中国科学院院内组织引进了 10 多个网络数据库。对于网络数据库，使用权与拥有权通常是分离的，一旦终止订购，或受社会不可抗力因素影响，订购方都有可能在瞬间就失去了所有资源。在目前法律机制下，订购方一定要积极向商家争取所购置数字资源的永久使用权。永久使用权的获取是国家长期保存战略机制建立的基础、实施的重要组成部分[73]。为了合法备份，图书馆可以与版权人谈判索要保存权，索取保存权不一定意味着额外付费，但图书馆必须首先要意识到拥有保存权的重要性。如果国内图书馆都能够达成共识，并且依靠联盟的力量联合起来，与国外数据库供应商进行谈判才会立于不败之地，面对着如此巨大的国内信息资源市场，国外数据库商也会有所考虑，必定会做出比较大的让步。

3.5.3.3　依据版权法理和有关国际规定，制定图书馆界有关数字资源保存的格式协议

格式协议（format license）即格式合同，是指当事人一方预先拟定合同条款，对方只能表示全部同意或者不同意的合同。因此，对于格式合同的非拟定条款的一方当事人而言，要订立格式合同，就必须

全部接受合同条件；否则就不订立合同。现实生活中的车票、船票、飞机票、保险单、提单、仓单、出版合同等都是格式合同。目前，图书馆收集的数字资源主要是基于购买、网络免费收集和馆藏资源的数字化。对于通过后两种渠道获取的资源而言，其保存问题相对容易解决。而最令图书馆界颇感棘手的是通过购买获得的数字资源的长期保存。尤其在当前卖方市场的情况下，图书馆要争取到这类数字资源的本地永久保存是相当困难的。但这并不是没有可能，一方面，国内图书馆可以积极研读国外同行在此方面的谈判经验；另一方面，国内图书馆完全可以联合起来，以联盟的方式采购，加大谈判分量，争取制定让资源供应商可接受的数字资源长期保存的格式协议。在遵循有关国际规定、双边或多边协定的前提下，让资源供应商确信图书馆界制定的数字资源长期保存协议是：对于基于买卖合同基础的数字资源的保存，在不影响该作品的正常使用也无不合理损害著作权人的合法利益，并且在不以任何直接或者间接的经济利益为目的的前提下，才进行合理及时的保存。

需要强调的是，图书馆面向资源供应商的数字资源长期保存格式协议，必须在细节上做到：格式协议的要约须向所有资源供应商发出、并且规定了在某一特定时期订立该格式协议的全部条款；格式协议的条款是图书馆界事先制定的；格式协议条款的定型化使得资源供应商不能就协议的有关条款进行协商；格式协议一般采取书面形式。当然，图书馆界所制定的面向数字资源的长期保存格式协议，必须遵循相应的原则，包括在协议的相应位置声明：图书馆界开展数字资源长期保存活动，必须坚持诚实信用原则、公平合理原则、法制原则等法律基本原则。

需要重点指出的是法制原则。从当前我国的法律规定来看，能够为图书馆制定数字资源长期保存格式协议提供法律依据的法律主要有：《中华人民共和国著作权法》（2001）、《信息网络传播权保护条例》（2006）和《电子出版物出版管理规定》（2008）。

①依据《中华人民共和国著作权法》（2001）第1条、《信息网络传播权保护条例》第1条规定，保护文学、艺术和科学作品作者的著作权以及与著作权有关的权益，保护著作权人、表演者、录音录像制作者的信息网络传播权，与鼓励有益于社会主义精神、物质文明建设的作品的创作和传播，促进社会主义文化和科学事业的发展与繁荣具有同等重要性，著作权人的私权与公共利益在著作权领域具有相同的重要地位。而依据《中华人民共和国著作权法》相关法律法规，数字资源长期保存活动可以直接运用《中华人民共和国著作权法》（2001）第22（8）条、《信息网络传播权保护条例》（2006）第7条、《电子出版物出版管理规定》（2008）第2条以及第35条顺利开展。

②依据《中华人民共和国著作权法》第22（8）条规定，图书馆、档案馆、纪念馆、博物馆、美术馆等为陈列或者保存版本的需要，可以不经著作权人许可，不向其支付报酬，但应当指明作者姓名、作品名称，并且不得侵犯著作权人依照本法享有的其他权利的前提下，复制本馆收藏的作品。

③依据《信息网络传播权保护条例》第7条规定，图书馆、档案馆、纪念馆、博物馆、美术馆等可以不经著作权人许可，通过信息网络向本馆馆舍内服务对象提供本馆收藏的合法出版的数字作品和依法为陈列或者保存版本的需要以数字化形式复制的作品，不向其支付报酬，但不得直接或者间接获得经济利益。当事人另有约定的除外。该款规定的为陈列或者保存版本需要以数字化形式复制的作品，应当是已经损毁或者濒临损毁、丢失或者失窃，或者其存储格式已经过时，并且在市场上无法购买或者只能以明显高于标定的价格购买的作品。

④依据《电子出版物出版管理规定》（2008）第2条关于电子出版物的定义规定以及第35条法定存缴规定，以数字代码方式，将有知识性、思想性内容的信息编辑加工后存储在固定物理形态的磁、

光、电等介质上，通过电子阅读、显示、播放设备读取使用的大众传播媒体的电子出版物，在发行前，出版单位应当向国家图书馆、中国版本图书馆和新闻出版总署免费送交样品。尽管目前合理使用原则并没有在中国立法与司法中明确，加强合理使用原则和精神的推广对于数字资源长期保存活动具有重大意义。而且，依据《电子出版物出版管理规定》（2008）进行法律存缴的数字资源，不应局限于该规定第2条以及第35条范围内，立法部门应通过实施条例或者最高人民法院司法解释的形式将所有具有保存价值的数字资源都要求通过法律存缴的方式进行保存。

此外，在制定数字资源长期保存的格式协议时，我国图书馆界还应该密切关注我国与资源供应商所在国共同参与的世界性著作权公约、双边约定和多边约定，同时关注该资源供应商与其他国家图书馆在数字资源长期保存方面的协议，及时了解国际图联、EIFL等有关国际图书馆学协会关于图书馆可适用的著作权例外的声明或指南，力求为我国图书馆界制定更有利于数字资源长期保存的格式协议提供充足的依据。毫无疑问，制定数字资源长期保存的格式协议只是第一步，更为重要的是，为了数字资源的保存，图书馆、档案馆、纪念馆、博物馆、美术馆等应积极开展自愿性的相互间的协作，促进数字资源的有效保存。

3.5.3.4 建立联盟保存机制

一方面，大规模地对数字资源进行备份和保存，需要图书馆对此进行持续的高成本的设备、技术与管理投入，这不是一般机构能承担的；另一方面，数字资源长期保存过程中涉及的创建、管理、编目和存储需要多种知识、多个系统和多种技术的全面支持。因此，如果由国家出资，构筑以非营利性组织、科研院校、数字资源销售商、数字资源创建者、数字资源版权拥有者、数字资源传播者为联盟的数字资源长期保存联盟是一种有别于非数字资源的保存方式，同时可以有效解决法律授权和分工负责问题，从而可以有效地避免图书馆各自为政、过度重复保存而造成了大量人力、财力及物力的浪费。而这方面，在国外已经具有比较成熟的体系，如澳大利亚国家图书馆的数字保存项目 PAN-DORA（Preserving and Accessing Networked Documentary Resources of Australia），目前已经建设成用户可以直接访问的国家联机出版物知识库。澳大利亚图书馆联合了 7 家州级图书馆形成了分布式的保存网络——国家模型，PAN-DORA 站点成为其重要的组成部分；荷兰国家图书馆与 IBM 公司合作建立电子出版物存储系统 E-DEPOSIT，与 ELSEVIER SCIENCE 公司和 KLUWER 公司正式签署长期保存其联机期刊和电子图书的协议，这是一种典型的建立国家 Archive 的行为，最大限度地保障了国家的公共利益。

3.5.3.5　开展图书馆资源的异地保存

如前述分析，图书馆资源的异地保存主要包括非数字资源的异地保存和数字资源的异地保存。由于非数字资源与数字资源本身的差异，对其所实施的异地保存方案也不可能完全相同。

对于非数字资源的异地保存，关键是要注意物理环境的选择与建设。由于非数字资源的异地保存在投入成本上更为巨大，很难让各家图书馆自行建设物理场所。因此，需要从国家的层面，采取整体规划、顶层设计、分布实施、共存共享的策略，集中力量在全国建立一至两家的国家性异地保存场所。

对于数字资源的异地保存，重点是要注意对保存需求的清晰定位。根据不同的保存需求，采取相应的异地保存策略。例如，可以采用建立集中存储中心的方式，引入云服务的理念与技术，将各家图书馆重要的数字资源，以托管的方式，存储于获得授权的能够提供云存储服务的机构，进行异地保存，保证图书馆对数字资源存储与利用的健壮性。

3.5.4 资源评价

3.5.4.1 建立科学、合理的馆藏资源评价规程，改进评价指标体系

近几年来，关于馆藏资源评价研究已成为图书情报工作研究的热点之一，并且馆藏资源评价方面有价值的研究成果也很多。例如，国内对电子文献评估的研究大多是个人经验的总结和设想，同时也包含了少量基金资助的研究，比较重要的项目有国家社会科学基金项目“数字馆藏质量评价与绩效分析”、国家自然科学基金项目“电子资源在线使用统计与绩效评估”和清华大学图书馆牵头的由12所工科高校制定的《高校图书馆数字资源评估指标》等。建议有关部门组织资深学者和图书馆管理人员对馆藏资源评价成果进行梳理，去粗存精，整理出一套相对科学合理的馆藏资源评价指标体系，改进馆藏资源评价工作。

3.5.4.2 逐步建立并完善馆藏资源评价机制

复合馆藏是目前高校图书馆的馆藏发展趋势，因此图书馆运用实证的方法建构复合馆藏评价体系，通过馆藏测评的实际操作，逐步完善评价指标是一项非常重要的工作。图书馆不仅可以通过对数据的统计分析，了解馆藏评价指标的变动情况，以期真实掌握馆藏建设情况。而且根据测评结果，可以达到合理配置数字资源的纸质资源比例，或者对馆藏资源的复选和剔除，以确保图书馆馆藏发展过程中资源输入输出过程的动态平衡的目标，从而调整政策、优化决策，为馆藏质量和馆藏结构的改进提供依据。图书馆馆藏评估指标体系的设置应该着眼于全新的信息环境，适应现代图书馆的发展趋势，突出馆藏建设的多元化和资源利用的共享化，并且在评估工作中，充分考虑到高校图书馆的实际，考虑各种不同类型、不同规模图书馆的馆藏基础，考虑国家对不同高校图书馆在经费支持力度上的差异，采取分类

评估的办法。

3.5.4.3　国家投入资金，寻找合作馆试用并不断改进

国家设立了各种科研基金，促进了我国科研水平的发展，其中不乏馆藏资源评价方面的研究成果。建议根据课题研究内容，国家投入资金，寻找合作馆进行试用。这样既可以促使研究成果快速转化到实际工作中，也可以检验成果的可行性和资金的使用效率，不断完善馆藏资源评价指标体系。

挑战与机遇共存。挑战是一柄双刃剑，处理得好，就能成为事业前进的动力；反之，则会是事业发展的障碍，成为潜在危机。有挑战的出现，才会让人们时刻意识到危机的存在。同样，对于图书馆界而言，树立图书馆馆藏危机的意识，清晰了解图书馆馆藏发展危机，并有应对这种危机的周密计划与可靠行动，才有可能让图书馆事业之树常青。新的馆藏理念：不再局限于实体馆藏；不再局限于一个地点；图书馆不一定拥有馆藏；图书馆不一定可以掌控馆藏。图书馆需要有系统、有计划地依据既定政策建立馆藏、并且评鉴馆藏、分析馆藏强弱，探讨用户使用馆藏情形，以确定能够利用馆内和馆外资源来满足读者信息需求。

第 4 章　数字时代图书馆服务危机

随着科学技术的纵深发展，尤其是以计算机技术、网络通信技术为核心的新技术的发展，全球数字化浪潮兴起并迅速扩展开来，一个以计算机技术、网络通信技术、光纤技术、数字卫星技术为主要信息传输载体的社会基础设施的新的信息环境已经形成，人类步入了数字时代。

在全新的数字环境中，无处不在的网络和无处不在的计算机以及信息技术的发展，给社会生活方式带来了巨大的改变。图书馆作为社会重要的信息资源基地、国家信息基础设施和资源的提供者，对信息化、数字化浪潮的冲击更为敏感。

前面，我们已经探讨了数字时代的来临对图书馆管理、文献信息资源建设的影响。如果说对文献信息资源建设的影响是内涵层次上的影响的话，那么数字环境对图书馆服务的影响则是最为直观的，无论是服务理念还是具体的服务内容、服务手段、服务方式，无不深深打上了数字时代的烙印。

自 20 世纪 90 年代以来，高速发展的计算机网络技术、多媒体技术和多媒体通信技术的广泛应用，全方位地改变了人们的生活方式，这其中当然也包括人们对图书馆的利用。新技术的应用，给图书馆服务带来了新技术、新手段，从而提高了服务质量和读者满意度。但是，这些新技术同时也带来了新挑战。这些挑战既有来自图书馆内部的因素，也有来自图书馆外部环境的因素；既有较为温和的影响，也有非常尖锐的表现形式，但是无一例外地对图书馆服务造成了重重压力。

这就不得不使我们深深地思考，数字时代，图书馆服务到底面临着怎样错综复杂的内外环境？在这样内外交困的环境下，图书馆到底能做什么？应该做什么？为什么图书馆的许多功能会被社会信息机构所取代？除了技术层面的因素之外，还有其他因素吗？图书馆的基本属性、核心能力是什么？这些问题的解答，就是数字图书馆继续存在和发展的根基所在。

4.1　数字时代图书馆服务面临的外部挑战

综观目前的各种因素给图书馆造成的影响，不难发现，社会环境的变迁是影响最大、最为直接的因素。

在各种社会环境中，变化最快的是新的信息环境，即网络环境、馆藏资源的载体形式与格式，这些变化又大大影响了用户获取信息的方式与习惯。

4.1.1　信息载体与信息来源的演变

馆藏资源是图书馆服务的根基，其载体形态决定了可以提供服务的具体方式。因此，要想厘清如火如荼的数字时代到底给图书馆服务带来了怎样的影响，就不得不关注信息载体的演变过程与程度。

4.1.1.1　信息载体丰富化

4.1.1.1.1　传统环境下的信息载体形态

在过去几千年传统的社会环境中，纸本文献基本上是唯一的文献载体形态。这种情况，一直到了近代的图书馆阶段，才有所改变。20 世纪 30 年代缩微胶片问世，40 年代声像资料诞生，打破了纸质文献一统天下的局面，图书馆的馆藏中增加了缩微文献和音像资料。但是图书馆给人的第一印象仍然是充满了一个个书库、阅览室就是一排排书架的形象。

4.1.1.1.2　数字时代的信息载体形态

如上所述，在数字时代来临之前，图书馆的馆藏仅仅是指图书馆所收藏的各类实体文献的总和，是独立的物理馆藏。但是到了数字时代，图书馆的馆藏内涵则发生了根本性的变革。

进入数字时代以来，无论是传统的纸质文献，还是现代化的数字资源，都进入了一个快速增长的时代。以 2007 年为例，新出版图书总量达到了 276649 册，2002—2007 年，传统书籍总产量增长量为 29%。在 20 世纪 90 年代互联网出现之后，图书馆发展进入了网络化、数字化的时代。在这种社会环境下，图书馆馆藏不仅包含印刷型文献、缩微资料、视听资料，而且延伸到各种电子出版物、电子信息资源。甚至，连图书馆外部的信息资源也成为图书馆的虚拟馆藏，即现在人们习惯称为虚拟馆藏的部分。也就是说，在目前的社会环境下，图书馆馆藏是由实体馆藏和虚拟馆藏两个部分构成的。

图书馆的这两种馆藏也并非完全割裂的。传统图书馆馆藏是数字图书馆信息资源的基础，两者在一定条件下可以有机融合，互相转化，如馆藏文献的合理数字化，以及用外来资源充实馆藏，建立完善的实体与虚拟馆藏，让本馆有限的信息资源实体和无限的网上虚拟资源最大限度地结合，达到拥有与存取的最佳平衡，并做到对信息资源的所有权和使用权并重，充分满足用户多方面的需要。

2003 年，OCLC 的劳肯·丹普瑟（Lorcan Dempsey）和艾瑞克·柴尔卓斯（Eric Childress）提出了“馆藏格”（collection grids）的概念，用以揭示日益复杂的馆藏新格局。“馆藏格”用管理程度和资源异质性这两个变量将馆藏分为 4 个象限。2007 年，丹普瑟在其博客上作了修订，增加了行政管理（机构记录/报告/新闻等）内容，如表 4－1 所示。

表4-1　馆藏格示意

		管理程度	
		高	低
资源异质性	低	图书、期刊、报纸、政府文件、CD、DVD、地图、乐谱	网络免费资源、开源软件、新闻组存档文件
	高	特藏、古籍、地方文献、档案、手稿、学位论文	研究、学习和行政管理、e印本、技术报告、教学对象、课件、学籍档案、研究数据、机构记录、报告、新闻等

也有人把这种兼容实体馆藏和虚拟馆藏的图书馆类型叫做复合图书馆（hybird library），又称作混合图书馆。换言之，所谓混合图书馆，就是兼收传统纸质文献、数字资源和电子资源等多种类型的一种复合状态的图书馆类型。而每一种新的信息载体形态都给图书馆服务带来了根本性的变革。

（1）数字资源

如前所述，数字资源已经成为数字环境下图书馆的重要资源类型之一。其来源主要包括馆藏信息资源的数字化、电子出版物的收集和网上信息资源的馆藏化3个方面。随着馆藏资源数字化建设的不断深入，图书馆的服务将跨越时空的限制，服务对象将大幅增加，服务方式将更加多样化，服务范围将更加广泛，在一定程度上也将改变图书馆服务模式。随着一些珍贵、稀有馆藏资源的数字化，传统资源将得到有效的保护，还可以同时满足较多用户的需求，大大提高了资源的利用率。随着馆藏资源数字化，同一资源将可以以传统印刷型、数字型等不同形式供用户使用，满足不同用户的需求。随着馆藏资源的数字化建设，图书馆将能够满足用户日益增长的信息知识需求，为用户提供更加高效、便捷、多样的数字化服务，迎接数字时代的到来。

（2）网络信息资源

网络信息资源又称虚拟资源或联机资源，是计算机网络上交流和利用的所有信息资源的总和。网络信息资源在数量、结构、内涵、类型、载体形态、分布和传播范围、控制机制、传播手段等方面都不同于以往任何传统的信息资源，影响力是空前的，它代表着人类社会信息传播的方向。如今，网络信息正以惊人的速度改变着人们以往的生产、生活和思维方式，深刻影响着当今世界经济、政治、文化、教育的变革与发展（见表4－2）。

表4－2　2009年各类网络应用使用状况及用户增长情况[74]

类型	应用	2008年使用率（%）	2009年使用率（%）	用户增长率（%）	使用率排名	增长率排名
网络娱乐	网络音乐	83.7	83.5	28.8	1	11
信息获取	网络新闻	78.5	80.1	31.5	2	9
信息获取	搜索引擎	68.0	73.3	38.6	3	7
交流沟通	即时通信	75.3	70.9	21.6	4	13
网络娱乐	网络游戏	62.8	68.9	41.5	5	6
网络娱乐	网络视频	67.7	62.6	19.0	6	14
交流沟通	博客应用	54.3	57.7	36.7	7	8
交流沟通	电子邮件	56.8	56.8	29.0	8	10
交流沟通	社交网站	—	45.8	—	9	—
网络娱乐	网络文学	—	42.3	—	10	—
交流沟通	论坛/BBS	30.7	30.5	28.6	11	12
商务交易	网络购物	24.8	28.1	45.9	12	5
商务交易	网上银行	19.3	24.5	62.3	13	4
商务交易	网上支付	17.6	24.5	80.9	14	1
商务交易	网络炒股	11.4	14.8	67.0	15	3
商务交易	旅行预订	5.6	7.9	77.9	16	2

目前，各国图书馆都认识到管理好网络信息资源，实际上是为未来社会挖掘一个前所未有的知识宝库。如何把网络中丰富的信息资源转化为图书馆信息资源的一部分，为读者做好网络信息服务，是摆在图书馆面前亟待解决的问题。因此，各国图书馆界都加强了对网络信息利用的研究，同时在实践中取得了飞快的发展。

4.1.1.2　信息来源多元化

4.1.1.2.1　传统环境下的信息来源

在古代，人们获取信息的基本途径就是搜集图书，自藏自用。因此，古代的藏书楼主人无一例外地努力扩充自己的藏书，甚至为了求得一本书不惜血本者也不乏其人，如明代的王世贞，就曾以一座山庄的代价，去换取一部宋刻本《两汉书》。当时王世贞遇到书商出售宋刻《两汉书》，欣喜异常，但是书商要价特别高，王世贞一时没有足够的现金，但是又恐怕如此好的一部书被他人捷足先登所得，于是就与书商商定，以自己的一座山庄换取这部秘籍。此事曾轰动一时，许多人讥笑他有点儿傻，但是王世贞本人却觉得物有所值。古代藏书家们，不但不遗余力、不惜代价地搜求文献，他们还喜欢给自己的藏书楼或者藏书室起一个别致的名字，向人们炫耀他们的藏书量，如“万卷楼”、“十万卷楼”。那么，是什么让他们有如此大的动力去这样搜求文献呢？是不是像当时的人们讥讽王世贞的那样，他们真的是傻子呢？当然不是，其根本原因还是在当时的环境下，私家藏书是人们获得信息的唯一途径，所以，藏书家们才会有如此大的动力去庋藏这些珍贵的，甚至是孤本文献。

到了近代，图书馆成了社会需求的产物，其天职就是为社会提供服务。图书馆的社会价值是通过服务体现的。但是图书馆提供服务的资源却并没有发生改变，纸本文献仍旧是图书馆馆藏的主体。所以，在互联网出现之前，图书馆就是公众获取信息的主要来源。这一情况一直到20世纪末期，随着网络资源和电子资源在网络上广泛流传才被改变。

4.1.1.2.2　数字环境下的信息来源

数字时代，互联网和搜索引擎从技术层面上对图书馆服务提出了严峻的挑战。但是这种影响和作用却不仅仅停留在技术层面上，更重要的是对图书馆馆员和用户的影响。搜索引擎改变了人们获取信息的方式与习惯，也改变了人们对图书馆及其馆员的认识和依赖。《2003

年 OCLC 环境扫描》报告中甚至指出：作为一种社会功能，图书馆可能会一直存在下去，但作为一种组织机构形态，却未必如此。

新信息环境的形成，使图书馆行业与其他信息服务行业的界限日渐模糊，这既给图书馆带来了广阔的发展空间，也可能给图书馆带来莫大的冲击。

在信息匮乏的时代，读书是最好的补充信息的方式，但是网络时代的来临，读者把更多需求表达出来却在图书馆的网站或者数据库中得不到解答的时候，就把目光转向更为快捷、全面、准确的信息获取渠道。事实上，这也正在成为图书馆所面临的最大危机之一，这就是图书馆服务不再能够满足读者的信息需求，更多的用户习惯于使用大型门户网站的搜索引擎。根据美国 AMD 公司公布的数据，截止到 2008 年 11 月，全球互联网用户人数超过了 15 亿，超过现在全球人口总数 67 亿的 22%。而 CNNIC（中国互联网络信息中心）发布的《第 24 次中国互联网络发展状况统计报告》显示，我国的网民规模和宽带网民规模增长迅猛，互联网规模稳居世界第一位。截至 2009 年 6 月底，中国网民规模达到 3.38 亿，较 2008 年年底增长 13.4%，半年增长了 4000 万；而宽带网民规模则达到了 3.2 亿，占总网民数的 94.3%，较 2008 年年底上升了 3.7 个百分点。可见，无论是世界范围内还是国内互联网用户，都占到了一个很大的比例。而社会信息机构凭借先进的服务理念和个性化的服务方式吸引了大量用户。

而与之形成鲜明对比的是，图书馆的现状却越来越坏，甚至出现“门庭冷落车马稀”的现象。英国的第二大工会组织 Unison 宣称，在近几年里，已经有一些图书馆关门歇业，预算资金受到削减，其他图书馆则面临着私营化的前景。Unison 的秘书长 Dave Prentis 说：“在多年的资金削减、人员精减和近期的项目外包的威胁之后，图书馆服务濒临危机。尽管在去年有更多的人选择去当地的图书馆，而不是去看电影或者观看足球赛，但去图书馆的人数依旧在下降，因此我们也需要集中精力，吸引新的读者。”

2005 年 OCLC 给成员的报告中显示：用户对图书馆与信息资源的认知，84% 的用户使用搜索引擎开始信息检索，只有 1% 的人从图书馆网页上开始信息检索，如图 4－1 所示。

	用户首先选择比例(%)
图书馆	1
Google	84
其他(主要是其他搜索引擎，如Yahoo等)	15

图 4－1　来自 OCLC 用户首选检索途径的调查[75]

此外，自从网络出现后，读者不愿在去往图书馆的路上花费更多的时间或者排队等候获取文献。他们需要触手可及的文献信息服务，这使得图书馆读者量急剧下降，传统图书馆服务面临着很大的危机。信息用户利用图书馆越来越少；图书馆及其多项资源和服务以及图书馆馆员，在当今的信息用户中的印象已逐渐模糊了，如图 4－2 所示。

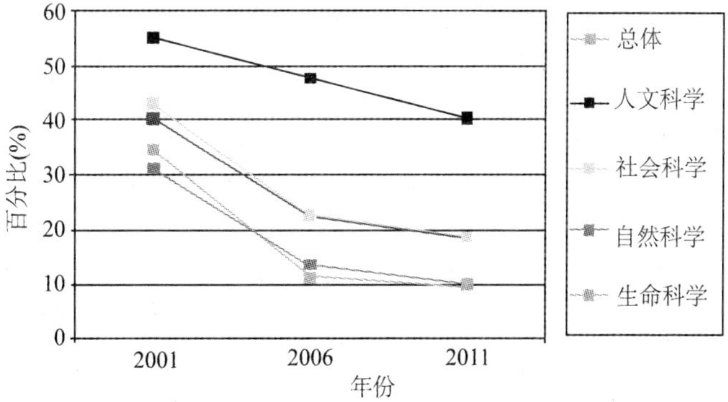

图 4－2　每周进图书馆至少一次的研究人员比例[75]

在移动运营商、手机厂商、手机应用软件开发公司、SP（互联网内容服务商）等企业的参与下，手机应用也在发生转变，如拨打电话、收发短信、手机阅读、手机视频等多样化应用局面已经打开。

作为最为方便快捷的终端，手机具有阅读便捷、不受时空限制的特点和优势，2000年日本诞生了无线阅读，第一部手机小说《深爱》面世，一年内预定该小说的读者突破200万人。国内指云时代官方网站称，作家海岩的《拿什么拯救你我的爱人》、《玉观音》、《深牢大狱》等几部手机小说的下载量已突破30万。在北京、上海、广州等这些大城市的地铁里、公家车上，甚至马路上，随处可见年轻人用手机或其他终端阅读器进行阅读。

在知识经济成为社会经济的主流、社会经济结构开始发生变化的时候，社会需求发生较大变化，知识总量不断增长，知识领域不断扩展，用户自身结构也随之发生变化，从整体上开始从劳动密集型向知识密集型转变。用户信息需求的结构变化，用户对知识信息的需求不断增加，使网络环境下图书馆的存在形态发生了变化。图书馆无论在信息资源采集、组织加工、信息服务、管理模式等诸方面将发生更深刻的变化。

以上种种情形导致了一个后果：图书馆功能被日益“弱化”。

4.1.1.3　数字时代其他信息资源及服务分析

正是信息载体与信息来源的丰富化、多元化，促使信息资源服务由原来的单一图书馆提供服务逐步走向了信息服务的市场化，大量的信息服务提供商以及社会信息服务机构如雨后春笋般产生。其中，最为主要的有两种形式：商业性信息服务与互联网信息服务。

商业性资源主要指由出版商或数据库商生产发行的、商业化的正式出版物，包括网络版和光盘版数据库、电子期刊和电子图书等，其中数据库又包括参考数据库（书目、文摘、索引）、全文数据库和事实数据库。

目前商业性资源绝大部分是以数字资源的形式出现。一般来说，商业性资源具有以下优势[76-79]。

4.1.1.3.1　内容经过严格挑选，质量有保障

商业性资源提供商均会对其入选的资源进行严格的挑选，只有符

合要求的信息资源才有可能继续被收录。这就从根本上保障了商业性资源具有较高的质量和学术性。而这也正是商业性资源的最大优势。例如，全球最为知名的引文数据库 Web of Science 就根据期刊出版标准、编辑内容、国际多样性和引文分析等指标来选择期刊，因此能够入选 Web of Science 成为一份期刊具有高质量水准的重要依据，而 Web of Science 也因此具备了国际影响力，成为国际最为权威的引文数据库。

4.1.1.3.2 经过有效的组织与整理

商业性资源的开发商对信息资源进行了有效的组织与整理，实现了资源的有序化，而这也是商业性资源相比于互联网资源的一大优势，从而使得商业性资源的可靠性高，能够较好地满足学术研究的需求。

4.1.1.3.3 种类众多，形式多样

在长期的发展过程中，商业性资源形成了形式多样的特征，在计算机技术、网络技术高度发达的今天，这些数据库形成了一个种类众多、形式多样的局面。从种类上来说，有综合性数据库、专利文献数据库、会议文献数据库、学位论文数据库。例如，国内著名的综合性数据库万方数据库包括“中国学位论文数据库”、“数字化期刊全文数据库”、“中国科技成果数据库”、“中外标准数据库”、“中国企业公司与产品数据库”、“中国科技名人数据库”、“中国学术会议论文数据库”、“中国法律法规全文数据库”、“中国科技文献数据库”、“中外专利数据库”、“中古科技信息机构数据库”、“中国高等院校及中等专业学校数据库”和“NSTL 外文文献数据库”等。从形式上来说，现在的商业性资源包括文摘数据库、引文数据库、全文数据库等形式。例如，著名的《剑桥科学文摘》(Cambridge Science Abstracts) 公司所开发的文摘信息资源产品。该公司出版了多种索引文摘数据库，其中包括多种相关专业的著名数据库，如知名的 MEDLINE、Toxicology Abstracts、Library and Information Science Abstracts、Ecology

Abstracts、Pollution Abstracts 等。种类众多、形式多样的商业性资源在很大程度上满足了学者进行科学研究时各种各样的信息需求，也成为科学研究发展的基础。例如，哈佛大学图书馆的数字资源利用率从 2001 年的 133.6 万篇次增加到 2006 年的 571.3 万篇次[80]；武汉大学图书馆 2005 年主页点击 8665 万次，公共查询系统访问 154 万次，数据库首页访问量 415 万次，与 2003 年相比分别增长了 10.1%、40% 和 60.2%。

4.1.1.3.4　检索方便

因为商业性资源经过有效的组织和整理，实现了信息的有序化，因此可以据此提供多条检索途径，方便用户进行检索。用户只需要在数据库界面上选择合适的检索途径，输入正确的检索词，就可在短时间内获取能够符合检索需求的检索结果，从而在很大程度上提高了用户的满意度。这也是商业性资源相对于其他资源，尤其是互联网资源的另外一大优势。例如，著名的引文数据库 Web of Science 就具备了强大的检索功能，Web of Science 数据库检索主页面进入时提供“综合检索”（general search）、“引文检索”（cited search）和“高级检索”（advanced search）三种选择。其中，“综合检索”是对来源文献的检索，共包括主题内容检索、著者检索、来源期刊检索、团体作者检索、期刊出版年检索和著者地址检索等 6 个检索窗口；“引文检索”的入口包括引文著者、被引文献和被引年代 3 项；而“高级检索”则类似于其他一些外文商业性数据库中的“专家检索”（expert search），检索界面就是一个检索窗口，专门用于处理那些检索要求复杂、涉及项目众多的情况。

4.1.1.3.5　在全球范围内已经得到广泛的应用

经过几百年的发展，商业性资源已经在全球范围内得到了极其广泛的应用，也得到了全球学者的广泛认可，尤其是进入网络时代，商业性数据库更是分布广泛，无所不在，在科学研究、终身教育、提升生活品质等方面都发挥着不可替代的作用，已经成为知识社会发展的基础性资源。

2003 年，美国密歇根大学阿特金斯（Daniel Atkins）教授带领的“蓝带委员会”（Blue Ribbon Advisory Panel）向美国国家科学基金会（National Science Foundation，NSF）提交的研究报告《通过 Cyberinfrastructure 实现科学和工程的革命》提出“先进 Cyberinfrastructure 计划”（Advanced Cyberinfrastructure Program，ACP），其目标在于为研究社区提供一个更加泛在、综合的功能完备的知识环境[81]。随着 E-Science和 E-Learning 的发展，数字化科研空间和教育空间逐渐形成，数字资源也异常丰富。2003 年，受大英图书馆委托，电子出版服务公司（Electronic Publishing Services ltd.）承担了预测 2020 年出版发展趋势的项目。在项目报告中作者指出，到 2016 年，大约一半的期刊出版物将仅以数字格式出版。而科学、技术与医学方面的期刊将首先完成这一转变[82]。2008 年，国际数据公司（International Data Corporation，IDC）最新报告显示，2007 年数字世界的信息量达到 2810 亿 GB，比其之前预计的数量要多 10%。2010 年数字世界的信息量是 2006 年的 10 倍，这比之前预测的要多 4 倍。

图书馆，尤其是公共图书馆，需要为个人和社会群体进行终身教育、自主决策和文化发展提供基本条件。阿克斯特（Daniel Akst）指出，当代社会数据、信息和知识是相互联系和交叉的，是组成人类智力资源的宝库，而图书馆正是此宝库的一个主要节点。图书馆在履行收集、整理、传播和利用社会信息和知识的使命中，其方式方法和内容在不断地发生变化，以适应社会对智力资源宝库发展的需求[83]。数字环境下，图书馆要实现并加强这一职能，提供远距离学习和教育的环境，成为学习、素养与经济发展的引擎，其基本保障就在于选择并提供能够支持图书馆各项服务、适应用户需求的数字资源。其中，最为主要的毫无疑问是商业性数字资源。

当然，从图书馆的角度来看，商业性资源，尤其是商业性数字资源，还存在着诸多的不足，具体如下。

4.1.1.3.6 商业性数字资源价格上涨明显，图书馆负担过重[84]

2008 年，ARL 公布的调查资料表明，ARL 成员馆的数字资源开支逐年增长，2006—2007 年度成员馆用于数字资源的支出约占其资源总预算的 47%，共计 536 亿美元，比 2005—2006 年度支出共计多出约 105 亿美元，其数额大约为 1992—1993 年度的 38 倍；而成员馆平均每年在数字资源上的支出涨幅也一直远高于图书馆资源总支出涨幅。从 1993—1994 年到 2006—2007 年两年度，数字资源的资金支出涨幅一直介于图书馆资源总支出涨幅的 2～10 倍。成员馆中有 50 家数字资源的支出比例甚至超过了其资源总预算的 50%，其中，2006—2007 年度数字资源支出最高的哥伦比亚大学图书馆超过了 972 万美元[84]，如图 4－3、图 4－4 所示。

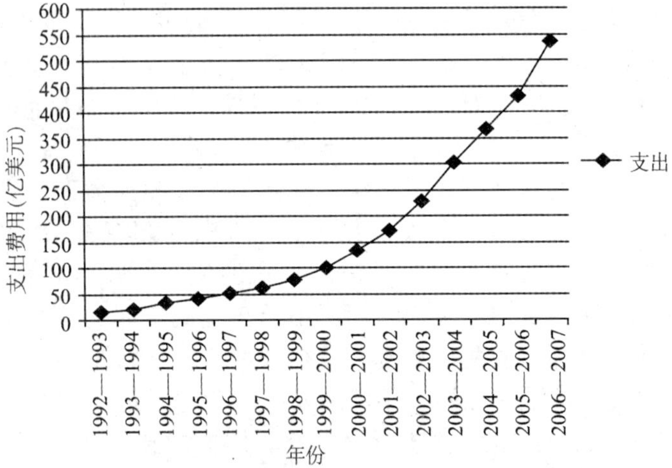

图 4－3　1992—2007 年 ARL 成员馆数字资源的年度支出

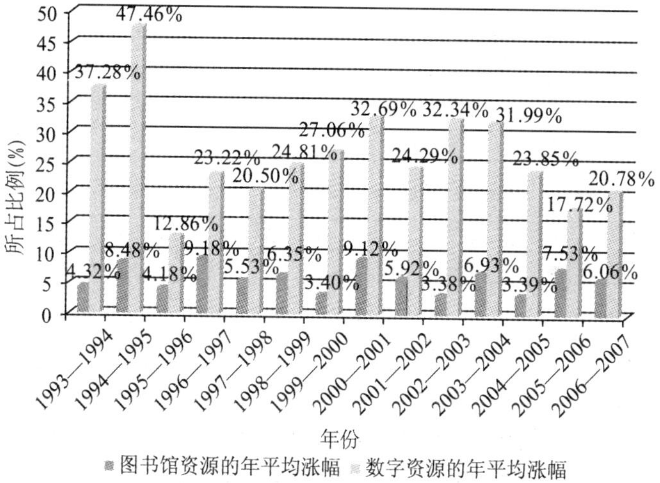

图 4－4　ARL 成员馆数字资源支出涨幅与图书馆资源总支出涨幅的比较（1993—2007）[84]

在我国，尽管中国高等教育文献保障系统（China Academic Library & Information System，CALIS）成员馆通过联盟采购降低了部分数字资源（主要是各类型数据库）的成本，但很多高校图书馆每年数字资源的购买经费仍然占了该图书馆总投入的很大一部分比重，并保持着持续上涨的态势（见表 4－3）。

表 4－3　CALIS 组团引进数字资源费用支出情况（单位：亿人民币）[85]

项目 年度	数据库	捆绑纸本期刊	引入数字资源总支出	高校系统费用支出
2003—2004	2. 08	1. 35	3. 43	2. 84
2004—2005	2. 52	1. 49	4. 02	3. 68
2005—2006	2. 96	1. 69	4. 65	4. 21
2006—2007	3. 24	1. 77	5. 01	4. 92

我国香港和台湾地区在数字资源方面的投入也呈现上升趋势。香港科技大学图书馆 2005—2006 年度数字资源的预算超过了 61%[86]。

根据吴明德的调查，台湾 57.7% 的大学院校图书馆近 5 年数字资源经费持续增加，33.3% 大致相同，8% 持续减少[87]。

4.1.1.3.7 图书馆购买的商业性数字资源只有网络使用权[89]

图书馆购买的商业性数字资源只是网络使用权（包括装载在本地镜像的资源），因此，一旦终止采购合同后，图书馆对于自己曾经采购的资源的使用权就受到威胁。即使数据库商允诺可以通过网络继续使用这些资源，也可能需要额外支付服务系统的使用费，或者只能使用被剥夺许多正常功能的“简版”系统，或者只能使用功能不再发展的旧版服务系统（而商业性数字资源简版或旧版系统的技术支持可能是短暂的和不稳定的），或者在系统版本升级后就无法使用系统（或必须支付额外费用），实际上造成图书馆用户不能使用或有效使用这些资源。

4.1.1.3.8 不同商业性资源间有可能重复

不同的商业性资源提供商基本处于各自发展的状况，可能导致同一份期刊资源被多个商业性数据库所收录，从而导致不同的商业性资源数据库之间存在着资源内容重复交叉的现象。如果图书馆购买了这些商业性数据库，实际上就造成了图书馆为了一份资源而重复付费的现象。而这一现象在商业性数字资源中比较常见。这也加重了图书馆的经济负担。

4.1.1.3.9 图书馆对商业性资源的依赖

目前，图书馆对商业性资源的依赖导致了商业性资源提供商的垄断地位，在一定程度上阻碍了学术交流。提供商占据了垄断地位，实际上是控制了学术资源出版的关键，使得许多科学研究不得不屈从于出版商；同时，学者在出版研究成果时需要支付相应的费用，而在阅读自己的研究成果时还需要支付费用。现在很多学术研究成果要经过 1 年左右的时间才能出版，使得不少学术研究成果出版时就已经是过时的成果。因此，在一定程度上阻碍了学术交流。

4.1.1.3.10　其他

即使在合同执行期间，自然灾害、人为破坏、战争、法律纠纷、系统灾难性故障、财务危机、商业决策、政府行为、国际争端等原因，也有可能造成数据库商或其委托的镜像服务商终止经营或不继续向图书馆提供服务，致使数据本身的永久性破坏，或者数据虽然存在但图书馆用户无法进行远程访问，或者图书馆的网络使用权被强制性剥夺，实际上造成图书馆失去对自己购买的资源的可持续使用权。另外，即使在正常执行合同期间，异地镜像或网络远程访问都可能受网络故障、电气故障、管理失误等影响造成超越正常系统维护期限的不可使用。

4.1.2　互联网资源的优点与不足

近几十年来，计算机技术、通信技术、网络技术的迅速发展，由电子计算机和现代通信技术结合形成的全新的网络环境，对人类社会的经济、文化等多个方面产生了全方位的深层次的影响。1993 年美国开始实施的信息高速公路几乎现在已经成为一个巨大的社会经济系统，它将计算机、通信网络、信息资源网、信息提供商、信息用户等融为一体。信息高速公路从根本上改变了人类信息的生产、流通、分配和利用方式，引起了整个社会的变革，人类进行一次新的“信息革命”。而此次“信息革命”的主体已经是网络信息资源，也即互联网资源。

席卷而来的 Internet 将全世界丰富的信息资源带到每个人的身边，可以这样认为，用户所需要的大部分信息在互联网都可以检索到，而且大多可以免费获得。

人们对于互联网资源谈论的较多，不过它到底是什么迄今为止尚没有统一的定义，类似的名称有很多，如“电子信息资源”（electronic information resources）、“Internet 信息资源”（Internet information resources）、“万维网资源”（World Wide Web resources）等。其定义的表述也多种多样，如有人认为，互联网资源是“通过计算机网络可以利用的各种信息资源的总和”，也有人认为互联网资源的含义有广义和狭义之分，广义的互联网资源涵盖了软件、数据和信息、用户、演示程序以及相关硬件设备、环境、人员、资金等要素，而狭义的互联网资源则指以电子数据的形式将文字、图像、声音、动画等多种形式的信息通过计算机网络再现出来的可以利用的各种信息资源的总和。我们比较赞同以下的互联网资源的定义："互联网资源是以电子数据的形式将文字、图像、声音、动画等多种形式的信息存放在光磁等非印刷纸质的载体中，并通过网络通信、计算机或终端等方式再现出来的信息资源"，即通过 Internet 可以利用各种信息资源，包括科技数据库、时事新闻、社会科学、文学艺术、历史资源等方面丰富的文献资源和一些公用软件。

互联网资源的出现，使人类信息资源的开发利用进入了新的时代。互联网资源在特性和构成上与传统的信息资源有着显著的差异。与其他类型信息资源相比，互联网资源具有以下优点。

4.1.2.1 规模巨大且增长迅速

互联网产生之初，网络规模就成为讨论甚至争论的一个问题。对于网络的规模和增长速度有多种多样的预测。最早涉及这个问题的是在第五届 World Wide Web 会议上，Bray 利用来自开放式文本搜索引擎的统计数据所作的演示。尽管他也承认在当时对于网络知之甚少，但是他使用 1995 年年底的一次快照预测当时大约有 1100 多万独立的 URL，有 22.4 万个独立的服务器。当时的数据就表明网络以年为单位迅速增长。到 1998 年，NEC 研究中心的研究人员估计公共可以检索到的网页有 3.2 亿。通过抽样分析，研究者发现单个搜索引擎只能标引到这些网站的一小部分。例如，他们估计当时最大的搜索引擎——Northern Light 只能标引公共网络中 16% 的网页。然而由于当时的搜索引擎之间互相重复的情况比较少，因此 11 个搜索引擎大约能够覆盖 42% 的网络资源。

随着互联网覆盖范围的不断扩大以及网络技术的发展，存在于互联网上的信息资源以飞快的速度传播并迅速增长。根据中国互联网络信息中心（CNNIC）于 2010 年 1 月 15 日发布的《第 25 次中国互联网络发展状况统计报告》显示，2009 年年底 IPv4 地址已经达到 2.3 亿，数量仅次于美国，是全球第二大 IPv4 地址拥有国，有力地保障了中国互联网的稳步发展。目前，IPv4 地址数量仍旧增长迅速，年增长率为 28.2%。2009 年年底域名总数为 1682 万，其中 80% 为 .CN 域名。域名数量保持平稳，域名利用率正在增加。网站数量达到 323 万个并继续平稳增长。与 2008 年对比的情况如表 4－4 所示[88]。

表 4－4　2008 年 12 月—2009 年 12 月中国互联网基础资源对比

类目＼年月	2008 年 12 月	2009 年 12 月	年增长量	年增长率（%）
IPv4（个）	181273344	232446464	51173120	28.2
域名（个）	16826198	16818401	－7797	－0.05
其中 CN 域名（个）	13572326	13459133	－113193	－0.83
网站（个）	2878000	3231838	353838	12.3
其中 CN 下网站（个）	2216400	2501308	284908	12.9
国际出口带宽（Mbps）	64028667	866367.20	226080.53	35.3

OCLC 的 Web Characterization Project 每年均对网络进行抽样，分析网络规模以及内容增长的情况。该项目对 IP 地址进行 1% 的抽样，并且链接到所有抽取到的样本 IP。在确认网站数量时会把重复的站点去掉。该项目目前公布了 1998—2002 年的数据，具体数据如表4－5所示[94]。

表 4－5　OCLC 互联网资源统计数据

年份	站点数量（个）	独立站点数量（个）
1998	2851000	2636000
1999	4882000	4662000
2000	7399000	7128000
2001	8745000	8443000
2002	9040000	8712000

需要指出的是，目前对互联网资源的估计都是不完整的，因为这些估计仅仅包括静态网页、搜索引擎能够检索到的信息，而实际上还存在大量的不能存取的信息，主要包括由动态数据库生产或者是受保护的信息。

4.1.2.2 内容种类繁多

在网络资源中，除文本信息外，还包括大量的非文本信息，如图形、图像、声频、视频等。呈现多类型、多媒体、非规范、跨地理、跨语种等特点。数量巨大的互联网资源来源于各行各业，包括不同学科、不同领域、不同地区、不同语言的各种信息，内容极其丰富。从CNNIC关于CN域名数即可略见一斑（见表4－6）。

表4－6 中国分类CN域名数

域名	数量（个）	占CN域名总数比例（%）
.cn	8612100	64.0
.com.cn	3105501	23.1
.net.cn	424664	3.2
.org.cn	181746	1.4
.adm.cn	1071333	8.0
.gov.cn	49730	0.4
.ac.cn	10454	0.1
.mil.cn	13	0.0
.edu.cn	3592	0.0
合计	13459133	100

4.1.2.3 链接方便

链接方便也是互联网资源的一大优势。互联网的主要特色就是以链接的方式将文字、图像、语音和视频信息连接为超文本和超媒体的系统。在互联网中，信息资源通过超文本、超媒体链接，突破以往信息资源间单调的线型联系，自动形成信息内容和形式的网状结构，自一个节点能够发出连接其他信息资源的立体空间，且链接的数目不受约束，只要需要，就可以无限制地增加。

4.1.2.4 交互性强

网络环境下，尤其是进入 Web2.0 时代，Blog、RSS、网摘、Wiki、Tag 以及 SNS 等得到广泛普及，信息的传递呈双向性，通过网络，使用者可以即时表达意见，与作者进行直接沟通，如同人们进行面对面的交流，缩短了信息提供者和接收者之间的距离。

虽然互联网资源存在着诸多优点，但不可否认的是，互联网资源也存在着诸多的不足，具体如下。

4.1.2.5 分布的无序性

由于没有一个主管机构进行集中领导和管理，尽管网络上有大量高质量的信息，但整个互联网资源的分布呈现出一种混乱、无序的状况。迅速产生的大量信息中有许多未经筛选，可靠性差，甚至是虚假信息；有许多信息随着时间的推移已失效，却因各种原因没有清理，成为垃圾信息，挤占信息存储空间，妨碍人们有效地查找、利用信息，甚至还造成危害。这些急剧增长的信息缺乏有效的组织与控制机制，造成信息资源的极度混乱，给互联网信息资源获取和利用带来了困难。

4.1.2.6 变动频繁，不易长期保存

互联网资源的地址、链接以及内容本身处于经常变动之中，致使信息资源的更迭、消亡无法预测。因此，目前整个网上信息资源的状态都是不稳定的。一般而言，互联网上信息资源的生命周期从 44 天至 2 年不等。造成这种状况的原因主要有两个：一个是当机构或公司失去兴趣或财力不济时，整个网站都会消失，这种现象不仅仅存在于小型网站，而且存在于大型网站；另一个就是互联网资源标识符的不稳定，目前大多采用 URL 的方式进行互联网资源的标识，这种方式基于互联网资源的物理位置，如果物理位置发生变化，则原来的标识符就找不到所指向的互联网资源。

不管出于什么原因，互联网资源寿命的短暂是不争的事实。和其他物理形态载体的信息相比，互联网信息相对来说生命力更脆弱，更

容易破坏。据研究表明，在某一网络中中学网站上所列出的关于自然科学课程的网络地址中，大约有1/5在12个月后完全消失。另外一项2004年公布的研究结果表明，在两份计算机科学杂志上发表的文章所引用的URL中，有40%～50%在4年的时间内已经存取不到[91]。按照OCLC的统计，经过一年的时间，有55%～60%的互联网资源按照原来的IP地址还能够找到；经过两年的时间，35%～37%的互联网资源能够找到；4年之后，只有大约1/4的互联网资源的IP地址还能够找到。史密斯学会也曾经对其75个站点进行调查，发现很多本机构建立的网页已经查找不到。

4.1.2.7　分布不均衡

互联网资源的分布在不同行业、地理位置和技术水平上有很大差别，各个网点的信息资源分布在数量上也千差万别，在信息的质量、内容和更新周期上也没有一个完善的体系和结构，造成网上很多节点信息质量不高。

4.1.3　基于手机移动通信网络的信息服务的优点与不足

从2000年开始，移动通信技术取得了突飞猛进的发展，特别是与有线互联网结合而成的移动互联网更使移动信息服务成为21世纪的一大潮流。手机短信息、多媒体信息、手机无线上网等数字化信息服务迅速普及。许多传统信息服务机构，如出版社、报刊社、唱片社、电台、电视台等，都纷纷利用移动互联网拓展自己的服务，如手机书、手机报、手机电视等。手机已经成了一个新的大众传播媒体，人们通过手机不仅可以通话，还可以上网、阅读新闻、收发E-mail、游戏娱乐、订购商品与服务，等等。

4.1.3.1　基于手机移动通信网络的信息服务的优点

基于手机移动通信网络的信息服务，是图书馆向数字化发展的新方向，具体来说，它具有以下优势[92-94]。

（1）以手机为终端、应用范围广

基于手机移动通信网络的信息服务是基于移动通信网络平台，通过手机等移动终端实现信息服务的。用笔记本也可以无线上网，但它不是移动互联网。平常所说的互联网是以 Internet 为平台的信息传播，以电脑为终端；移动互联网是以移动通信运营商的移动通信网络为平台的，手机是目前最普及的终端。因此，可以说，基于手机移动通信网络的信息服务将会有非常广阔的应用前景。

（2）信息服务具备相当强的即时性

基于手机移动通信网络的信息服务受环境、屏幕和输入等条件的限制，但它更受益于其移动性特征。移动互联网信息服务可以超越时空的限制，实现随时随地的覆盖，具有 4A（Anywhere，Anytime，Anything，Anyone）的特点，用户可以按照自己的需要及时接受信息服务。这种移动性服务还能让用户充分利用“垃圾时间”、“碎片时间”来利用各种信息。

（3）可以提供多种类型的信息服务

基于互联网的信息服务，可以提供诸如借阅信息查询、图书预约、图书续借、图书到期提醒、新书信息公告等多种类型的信息服务，基于手机移动通信网络的信息服务不仅包括上述类型的信息服务，还包括若干在互联网上不容易实现的信息服务，如表 4－7 所示。

表 4－7　基于手机移动通信网络的信息服务类型

功能需求	描　述
图书借阅信息查询	用户通过手机上网登录自助服务网站，点击相应菜单，可查询自己的图书借阅情况；或通过手机发送查询指令，通过短信返回该手机绑定之用户的图书借阅情况
图书预约	用户通过手机上网登录自助服务网站，点击相应菜单，输入可预约图书的编号并提交，系统返回预定结果，或者用户通过手机发送预定指令，系统通过短信返回该预约结果

续表

功能需求	描　述
图书续借	用户通过手机上网登录自助服务网站，点击相应菜单，输入续借图书的编号并提交，系统返回续借结果；或通过手机发送续借指令，系统通过短信返回续借结果
图书到期提醒	系统发送提醒邮件到用户设定的电子邮箱地址，或发送提醒短信到用户设定的手机号码
读者办证业务	当读者证到期需要验证时，系统自动发出验证通知；当读者证丢失时，读者可以通过手机进行挂失
新书信息公告	系统发送通知邮件到用户设定的电子邮箱地址或发送通知短信到用户设定的手机号码
公共信息发布与搜集	系统发送各类公共信息、通知邮件到用户设定的电子邮箱地址，或发送通知短信到用户设定的手机号码。也可以进行读者调查，通过手机接收各类意见和建议
参考咨询	通过手机提供一个虚拟的“面对面”环境，让提问者和图书馆员或聘请的学科专家能够相互交流；并同时建立知识积累库，通过智能语义分析功能，为读者提供自助服务，大大简化图书馆员的咨询工作
留言咨询	公众用户通过手机发送相关留言、咨询、投诉、建议等
讲座信息及预定	管理员通过管理平台发送讲座信息，公众用户通过确认预定命令完成预定操作
书目信息查询	用户可以通过网页检索书籍信息或通过手机命令查询书籍信息
移动阅读	通过手机在线阅读书刊报等图书馆数字资源
个性化定制服务	通过手机定制自己感兴趣的信息或服务
邮件、论坛和博客服务	为本馆人员业务办公和用户提供基于 WAP 或 WWW 的邮件、论坛和博客访问操作
读者荐书和选书	通过手机向读者推荐图书，接受读者选书的意见，供采购工作人员在采购图书时参考

（4）便捷性

基于手机移动通信网络的信息服务具有较高的便捷性，信息服务要求能以最方便、快捷的方式获得信息与服务。在数字图书馆信息服务中，虽然基于互联网的信息服务实现了较高层次的自动化、网络化，但有线网络服务的方式无法实现信息的移动存取，给广大用户获取文献信息资源和服务带来极大不便，而且用户在整个信息服务过程中都处于被动的地位，必须坐在电脑前才能进行检索，一旦离开电脑就无法获得相应的帮助。手机的便携性、随身性让其无所不在。在手机图书馆环境下，借助于人工智能和移动通信环境，用户可以通过手机随时向馆员提问并获得帮助。用户不必限制在电脑桌前，可以自由自在、随时随地进行不同目的、不同方式的信息获取和帮助。

（5）连接方式多样

基于手机移动通信网络的信息服务连接方式多样。常见的基于手机移动通信网络的信息服务连接方式有手机短信息和手机无线上网等。短信息连接，主要通过手机短信息发送指令的方式进行服务，信息内容以短小精练的文本为主，服务特色主要体现在信息的及时性和互动性，适合提醒信息、互动参与查询信息及个性化定制类信息服务。无线上网连接，可以提供图形化的访问界面，用户可以更方便自由地进行大容量图书信息的查询和阅读，除了一些基本信息的查询服务外，图书阅读等功能也可实现。目前，无线上网的解决方案有 i-mode、IDB、WAP 等几种。i-mode 是日本 NTT DoCoMo 公司推出的手机上网模式，采用分组交换叠加技术，实时动态分配通道，用户总是在线，由于使用简化的 HTML 编辑网站，可以很容易将 Web 网站转变为 i-mode 网站。IDB 是韩国 WISEngine 公司研制的数据库查询的核心技术，可以利用手机终端在无线互联网上直接提供有线互联网的内容。WAP 是无线应用协议，是专为窄带宽、高时延、小屏幕、有限存储容量、低处理能力的无线环境而定制的一种协议。

（6）提升图书馆信息服务水平

基于手机移动通信网络的信息服务大大提升了图书馆信息服务的水准。它将无线通信网络和图书馆的数字图书馆系统结合起来，利用高普及率的手机新媒体平台延伸、拓展传统的图书馆服务，并且可以随时随地进行信息传输与服务。基于手机移动通信网络的信息服务将极大地方便读者，提高图书馆的服务效率，同时也可以为读者提供实时性和个性化的信息服务，而且由于手机的双向交互功能，读者可以用手机主动点播和定制自己所需的各种信息，使图书馆的服务由被动服务向主动服务转变。基于手机移动通信网络的信息服务将满足广大读者对移动文献信息服务的需要，提高读者对图书馆服务的满意度，扩大图书馆在教育文化事业中所发挥的作用。

4.1.3.2 基于手机移动通信网络的信息服务的不足

当然，作为一个新兴事物，基于手机移动通信网络的信息服务也还有其不完善的地方，具体如下。

（1）技术上的制约

与有线电视、互联网相比，目前手机上网技术还存在不少限制，如手机的内存容量有限，运算速度比较慢，显示屏尺寸较小，网络带宽速度不够快等。这些因素将限制图书馆手机服务系统所能承载的信息内容及其容量，不能充分满足用户各类信息需求。在平台结合方面，手机平台与数字图书馆系统难以做到无缝链接。图书馆所使用的自动化系统因版权、商业性秘密等原因不可能完全开放，手机服务平台的一些功能在这种不透明状态下是很难实现的。

（2）经济上的制约

传统图书馆的服务都是无偿提供的，但由于图书馆手机服务系统的建设必须依赖电信运营商的网络平台，手机服务平台在提供服务时不能做到像其他图书馆服务一样免费提供，有的图书馆手机服务还要收取专门服务费，这就造成图书馆服务的公益性与收费的冲突。中国目前手机上网费用较高，也会阻碍用户对图书馆手机服务系统的使用。

（3）用户习惯的制约

手机阅读不同于人们传统的阅读习惯，屏幕阅读与纸本阅读存在着一定的区别，长期面对电子屏幕阅读使得很多人感到不习惯，特别是年龄大一些的用户。这也是图书馆手机服务系统普及过程中会遇到的障碍。

4.1.4　社会信息服务业对图书馆服务的冲击

4.1.4.1　社会信息机构对图书馆服务造成的影响

随着网络的普及，网上各种信息服务机构应运而生，各类信息服务机构，不仅工作人员素质高，计算机应用能力强，而且还能提供较深层次的个性化服务。这些信息服务机构提供的各种人性化的个性化服务，对图书馆服务造成了威胁。

例如，中国期刊网提供的跨库检索功能，用户可以在同一个检索界面中检索该网站的所有数据库；中国知网（CNKI）提供的“参考文献”、“引证文献”、“共引文献”、“同被引文献”、“二级参考文献”、“二级引证文献”、“读者推荐文章”、“相似文献”、“相关研究机构”、“相关文献作者”、“文献分类导航”、“相关期刊”等，将对用户可能有用的信息呈现在用户面前，为用户提供了更广阔的服务空间；维普中文期刊数据库提供的“我的检索历史”、“我的电子书架”、“关键词定制”、“期刊定制”、“分类定制”等个性化服务，利用网络自动搜索用户所需信息，并定期推送到读者所指定的地方，大大提高了读者利用信息资源的方便程度。

超星数字图书馆提供的“超星数字文献服务平台 310”，将其所有的数字资源，包括图书、期刊、音频、视频、专题数据库、标准、互联网信息等，都放到统一的平台上进行管理，避免了读者反复登录不同数据库平台进行重复检索，满足了用户实现多元化数字图书馆的需求。此外，各种信息服务机构还对其用户进行数据库使用培训，所有这些都使得图书馆服务工作受到了挑战。

另外，数字图书馆的发展也给图书馆服务带来了引人深思的问题。数字图书馆不仅能够让更多的读者接触知识，而且其数字化超文本打破了印刷品的线性结构，改变了人类知识的载体结构，致使传统的知识表达与理解方式受到了冲击，白纸黑字的阅读形式已不再是唯一。

除此之外，Google 模式也给图书馆服务带来了新思考。

例如，Google 提供的“图书搜索”功能使“您马上就能通过 Google 图书搜索来搜索 700 万册图书的全文”，甚至让读者觉得每次进行 Google 网络搜索时，也在搜索 Google 的图书索引；Google 还提供将“任何相关的内容都会显示在您的搜索结果中，只要单击结果就会将您引导至图书中的相关页面，您可在其中浏览更多的页面并了解在何处可以借阅或购买它”。

Google 图书馆计划通过与全世界知名的图书馆合作，以将其收藏的图书包括在图书搜索中。对于仍受版权保护的图书馆计划图书，Google 会使用类似卡片目录的搜索结果；还会向用户显示有关图书的信息，通常情况下，显示包含搜索字词上下文的几个文本小片段。对于不受版权保护的图书馆计划图书，用户还可以阅读和下载整本图书。

通过合作商计划，Google 与 2 万多个出版者和作者成为合作伙伴，以便让他们的图书出现在 Google 上。读者可以像在书店或图书馆中一样粗略地浏览这些图书的几个预览页面，也会看到指向图书馆和书店的链接，这些链接可让读者知道何处可以借阅或购买图书。

因此，一些专家学者断言，随着 eBook 取代传统书本，宏伟的图书馆建筑物将轻而易举地被扫描仪、笔记本电脑所取代，枯燥乏味并且只有图书分类人员才能看得明白的图书分类法将完成其历史使命，让位给威力无穷的搜索引擎——Google 搜索来完成。图书馆馆员不再需要每天重复进行图书上架、整理等烦琐的工作，我们都将成为彼此间的读者。

4.1.4.2 图书馆业务外包给图书馆服务带来的影响

图书馆业务外包是指图书馆从图书选定到上架的全部业务过程交

给图书发行者完成的一种新型供货方式，它是图书采购招标竞争白热化的产物。通常书商委派工作人员到图书馆进行工作，并付以相应的报酬。由于外派人员在工作中片面追求进度而疏于细致、精确性，直接影响了馆藏质量和分编数据质量。一方面，尽管外派人员是本馆工作流程的有机组成，图书馆却无法依据本馆的规章制度对其直接管理；另一方面，审校及抽查工作，作为质量控制的关键环节，在实际操作中却缺乏有效的制度约束，质量控制并不理想。于是常常出现书商花钱、图书馆不满意的局面。“内因是变化的根据”，因此解决质量控制问题，还是要从图书馆内部来考察。社会其他机构的入驻，打破了原有的工作流程，部分馆员的工作角色发生很大转变，如何在外包作业环境下把好质量关，是目前图书馆面临的崭新课题。

随着社会服务业的进步，图书馆业务工作外包日渐增多，许多原来属于图书馆内部的基础工作，甚至包括过去图书馆的核心业务，如文献编目等也都有外包的趋势，而技术研发及保障、服务、后勤及保安等非图书馆核心业务工作更是成为外包趋势首当其冲的范围。

不管是社会信息机构的“大军压境”，还是图书馆自身业务的逐步外包，都共同给图书馆带来了一个相同的结果，那就是图书馆工作的专业性被“淡化”。

4.1.5 新媒体技术发展对图书馆服务的影响

移动互联网带来“随时、随地、随身”的信息交流和服务手段，信息因人的流动而流动，人可以不依赖于地域的限制，从而实现了真正的随时随地获取信息的梦想。

移动数据通信技术的发展和移动终端设备的广泛应用，使得移动应用已经渗入到社会生活的各个领域，如金融、电信、新闻、商业、交通运输、医疗保健、教育等，尤其是短消息业务取得的空前成功激发了业界对多媒体信息开发应用的热情。

移动互联技术的发展及对社会生活的影响也不可避免地波及图书

馆领域，于是一个新的概念“自助服务”应运而生，它是指读者在自己需要信息的任何时间、任何地点通过无线与移动设备如手机、具有无线通信模块的终端等和无线通信网络获取信息资源，甚至与他人进行交流、互相学习的过程。自助服务有机地把移动通信、网络技术与图书馆这几个要素联合起来，与有线的在线服务相比，自助服务具有移动性、高效性、广泛性、个性化等特性。利用移动互联技术，读者不仅可以依靠电脑上网，还可以用手机、智能电话、手持阅读器等小巧、便于携带的移动终端上网，尤其是3G技术的发展与应用，可以实现瞬间上网和永远在线，使信息获取也更加便捷，信息处理更加实时、高效。

在许多国家，特别是中国，手机用户远远超过有线上网的人数，通过移动互联不懂计算机的手机用户也可以很容易获取和处理网上信息，这就大大拓宽了信息传播的范围，对主动服务、个性化服务以及个性化学习将产生巨大推动力。

到2010年1月28日为止，运营CMMB手机电视的中广传媒（集团）宣布，已建成全球最大的移动多媒体广播电视网，同时，将从2月开始，全国31个省（自治区、直辖市）280个城市的CMMB正式加密运营。CMMB的特点是可以在移动状态下，如在时速300公里的京津动车上，可以清晰地收听收看直播的广播电视节目。

网络、信息服务提供商、社会信息机构、社会文化机构及媒体等“替代品”对图书馆服务发起了挑战。虽然图书馆也针对这些挑战推出了信息资源荐购、学科馆员服务、流动图书馆、图书下乡等一系列的主动服务，并取得了一定的成效，但是，由于“软”性的文化不能给读者带来立竿见影的经济效益，缺乏读者群的主动服务并没有获得读者的积极响应，甚至有时候上门服务的学科馆员被看做是“推销员”。信息化建设的渗透逐步颠覆了图书馆封闭性、机关型、浅层次的传统服务方式，开放、数字化、知识密集型的服务方式开始引领图书馆服务的时尚。

4.2 数字时代图书馆服务面临的内部危机

服务是图书馆的生命。同所有的社会服务行业一样，图书馆的服务也毫不例外地会受到社会环境变迁的影响。这种影响，体现在数字时代的背景下，就是数字技术和通信技术的发展，或者直接、或者间接地对图书馆造成的影响。如果信息载体与信息环境的变化尚属外因的话，那么在与其他信息机构的服务相比较之下的图书馆自身服务，则是这一时代背景下来自图书馆内部的因素了。

4.2.1 图书馆服务对象与服务模式的变化

4.2.1.1 传统图书馆的服务对象与服务模式

传统图书馆主要收藏以纸张为载体的信息，它的服务模式也必然围绕着纸张文献和图书馆馆舍展开。在 20 世纪之前，中国的图书馆事业由于受封建时期皇家图书馆、古代藏书楼的影响，图书馆和图书馆文献仅仅是为少数人服务的。即便是进入近代以来，图书馆的读者自我保护意识也不高，从而对图书馆的服务表现出了一定的容忍性。

图书馆的藏书是以保存为主，形成了“重藏轻用”、“重管轻用”的办馆思想，往往把读者放在次要位置。图书馆设施的建设也是以更好地保证藏书、管理藏书为重点。可以说，传统的图书馆在服务模式、服务观念、服务结构、服务组织、服务重点等方面形成了特有的规律和特点，总体上服务模式相对单一，服务方法简单，主要有以下几个方面。

4.2.1.1.1 服务意识差

长期以来，我国图书馆一直是被动的、单一功能的简单服务，足不出户地坐等读者办理借阅。由于机制、观念、经费、人员、设备的限制，图书馆人员养成了机关办事作风，缺乏主动服务的精神，许多图书馆对书刊利用率、读者借阅的满足率、服务效率效果漠不关心。

落后的服务观念不能适应信息时代人们对图书馆服务效率和读者满意度的要求。

4.2.1.1.2 服务对象比较单一

传统的图书馆面向比较固定的读者群，主要对到馆的读者服务，服务对象集中在科研单位、大专院校、国家机关。这使得资源的利用率极低。据统计，许多图书、期刊、电子读物的利用率低于10%。

4.2.1.1.3 部门设置不合理

图书馆服务的部门或者是按文献分类来划分的，或者是按文献类型如图书、期刊等来设置，读者要得到某一学科或某一专业的信息资料，需要跑几个部门，如借阅书籍要跑流通库、阅览室，查阅期刊要到期刊库，浏览光盘要到电子阅览室，等等。图书馆的文献加工过程太复杂，要耗费大量的时间，所需文献才能够到读者手中；各个部门间协调运行不好，每个部门员工只对自己工作负责，并不考虑整个过程的效率，因此，读者是否满意以及如何使读者满意得不到足够重视。不合理的组织结构和服务导致图书馆工作效率低下，机构臃肿，人浮于事，不能适应网络时代人们对图书馆服务效率的要求。

4.2.1.1.4 馆员素质不高

直至目前，我国图书馆馆员的整体素质还是普遍偏低的，队伍构成复杂，水平参差不齐，知识结构不尽合理。即便是几年前大多数图书馆馆员还都是中专、大专学历水平，本科和双学历者较少，研究生的数量就更少了。以国家图书馆为例，截至2009年年底，国家图书馆共有在职员工1365人，本科及以下人员964人，占全馆职工的70.6%。而就全国范围来说，截至2008年年底，全国公共图书馆从业人数为52021人，按照上述比例，则全国从业人员中至少应该有36726人为本科以下学历水平。事实上，现实情况要远远大于这个数字，因为国家图书馆的高学历人才相对比例较大，而全国平均水平远远达不到这个水平。

而国外的图书馆馆员必须是本科以上学历才可以上岗。相比之下，我国图书馆的人员学历要求是很低的，许多学校把校内图书馆当做安置家属的岗位，导致相当一部分图书馆员工学历较低，文化和专业知识较少，信息检索能力差，这严重影响了对读者服务的质量，同时对图书馆功能的发挥也是很不利的。

受时代局限，在传统环境下图书馆只能以单一的纸质文献为到馆读者提供服务。加之上述传统图书馆服务存在的弊端，最终导致在传统环境下，图书馆提供的服务不尽如人意，若说这种不满意在信息环境单一的情况下还可以被读者容忍的话，那么随着数字环境的形成并日趋成熟，这些不足之处就会日益彰显。

4.2.1.2　数字时代图书馆服务对象与服务模式的变化

4.2.1.2.1　数字时代的图书馆服务对象特征

（1）实际到馆用户的减少

图书馆用户，俗称读者，就是图书馆的服务对象。随着信息在数字环境中的广泛交流，图书馆传统信息服务模式越来越难以满足广大用户的需求，从而导致用户从面向图书馆的信息需求向面向社会的信息需求模式转变，以往以图书馆的文献信息为主导的信息服务体系正被以用户为中心的动态信息服务机制所取代。这样的结果就是在联网的用户群内实际到图书馆来接受直接的信息服务的用户有所减少；通常，用户在条件许可的情况下，总是先寻求在网上满足自己需求的服务方式，不能满足的时候才会选择到图书馆。

其实，这种对图书馆未来发展的忧虑是一直伴随着信息技术的发展而存在的。早在 1965 年被称作互联网之父的利克里德（Lickliden. J. C. R）在其《未来的图书馆》（Libraries of the Future）中认为，随着新技术的迅速发展及其在图书馆的应用，图书已不再是适宜的信息储藏物，这样，当人们最终拒绝接受图书是一种有效的信息传输机制时，他们也就会拒绝接受图书馆。美国图书馆学家兰开斯特在 1972 年出版的《电子时代的图书馆和图书馆员》一书中也提出：“在下一个二十年（1980—2000 年），现在的图书馆可能完全消失。只留下几个保存过去印刷资料的机构。”[95] 20世纪80年代，英国图书馆学家詹姆斯·汤普森的《图书馆的未来》也预言：“技术进步产生了优越无比的技术，到时候它将取代人类目前以图书为中心的公共记忆的较大部分”，“图书馆的结果可能是采取博物馆形式并告别印刷时代”[96]。

（2）数字虚拟用户的增多

数字环境下，越来越多的图书馆都建设了自己的数字资源，开展网上信息服务。这种服务方式打破了时间与空间的限制，使图书馆的虚拟用户越来越多。因此，数字环境使图书馆大大拓宽了原来的服务受众的范围，随着图书馆功能的加强，因特网环境的改善与性能的提高，图书馆的虚拟用户数量会呈指数增加。

4.2.1.2.2 数字环境造成的图书馆服务模式变化

在新的信息环境下，变化最快的是网络环境、馆藏资源的载体形式与格式，这些变化又大大影响了用户获取信息的方式与习惯。数字时代，对于信息的需求成为每个人的必需，人们利用不同渠道获取信息的能力得到了大大提高。虽然，我们图书馆也在努力适应这些变化，但相比较Google和百度来说，却显得有些老态龙钟，行动迟缓。

读者流失成为图书馆难以避免的一个焦点话题。据统计，到目前，英国图书馆的使用率已经连续5年下降。根据调查，每年的读者都比前一年减少2.5%。现在，读者回到图书馆的动力往往是因为这样能更节省钱——用计算机寻找工作机会，借书阅读希望获得更多的求职技巧。那些业务繁忙的图书馆所做的调查表明，在英国，相比较每个月固定购买书报杂志和DVD制品的，去图书馆可以让每个家庭每个月节省50英镑。“图书馆读者的大量流失，使图书馆界感到了前所未有的危机，以至于‘图书馆消亡’论开始复活。”由此可见，图书馆服务对于读者正趋于无效。

2008年，中国图书馆学会年会主题是“图书馆服务：全民共享”，并正式发布了《图书馆服务宣言》，提出缩小社会信息鸿沟的使命。这说明图书馆的服务存在着个体之间的不平衡，图书馆服务无法覆盖全体。全民阅读正是从服务客体上来寻求图书馆服务失灵的解决路径。

至于图书馆的服务模式，在我国，大多数图书馆基本上还是沿袭着最传统的服务模式，以读者到馆服务为主要方式。而以无线通信技术与网络技术为主流的技术革命，在引发媒体形态（如网络媒体、数字电视、手机、博客和电子杂志等）变革的同时，也越来越深地改变着人们获取信息的方式和阅读方式，读者不再满足于传统的信息获取和交流模式，便捷和个性化成为他们对信息服务的第一需求。而网络媒介凭借其自身的开放性与互动性等特点，越来越受到广大用户的欢迎，人们可以在获得信息的过程中，通过电子邮件（E-mail）、远程登录（telnet）、网络新闻组（usenet news）、文件传送（FTP）、万维网（WWW）、网络论坛（BBS）、网络即时通信（IRC、ICQ）、博客（Blog）等进行交互式交流。这些新的功能和信息传播途径将读者需求与传统的图书馆服务之间的鸿沟扩张到了极大。

此外，网络检索工具——搜索引擎的诞生与迅速发展，成为用户遨游信息海洋之舟车，用户只要掌握搜索引擎的检索语法与检索技巧，就能利用它很容易地找到自己需要的信息。很多数据公司还针对用户的需求，设计并提供了十分人性化的服务。中国知网（CNKI）提供的“参考文献”、“引证文献”、“共引文献”、“文献分类导航”、“相关期刊”等；维普中文期刊数据库提供的“我的检索历史”、“我的电子书架”、“期刊定制”等个性化服务，大大提高了读者利用信息资源的方便程度。

这样，就使得读者与用户在获取信息时首先想到的是其他渠道，从而绕开了图书馆。原来读者只有到图书馆才能获取信息，逐渐发展到今天读者不到图书馆即可获取信息，即使这些是图书馆所提供的信息，从而造成图书馆角色被“隐形化”。

4.2.2 数字环境下图书馆服务对象需求的变化

在过去单一的信息环境下，读者的信息需求也是单一的，提供纸质文献借阅即可。随着数字时代的到来，数字化信息的海量产生，图书馆用户的需求多元化，呈现出复杂多样的变化，大致可以概括为以下几点。

4.2.2.1 全方位与综合化

用户对图书馆的需求是多元化的，有摄取知识的，有查询信息的，有科学研究的，有娱乐休闲的，有检索书目的，有查阅全文的，有借阅书刊的，有上网或检索光盘的……总之，用户对图书馆的信息内容和信息服务的要求是全方位、综合化的。

数字环境下用户希望通过图书馆获得从事业务工作和学习所需要的内容全面、类型完整、形式多样、来源广泛的知识信息，要求图书馆针对他们的信息需求提供有针对性的知识信息服务。

4.2.2.2 开放性与社会化

数字环境下，图书馆单纯以馆藏文献服务用户的能力毕竟有限，因而必须连接更多的信息服务网络，实现资源共享，融入到社会信息大系统中去，向更多的用户开放，提供社会化的信息服务。

4.2.2.3 高效化与集成化

用户直接获取网络信息可以满足部分简单的信息需要，面对深层次、多元化的复杂需求，由于网络的庞大，用户将难以驾驭，因而要求专业信息管理者提供高效、集成化的信息服务。

4.2.2.4 个性化和层次化

信息服务的个性化是指对用户服务的针对性而言的。同时，用户对信息的需求是分层次的。由于用户的信息需求受到现代社会政治、经济、文化、科技和用户本身的职业素养、兴趣、能力等多种因素影响，其需求结构具有多重性，表现为：娱乐性需求、解疑性需求、证实性需求、求知性需求、研究性需求。人对信息的需求是从低层次的娱乐性需求、解疑性需求、证实性需求向高层次的求知性需求、研究性需求发展的。这种需求层次化趋向，在网络化时代日益鲜明，上升速度逐步加快。

4.2.3　数字环境下传统图书馆的公共服务形式与内容的重大变化

图书馆及其馆员的本质是“知识的中介”。而互联网的发展，使图书馆及馆员“知识的中介”作用逐渐消失。从社会分工更有效率的角度来看，中介始终会占有一席地位。但是图书馆能否继续跻身其中，完全要看图书馆服务的表现。因此，图书馆如果不创新服务理念，将失去自己的地位。传统图书馆只有积极地回应环境变化和读者需求的改变，才有可能在数字化的环境中获得新生。

从公共服务的角度来说，数字时代和知识社会的大背景，使图书馆在保存文化、传承文明的历史使命基础上，增强了信息与知识使命。但是，与之同时，数字环境下传统图书馆的公共服务内容也正在发生重大变化，部分公共服务已经或者将要被政府购买服务的方式所取代。

政府购买服务（purchase of services）是西方国家的一项社会福利制度方面的改革，从 20 世纪 60 年代至今已有 40 多年的实践，对社会服务领域产生了深刻的影响。政府购买服务在我国还属新鲜事物，但是这种“政府承担、定项委托、合同管理、评估兑现”的政府提供公共服务的新模式已经成为当前中国公共服务改革的新途径。

通过政府购买服务，图书馆将以全新的形式向社会公众提供服务，使非营利组织、各种社会团体、私营部门甚至个人加入到图书馆服务的提供与生产中来，实践了图书馆服务提供主体的多元化与筹资渠道的多元化。

从读者角度来说，近年来，网络信息技术的应用改变了图书馆信息资源的结构和用户获取信息的方式。读者越来越倾向于利用网络的便利条件来获取他们所需的信息。因此，图书馆应充分利用网络，积极开拓基于网络的新的服务方式。

4.2.3.1 基于固定网络的信息传递服务

随着网络环境的逐步成熟，基于网络的信息传递服务成为越来越重要的新型信息传递服务形式。与传统信息传递不同，网络信息传递的对象是数字化资源，传递速度快、质量高，范围也更广，而且可以节省信息传递成本。

4.2.3.2 基于固定网络的数字参考咨询服务

数字参考咨询是以网络为媒介提供参考咨询服务的一种方式，这种服务方式在国外大学图书馆已非常普遍。数字参考咨询最基本的特点是基于网络进行的，因而它的用户基础、咨询方式、咨询内容都在发生着变化，从到馆读者发展到网上用户，从面对面的方式发展到突破时间空间的限制，从单个馆的咨询发展到合作式的参考咨询，网络技术和基于网络的信息交流起到重要的作用。

按照与用户接触的方式来划分，数字参考咨询可分为异步模式、实时互动模式和合作咨询模式 3 种类型。异步模式主要采用电子邮件、电子表单等方式来实现，是目前国内图书馆普遍采用的模式。实时互动模式就是咨询馆员与读者可以面对面交流，能及时显示图像和文字，弥补了异步模式实时性不足的缺点，为图书馆数字参考咨询服务开辟了广阔的发展前景。目前，图书馆实时互动式参考咨询通常利用的是聊天软件，用户通过口令和浏览器进入系统，咨询人员实时为读者解答咨询。合作数字参考咨询由许多成员馆根据协议组成，通过多个图书馆及其相关机构的互联网络，可在任何时间、任何地点为用户提供参考咨询服务。

图书馆应依据自身实际情况，选择适宜的参考咨询服务模式。对于那些中小型的图书馆，由于受经费、技术能力等的限制，选择异步数字参考咨询服务是可行的，也可以将数字化参考咨询与传统参考咨询结合起来为用户提供服务。那些软硬件条件、人员素质较高的大型图书馆，可借鉴国外的成功经验，结合国情，开展实时互动的数字参考咨询服务甚至向合作式参考咨询服务发展，提高服务能力。

4.2.3.3　网络信息资源导航服务

互联网上的信息纷繁复杂，是一个没有组织的虚拟体，大量有价值的信息散布在信息的海洋中。用户虽然可以通过搜索引擎等网络检索工具查找所需要的信息，但由于搜索引擎商业运作的原因，其质量及根据用户特定需求对信息利用的整体考虑较弱，尤其是对那些专业用户，利用起来不太方便。建立网络信息资源导航的目的就在于为用户提供特定学科范围或某一主题的网上信息资源的集合，便于用户获取信息，减少他们查找信息的时间，使他们能够更加快捷方便地进行信息交流与科学交流。高校图书馆应充分发挥自身专业特长，根据本校的学科分布特色，有针对性地收集、整理网上信息资源，并进行筛选、鉴别，为用户提供分学科的网上信息导航。

4.2.3.4　个性化网络信息服务

个性化网络信息服务是指利用个性化定制技术和信息推送技术，按照特定用户的偏好、习惯等开展信息服务，通过网络提供个性化的服务，将感兴趣的信息推荐给用户，进而满足用户的个性化需求。个性化信息服务是为用户“量身定制”的服务，能够主动将用户所需的信息推送给用户。

目前，我国图书馆开展个性化网络信息服务大多是通过开发 MyLibrary 系统（即“我的图书馆”）实现的，如中国科学院文献情报中心（现拟更名为中国科学院国家科学图书馆）提供的个性化集成定制服务，即“我的数字图书馆”服务，提供的可定制的选项包括：界面风格定制、我的参考咨询服务、定制快速检索、我的图书馆链接、我的教育研究资源链接、我的参考书架、我的全文数据库、最新资源通报。个性化的网络信息服务是高校图书馆创新服务的一种有效形式，是国内图书馆以读者为中心的具体体现，是提高服务质量和服务水平的重要手段和有效途径。

4.2.3.5 延伸至图书馆的无线移动服务

移动互联网信息服务正成为21世纪的一大潮流，并广泛应用于各行各业。基于移动互联网的图书馆服务系统，是图书馆向数字化发展的新方向。它将移动通信网络和数字图书馆系统结合起来，利用手机信息平台延伸、拓展传统的图书馆服务。图书馆手机服务系统的建设将满足广大读者对移动文献信息服务的需要，提高读者对图书馆服务的满意度，扩大图书馆在教育文化事业中的作用。

图书馆作为传统的信息服务机构之一，可以利用移动互联网这个新媒体平台来延伸自己的服务，为用户提供更实时、更方便的信息服务，提升图书馆的管理和服务水平。图书馆手机服务系统与数字图书馆系统结合，可以将数字图书馆的服务延伸到手机终端上，使数字图书馆的读者服务功能尽可能多地在手机平台上实现，概括起来主要有以下服务功能：图书借阅信息查询，图书预约，图书续借，图书到期提醒，读者办证业务，新书信息公告，公共信息发布与搜集，参考咨询，留言咨询，讲座信息及预订，书目信息查询，移动阅读，个性化定制服务，邮件，论坛和博客服务，读者荐书和选书等。

据有关调查显示，目前我国有近20所公共图书馆和高校图书馆建立了图书馆手机服务试验系统，提供手机信息服务，如国家图书馆、上海市图书馆、吉林省图书馆、辽宁省图书馆、广东省立中山图书馆、深圳图书馆、厦门市图书馆、济南市图书馆、香港大学图书馆、北京理工大学图书馆、北京工业大学图书馆、清华大学图书馆、浙江大学图书馆、浙江工业大学图书馆、西南交通大学图书馆、湖南理工学院图书馆、重庆大学图书馆、南京森林公安高等专科学校图书馆、广西玉林师范学院图书馆等。这些图书馆使用的移动通信技术以手机短信为主，部分图书馆开通了WAP网站，提供的服务内容也多以短信通知提醒、续借为主，功能还比较简单。

4.2.4　数字环境下图书馆服务的效益问题日益凸显

用户的信息需求是图书馆赖以生存的土壤，没有用户的信息需求，信息服务就没有存在的必要，更谈不上图书馆的服务问题。用户需求是图书馆诸要素中最为活跃、最重要的要素，由于其始终处于变化之中，往往是图书馆工作的难点。

4.2.4.1　数字环境下用户信息需求不能得到有效满足

在过去的传统环境下，图书馆提供文献信息服务，主要是以读者到馆借阅为主。在我国的图书馆事业发展史上，近代化以后的图书馆由原来的藏书楼转变为公开借阅的图书馆，从某种意义上说，已经是一个巨大的进步，加之人们往往把对文化的尊崇不自觉地转化到典藏文献的图书馆身上来，因而，读者一向对图书馆心怀敬意。但是，这种尊崇与敬意，是要以读者的文献信息需求被满足为前提的，一旦这种需求不被满足，则往往容易出现读者与图书馆之间的冲突，从而演化为图书馆服务危机。例如，近几年来被不同媒体炒得炙手可热的“国图事件”（2004年10月14日，《南方周末》刊登暨南大学出版社副总编辑周继武的文章——《国家图书馆借书记》，讲述了其2004年3月底在国家图书馆借书时的种种不快经历）、“苏图事件”（2005年3月9日，学术批评网刊载《究竟是“图书馆”还是“藏书馆”？——发生在苏州图书馆古籍部的故事》一文，愤怒地讲述了读者为了借阅善本与苏州图书馆交涉半年而不得的过程，在网民中引发了公共图书馆应该怎么办的大讨论），即属此类。

如果这样的事情发生在20世纪，或者更久远的封建社会，也许算不上什么。但是，发生在信息环境大大改变的今天，这样简单的用户需求不被满足，则不得不引起人们对图书馆服务效益的深思。

事实上，用户对图书馆的信息服务提出更高的要求，有利于图书馆使自己的信息资源和用户需求相结合，更新服务内容，改进服务方式，更好地满足用户的需求，从而提高用户的满意度。而用户满意度的提高，则是图书馆服务效益提高的重要指标。

4.2.4.2　数字环境下图书馆服务效能的失语

过去几十年的实践告诉我们，用户对现代信息服务环境的依赖越来越强。不管是在日常生活还是科学研究过程中，大多数用户越来越习惯于网络信息资源的搜索与利用。

在生活大大提速，人们置身于快节奏的日常生活中时，这也并非没有道理。甚至有些图书馆学的研究者也曾经这样计算图书馆的服务成本：一位读者花在去图书馆路上的时间要折合成多少钱？在图书馆中手工查阅文献的过程需要多少时间，这些事件可以折合成多少钱？使用图书馆的过程又要花掉多少钱？图书馆为了提供服务，需要支付多少钱？如图 4－5 所示。

What does a visit to a U.S.public library cost?

Estimates	Minutes	$ 50,000 Annual income	$ 85,000 Annual income
Travel time	20	$ 8.00	$ 13.60
Time in library	30	$ 12.00	$ 20.40
Return travel time	20	$ 8.00	$ 13.60
Per capita library expenditures’	…	$ 6.43	$ 6.43
TOTAL		$ 26.43	$ 40.43

1.*Public Libraries in the United States* Fiscal Year 2001,U.S.Dept of Education. NCES 2003-399.

图 4－5　公共图书馆成本[97]

直至今天，虽然信息技术已经深深地渗透到每一个社会行业中来，包括图书馆服务，但事实上通过网络提供的便捷并没有充分地提供给用户，以至于更多的用户为了查阅资料，不得不亲自跑到图书馆。

但是，在互联网的作用下，全球范围内更像一个小小的村落，总有那些较为先进的国家和地区，比我们做得更为先进，或者，在同一国家内，也总有某些省份做得更为人性化，从而吸引了更多的用户。于是有人惊叹“去北图太远，去哈佛”。如果这些真的成为事实并且在众多的图书馆中蔓延开来，那就不能不令人产生这样的担忧——数字环境下图书馆的服务如果不能围绕用户需求得到更好的改善，那么图书馆将在用户面前呈现出服务失灵（见表4-8）。

表4-8 国家图书馆部分数据库使用率统计表[98]

数据库类别	检索次数	全文下载数	当年采购经费（元）	平均每次检索/下载费用（元）
ISI（包括Web of Science等14个数据库）	44330	—	2748866	62.01
IEL电子与电器工程师学会全文	32969	98907	966011（含备份USB）	7.33
Elsevier学术期刊全文	62093	193638	1361021	5.32
ARL学术研究图书馆	49824	37470	81421	0.93
PQDD C博硕士论文	42036	—	53404	1.27
ABI	159576	39962	190554	0.95
ProQuest Psychology Journals	40179	2485	41080	0.96
Access World News世界各国报纸全文库	3217	17095	54636	2.69
LexisNexis法律数据库	19942	65655	—	—
LexisNexis商业数据库	26359	78562	商业+法律 142316	0.75
CSA Expended Collection剑桥科学文摘	162626	3036	272365	1.64
Ei Village工程索引	7644	—	90038	11.78

4.3 与时俱进的图书馆服务

前面就图书馆在数字时代背景下所面临的外部环境以及内部危机作了深入的剖析。通过剖析，我们不得不产生这样的深思：图书馆的本质属性是否随着时代的变迁而变化呢？图书馆的核心能力又是什么？新环境带给图书馆的全都是挑战吗？任何挑战的同时都孕育着新的希望，图书馆人也恰恰是只有在清醒认识图书馆的本质属性与核心能力的同时，才能作出正确的选择，解决数字时代图书馆服务所面临的危机。事实上，数字时代的图书馆服务已经呈现出许多新的亮点。

4.3.1 对图书馆基本属性的新认识

图书馆不仅仅是收藏图书的“仓库”，而且也是有思想、有智慧、有灵性的地方。历史上有数不胜数的著名人物在图书馆里汲取知识，取得了显赫的成就。无产阶级革命家马克思为了撰写《资本论》，不论酷暑严冬，几十年如一日到伦敦大英博物馆的图书馆阅读、写作，他常坐的座位地面留下了他深深的“足迹”。伦敦大英博物馆藏有无数宝贵的图书，为马克思领导工人进行无产阶级革命斗争提供了翔实的第一手材料。世纪伟人毛泽东曾经说过：“我没进过大学，也没有留过洋……我学习生活中最有收获的时期却是在湖南图书馆自学的半年。这正是辛亥革命后的一年，我已经19岁了，不但没有读过几本书，连世界上究竟有什么样的书，哪些书是我们应该读的，都一点不知道。乃至走进湖南图书馆，楼上楼下，满柜满架都是书，这些书都是我从来没有见过的。真不知应该从哪里读起。后来每读一本，觉得都有新的内容，新的体会，于是下决心要尽最大的努力尽量多读一些。我就贪婪地读，拼命地读……”在北京大学图书馆当图书助理员时，毛泽东更加如饥似渴地研读各种新学说的报章、杂志和书籍，结识了许多思想进步的青年，获得很多马克思主义的新思想、新知识，奠定了他日后革命成功的基础。晚年时期，毛泽东的居室成为一个小小的图书馆。图书馆将人类文明经年累积的所有知识聚于一个屋顶下，它不仅仅是储藏历代文献的巨型仓库，更是一座智慧之库。智者在这里面可以寻找到开启通向自己成功之路的钥匙。

那么，是什么让图书馆具有如此的魅力呢？这就不得不考察图书馆的本质属性。其实，关于图书馆的本质属性，也是历来图书馆学研究者的必争之地，中介性、流通性等都曾经成为不同研究者的观点。我们认为，要正确认识图书馆的本质属性，应注意以下几点。

（1）属于社会文献信息系统

必须用普遍联系的方法，把图书馆放在一个更大的系统中来看问题，避免孤立地从图书馆的角度看图书馆的局限性。图书馆作为一种社会机构，属于社会文献信息系统。只有把图书馆放在这一系统中，才有可能正确地认识图书馆的本质属性。

（2）促成文献信息交流

文献的生产、交流系统是一个无限循环的系统，在这一系统中，图书馆、出版机构及发行销售机构都是不可缺少的要素。作为社会文献信息机构，它们的目的都是为读者提供文献，促成文献信息交流。只是在实现这一共同目标时，它们各司其职，其服务手段与发挥的作用各不相同。

（3）文献的存储性

图书馆的本质属性是图书馆必然具有并与其他各类事物区别开来的属性。图书馆的本质属性并不排斥图书馆的其他属性。图书馆的本质属性是其对文献的存储性，并不等于否认了图书馆对文献的传递性（这是包括图书馆在内的许多文献信息机构所共有的属性），更不能因此而说这是“重藏轻用”思想的一种表现。这只能反映出对文献的存储性是图书馆更深层次上的属性，它决定了图书馆的其他一切性质。

（4）本质属性的发展和完善

图书馆的本质属性是图书馆一贯的、稳定的属性。不仅古代、现代的图书馆具有，而且将来的图书馆也必将具有。现已有图书馆易名为文献情报中心（如原中国科学院图书馆），未来图书馆将具有“中心”特点。国外一些图书馆的借阅方式已发生变化，只阅只复印而不外借的服务方式已经出现，这很可能是未来图书馆的服务方式，其文献体系不会因文献被借出馆外而被破坏。那时，图书馆这一文献情报中心所存储的文献系统将永远保持其完整性，图书馆对文献的系统有序的存储性将更明显地表现出来。

综上所述，无论是在古代藏书楼、近代图书馆，还是数字时代的图书馆，其本质属性都是文献的存储性。弄清楚了这一点，我们就有理由相信，图书馆不会消失，图书馆服务不会消亡。

诚如前面所分析的那样，数字资源与网络信息资源具有极大的不稳定性，社会信息机构所能够提供的服务仅仅是一定时期内的。而长期的、稳定的存储文献信息，并据此提供的服务，只有图书馆才能够做得到。

4.3.2　图书馆的核心能力

在认清图书馆基本属性的同时，我们也必须正视当前数字环境给图书馆造成的三个“失”现象。

（1）馆藏特色消失

各图书馆馆藏区别不大，形成同构化，多为数据商开发的图书或期刊数据库，图书馆自建的特色馆藏数据库甚少。

（2）读者流失

网络信息庞大，传递速度快、共享性好，造成传统图书馆的读者分流散失，特别是图书馆原来的用户也属数据商的直接客户，而且由于数据商以市场操作营销，比图书馆更具有优势。

（3）检索优势丧失

检索网络的海量信息不允许过多的中间环节，传统手工只能适应线性结构化文本，不适合网状的非结构化的超文本图像、声音等，这就使图书馆失去了昔日文献检索的优势。

应该说，在网络条件下这些现象是不可避免的。因为网络与数字技术都是社会公共的，图书馆对网络信息发展没有管理与控制权，对于网络及数字化技术也只好被动适应，而无法改变。那么，图书馆面对迅猛发展的数字环境就没有丝毫的竞争优势吗？图书馆的核心能力是什么？这种核心能力的源泉又是什么？

纵观图书馆产生以来的历史，我们清楚地发现：图书馆的核心能力就是为用户提供最准确、有效的文献信息服务。而经过最近 10 多年的图书馆发展实践证明，数字时代图书馆核心能力的源泉在于它是一个“不断生长的有机体”。

图书馆是一个不断发展变化的机构，服务方式和服务内容也在不断发生改变，但面对不断发展的科学技术，图书馆的使命始终是为用户提供信息服务，图书馆的各类职能始终围绕帮助用户获取信息，解决用户的实际问题。信息化社会发展中新的信息需求不断出现，这就要求图书馆要牢记自己的使命，转变观念，敏锐地应对时代的发展变化，这样才能在数字时代生存和发展。

可以说，当前图书馆没有完全适应网络化、数字化的运作规律。我们应该坚定这样的理念：图书馆服务的优势不在网络，而要深化传统服务的改革，把读者吸引到图书馆来，将图书馆的特色资源送到网络去，把网上咨询开展起来，使图书馆在网络时代生根、开花、结果。

4.3.3　图书馆服务功能的新定位

服务能力将是图书馆最重要的能力。为满足于民众阅读、学习需求而展开的一切服务工作，是图书馆赖以生存的看家本领。当今图书馆只有与时俱进，勇于探索，才能承担历史赋予的重任，才能赢得更大的成长空间。

在数字环境下，知识信息需求呈现全方位、综合性的特点。知识信息需求的开放性与社会化、数字化与网络化、集成化与高效化，是这一特点的集中体现。社会的需求促使信息机构向信息增值型、信息产业化、信息服务化和精密化发展。现代图书馆拥有掌握网络技术的专业人员，获取信息和利用信息的能力大大提高，对于图书馆的服务起着决定性的作用。数字环境下，图书馆服务模式的发展方向大体上有以下趋势。

（1）利用整体优势

利用图书馆的整体化优势，进行图书馆网络的优化，使因特网的信息服务功能在图书馆网络化服务中得到充分体现，促使因特网上的电子信息资源成为图书馆信息服务的有机组成部分。

（2）发挥组织协调作用

从宏观上有计划有组织地协调图书馆网络，使其与科技、教育、经济等专业网络建立联系，在国内实现更加广泛的信息资源共享。

（3）信息资源建设得到加强

图书馆文献信息资源建设得到加强，实现网络信息资源的优化配置、二次开发与综合服务。越来越多的数字化图书馆面向全社会开放，更多的特色数据库在网上服务。

（4）日益重视网络信息安全

图书馆网络实现社会化管理，建立起网络化信息保障体系，信息管理的规章制度进一步健全，确保网上信息的安全和正常使用。

（5）为全社会服务

图书馆借助“社会大学”、“没有围墙的大学”这一优势，通过计算机网络技术，培养读者的信息素质，为建立信息化社会、学习型社会贡献力量。

（6）国际间合作

国际间图书馆网络化服务的合作进一步加强，学习先进国家的信息技术，熟悉和掌握各国的信息资源特点，加快我国信息资源数据库的建设，向全世界展示中文信息；把世界上更多更好的信息介绍到中国，更好地为我国的读者服务。

4.3.4　数字环境催生图书馆的新业务

众所周知，在数字时代已经来临的环境下，图书馆除了选择适应环境、顺应潮流，没有别的选择。只有做好适应数字时代的准备，图书馆才能在这一新环境下求得生存。因此，不管是被动适应也好，还是主动选择也好，近几年来的图书馆都采取了一些新的举措，以能够满足更为广阔的读者的需求。面对环境的变化，图书馆最先做出的选择就是主动改变馆藏格局，以适应数字时代读者的需求。

4.3.4.1　信息资源的共建共享

面对目前的新环境和新需求，传统图书馆服务创新最直接办法是加强信息资源的共建共享。这样不但可以促进文献资源建设的协调发展，而且还能达到系统、地区及全国的信息资源共建共享的要求。通过各系统图书馆之间信息资源的共建共享，可以起到互动有无、优势互补的作用，并能避免各重复建设带来的资金浪费。此外，通过信息资源的共建共享还可以增强图书馆的信息服务能力，为读者提供更高质量的信息服务。

随着读者对信息的需求量越来越大，文献信息量不断增长，传播速度加快，而且信息载体的形式也向数字化发展，这就要求图书馆必须开展信息资源的共建共享。

4.3.4.2　数字化资源建设

随着网络技术的发展，无论是印刷型文献信息还是电子信息，若要在计算机网络上进行自由传递，其前提条件就是要将信息数字化。数字化指将各类载体信息，包括数字、文字、声音、图形、图像等都转换成计算机可识别的由 0 和 1 组成的二进制数字编码形式。

数字化资源建设包括两方面：一是把本馆印刷型文献进行数字化并放到网络上供读者检索；二是对各类电子出版物的引进。数字化信息资源的最大优势在于不但可节省馆藏空间，还可以提高读者服务的效率和质量。对数字图书馆来说，将图书馆馆藏信息数字化是必要且合理的。在数字化过程中可先将馆藏需求量大的特色资源、图片、地图、档案等进行数字化。同时，要根据读者需求合理引进各类型数据库供读者使用。

4.3.4.3 网络信息资源的开发利用

网络信息资源的开发利用应成为图书馆深层次开发的重要内容。深层次开发是指图书馆在合理组织文献信息资源的基础上，根据用户信息需求，对文献信息进行深入的分析处理，开展知识浓缩、提炼和知识重组的工作。

在网络信息资源日益丰富的今天，图书馆员要掌握网络信息资源检索和获取的途径，有意识地收集、筛选和利用有效信息，组织和下载网络信息资源；同时，依据本馆馆藏文献信息资源，结合网络信息资源建立特色数据库，如重点学科导航库、学科资源库、专题资源库等。

图书馆还要重视网络信息资源知识内容的开发。目前，基于内容的开发是图书馆信息资源开发的一个难点。一方面，信息搜集速度与信息处理速度的矛盾越来越突出；另一方面，用户要求信息资源开发要有广度和深度，人们期待研究和开发基于信息内容的新理论、新方法和新技术。网络信息资源的开发利用是一个系统工程，需要全面的系统配套设施。目前，我国网络信息资源开发涉及面较窄，内容以检索类等二、三次文献信息为主，还需要大力加强。

4.4 数字环境下图书馆避免和减少危机的对策

不断纵深发展的网络环境，的确对传统的图书馆服务带来了前所未有的冲击，图书馆服务在时代的潮流中面临着重重危机，但是，也给图书馆改进服务手段、提高服务水平提供了广阔的发展空间。因此，面对危机，图书馆不应该踟蹰不前，而是激流勇进。通过上述分析与解决方案匹配，我们认为，网络时代图书馆要想为读者提供更优质的服务，主要应该做好以下几个方面的工作。

4.4.1　提高服务意识，深化服务内容

4.4.1.1　先进的服务理念

网络时代的图书馆，其信息服务除了“坐等上门”，提供常规的书目检索和图书借阅等普通服务外，“主动出击”提供深层次的信息服务已成为趋势。在网络环境中，读者的信息需求发生了根本性的变化，人们已经不满足图书馆提供一本书、一篇文章，而要求提供某一特定信息或某一主题的知识信息。面对新的需求，图书馆服务工作逐步从劳动密集型向智力型转变，图书馆馆员的大量工作转向对知识信息进行整合，对网上信息进行检索和筛选，而后进行超级链接。图书馆馆员已经成为信息导航员，成为信息的中介，直接参与市场信息交流活动。图书馆提供的服务其知识和技术含量增大，成为一种信息增值服务。当代图书馆，一方面保留了传统图书馆对文献资源的组织和揭示；另一方面又加强了对信息的提炼和再造。图书馆核心能力的定位出现转移，从拥有文献资源和管理文献资源转化为知识服务，也就是说从传递文献信息发展到传递知识信息。知识服务是以信息知识的搜寻、组织、分析、重组的能力为基础，根据读者的问题和环境，提供能有效支持知识应用和知识创新的服务。图书馆服务范围也随之发生较大的变化，从提供印刷型文献发展到提供知识信息、多媒体信息、多载体信息。目前，世界上先进的图书馆都积极为用户提供以馆藏资源为基础的数字信息服务。例如，美国科技信息服务社（NTIS）拥有 2 亿个书目信息，每年增加 6 万条新记录，其数据库包括了由美国政府或其他经过选择的外国政府资助的重要资源，拥有国家投入的研究项目的研究报告、计算机产品、软件、声像资料、视听资料等各种形式的科技信息资源；NTIS 在这些资源的基础上进行深层次的信

息服务，为政府、研究人员甚至企业等各类用户提供各种分析报告、调研报告，这是图书馆信息服务一个重要的发展趋势。又例如，2005年9月召开的“2005年国家图书馆企业信息服务年会”，以“国家图书馆——中国企业的最大信息源”为主题，其负责人表示根据社会生活中发生的变化，需要将“竞争情报”的概念引入图书馆的科研和管理体制，依托丰富的馆藏文献信息帮助企业实现竞争目标，这是国家图书馆今后努力的方向。

4.4.1.2 多层次与多类型主动服务

网络环境下图书馆的信息服务方式多种多样，除了加强企业竞争情报信息收集、科研项目跟踪等，还可开展多层次与多类型主动服务。多层次咨询服务能够满足不同类型读者的需求，多类型咨询服务不仅提供有关书刊信息咨询，还可拓展公众所需要的社会生活信息服务。例如，顺应读者需要，将当地报纸每日发布的证照遗失信息和招领信息收集起来，存入图书馆计算机中满足读者快速查询的需求，解决了读者手工翻查报纸“大海捞针”的烦恼。图书馆要积极利用网络平台，开展网上信息咨询、信息推送等服务，还可根据读者的需求进行专题信息发布。图书馆之间也可联合建立信息服务合作平台，如公共图书馆与大学图书馆、科研单位图书馆合作开发信息产品，做到优势互补。在网络环境下，应避免出现新的服务缺失与服务盲区。

4.4.2 制定合理的数字发展战略，满足读者需求

2005年2月22日，国际图联主席 Alex Byrne 在信息社会世界峰会突尼斯会议上，倡议建立 Global Information Commons。希望通过各国政府及国际组织共同合作，建设一个全球的信息共有空间，通过它，所有人都能获取和传递信息。美国的 Allen Kent 认为资源共享是一个图书馆功能靠几个图书馆共同完成的一种管理方式，目标是提供积极的净效益。长期以来，信息资源共享一直是信息界共同关注的课题。

网络时代，图书馆应当加强数字资源发展战略的制定与实施。例如，充分利用已有的馆藏文献，加强馆藏文献数字化工作；根据本馆服务范围与服务对象，有计划地采集既能符合本馆承受能力，又能满足本馆读者需求的电子出版物；有重点地采集与整合网络资源，收集保存公共网络信息资源等具体措施，最大限度地满足读者日益增长的文献信息需求。

4.4.3　积极采用信息技术，推进图书馆服务的新革命

现代信息技术的迅猛发展正影响和改变着图书馆，在我们为图书馆面临冲击而疑惑其存在价值的同时，也不无欣喜地看到，利用技术而实现的服务创新，将图书馆带入了柳暗花明的新春天。长期以来形成的固有的服务手段是造成网络时代图书馆服务危机的重要因素之一，随着信息技术的不断发展与应用推广，如果图书馆不注意采用这些新的技术，则图书馆服务就有可能被时代无情地抛弃。值得欣慰的是，图书馆人已经意识到了这一点，开始思考信息技术与图书馆服务的关系，并积极将信息技术应用于图书馆服务中，并且用实践证明，“技术不是最重要的，但技术是最有效的”。

基于互联网的集群管理平台，推行总分馆制，以技术为依托建立起适应我国现实状况的业务整合模式，在空间上实现了区域图书馆的整体协同发展；无人值守的自助图书馆和图书馆 ATM（图书自助服务站），提供 24 小时不间断的图书借阅服务，实现了低成本下的“永不关闭的图书馆”。“以服务为宗旨、以技术为先导”的工作思路为图书馆事业带来了生机与活力。

这方面最具有代表意义的应属 RFID 技术的应用。厦门集美大学诚毅学院于 2005 年年底开始筹建，于 2006 年 2 月率先成为国内第一家使用 RFID 馆藏管理系统的图书馆。深圳图书馆通过项目投标也采用了 RFID 技术对全馆图书进行智能管理。武汉图书馆是第三家研发并全线使用国内自主开发的 RFID 智能馆藏管理系统及相关产品的图

书馆。该系统集合了自助借还书系统、智能安全门、馆藏架位管理系统、图书编目系统、柜台工作站及 RFID 智能图书管理系统软件平台等，彻底改变了武汉图书馆传统的借阅服务和典藏管理模式，提高了图书馆管理效率。2008 年 9 月 9 日，国家图书馆二期及国家数字图书馆开馆，该馆使用了 RFID 技术，提高了中文图书管理水平，对 3 万册半开架图书的阅览进行了智能管理。

RFID 技术在图书馆服务的应用，是未来现代化图书馆的发展趋势，是图书馆服务理念转变和文献管理模式改革的重要技术手段。RFID 尽管在图书馆界存在不少争议，但优缺点比较明显，各图书馆都不同程度地在观望着它的发展前景。随着我国 RFID 标准的建立，尝试开展以 RFID 技术应用为手段的图书馆沿袭多年的文献服务方式的改革。RFID 技术在图书馆智能化方面的应用将越来越广泛。

4.4.4 深度开展与新媒介的合作，拓展服务新模式，追求个性化服务

目前，许多图书馆正在朝着阅读服务和信息服务的个性化努力。个性化服务主要有 3 个方面的内容：一是服务时间的个性化，在用户希望的时间和希望的地点得到服务；二是服务方式的个性化，能根据读者个人的需求、爱好或特点来开展服务；三是服务内容个性化，所提供的服务是根据用户的特定需要进行的。从实际效果来看，个性化信息服务还有待于进一步完善，如个性化服务技术有待改进。MyLibrary 系统在国外图书馆推出时间并不长，在技术与服务方式上还不成熟，因此，及时跟踪国外图书馆的最新软件功能，开发出适合我国国情的个性化服务系统软件，是图书馆改进读者服务的关键之一。另外，在个性化信息服务中还没有解决好知识产权及个人隐私等问题，这些都需要在今后的发展中完善。

面对网络时代影响广泛的媒体形态变革，图书馆一方面要积极利

用先进的信息交流方式改进传统的图书馆服务；另一方面，要积极地与新媒介建立全面而广泛的合作关系，利用不同的传播渠道将图书馆服务延伸到读者身边，拓展图书馆服务的新模式。

从以往的观点来看，搜索引擎商是图书馆的强大竞争对手，但通过前面的分析，我们可以看到这两者由于各自特色和服务重点的差异，又有可能成为合作的最佳对象。例如，图书馆将自己加工整理的馆藏数据和馆藏文献信息镶嵌到网络搜索引擎中，使读者更加方便地利用图书馆的资源。OCLC 和美国的部分图书馆已经跨出了第一步。另外，图书馆还可以与移动通信联手打造移动数字图书馆，借助数字电视的交互功能，尝试着将图书馆的服务送入千家万户。

4.4.5　拓展服务新领域，加强社会教育职能

当今社会，新信息、新知识的形成更加迅速，原来的“遍读天下书”已变得完全不可能，人们对于信息和知识的依赖程度在逐步加强。因此，终身学习成了网络时代每个人都必须面对的事实，而任何一所学校却都不可能承担起这一重任。承担着社会教育职能的图书馆，应该抓住机遇，加强图书馆服务工作，要通过举办讲座、展览、培训，开展网上服务等方式，抓图书馆内涵服务建设，积极拓展图书馆社会教育功能，增强辐射能力，扩大服务覆盖面，为社会公众提供多样化、个性化服务，使图书馆的服务广度与深度都得到延伸，提高公共文化服务能力。

第5章　数字时代图书馆网络系统危机

想象一下这样的场景：面对排成长队的读者，图书馆馆员突然发现图书管理系统失灵，一本书也无法借出；读者检索图书馆网站，却发现网站无法正常显示，只能看到被黑客篡改的页面；数据库系统遭到破坏，文献资料信息丢失，用户数据丢失；网络遭到病毒攻击而瘫痪，用户怨声载道；或者是一场不期而遇的水灾、火灾毁坏了机房设备，所有信息服务系统陷入瘫痪。这些场景是不是会让每一个图书馆馆员胆战心惊呢？

现代图书馆对计算机系统的依赖与日俱增，大量的文献资料依靠网络信息系统向读者开放，而传统的文献资料也要依靠计算机系统管理，网络信息系统的任何一个环节出现错误都有可能使图书馆陷入危机。网络信息系统是一个由“环境”、“技术”和“人”三元素组成的系统，管理其中的危机则必须从这3个方面进行预防。火灾、水灾、地震这样的自然灾害会对图书馆造成重大创伤，图书馆不仅可能丢失大量的传统文献资料，还有可能损失多年积累的数据，但是，如果图书馆能够针对各种灾害做好充分的预防措施，完全可以在灾后第一时间恢复网络信息服务，推进服务的重建和恢复工作。在美国卡特丽娜飓风后，众多受灾图书馆第一时间就恢复了部分的网络服务，对图书馆的灾后重建起到了关键性的作用。网络信息系统是一个复杂的系统，由多种多样的应用组成，技术故障不可避免，但是采用一定的技术手段可以很大程度上降低技术故障的发生概率，提高系统的稳定性，减少由技术故障引起的危机。网络信息系统是一个开放的系统，读者、图书馆工作人员、技术人员都在其中从事各种各样的活动，从而由“人”引发的危机必然会发生，从日常的管理制度和技术手段对各种人员的行为进行管理和限制，及时发现和弥补管理上的漏洞，可以防止不端行为和失误带来的损失。

除了网络安全方面的危机，图书馆网络信息系统还面临着技术革新带来的危机，这种危机与网络安全危机不同，一方面它对图书馆的生存根本产生威胁；另一方面对图书馆来说这样的危机也是转机。如何把握这样的危机，在危机中求得生存和发展对图书馆的未来至关重要。这样的冲击尤其以互联网技术和数字资源的发展为典型。例如，很多图书馆都开发或购买过跨库检索系统，在一个统一的界面内检索所有购买的数字资源，但是当谷歌的免费学术搜索推出以来，很多高校的读者都更倾向于使用谷歌学术搜索。当大多数图书馆的数字图书项目还因为版权和资金等问题止步不前时，谷歌已经推出了部分免费的谷歌数字图书馆。甚至很多年轻人宣称他们根本不再使用图书馆，而互联网和谷歌已经成为年青一代获取信息知识的主要来源，这不能不说对图书馆的存在提出了根本的挑战。如何跟上技术发展的脚步，开发和实施顺应技术发展潮流的产品，拓展图书馆数字信息服务，更有效地利用资金，使得图书馆能够在传播知识和信息的链条上生存，使得图书馆的投资人包括国家、政府、公众以及企业机关和高校都能认可图书馆在业务工作中的重要地位，是每一个图书馆都面临的重大课题。

任何危机管理都要从预防—控制—应对—恢复—学习这 5 个步骤进行。在危机尚未发生之时，清点那些系统中潜在的危机，分析危机的来源从而制订相应的危机预案，是危机管理中最为重要而且有效的部分。网络信息系统危机同样重在预防，在网络信息系统中哪些情况会引起危机？只有罗列出所有可能发生的情况，才能制订出预防的方案和对策。在设备上适度地增加投入、弥补管理制度的漏洞、合理规划技术方案等措施能够很大程度地避免危机的发生，大大降低危机发生的概率和减轻其所造成的损害。网络安全风险评估是一项专业的工作，涉及多种评估方法，应当应用专业的危机评估知识，组建专业的风险评估组织对图书馆网络信息系统作出专业的风险评估，根据评估结果尽早作出弥补方案，降低危机发生的概率。从风险应对上来说，应针对可能发生的不良情况，组织专业人员和管理者共同制订合理严谨有效的应急预案，使得在危机发生之时有章可循，迅速、正确应对危机，从而遏制危机所造成的损害。危机的恢复既包括网络信息系统服务功能的恢复，也包括图书馆声誉的恢复，图书馆网络信息系统的危机势必会给读者带来损失，给图书馆造成不良影响。危机应对的过程中，如何尽快恢复服务，弥补读者的损失，挽回图书馆的声誉损失，都是危机恢复中需要研究的问题。

5.1 图书馆网络信息系统危机

5.1.1 图书馆网络信息系统危机的概述

在图书馆资源不断数字化、网络化发展的今天，网络信息系统已经成为图书馆工作至关重要的基础设施之一。图书馆通过计算机网络系统给读者提供了大量的信息服务，如馆藏书目查询、网上续借和预约、电子书刊等的数字资源服务、网上参考咨询服务、联机检索服务等。图书馆的采访、编目、流通、咨询等业务工作也需要依托计算机网络系统才能正常开展。

现代图书馆的绝大部分服务依赖于网络信息系统，失去了网络系统的支持，图书馆几乎无法为读者提供任何服务，如2009年年初，国家图书馆电子资源数据库登录系统出现故障，系统瘫痪近7小时，导致众多读者不能查阅资料。更为可怕的是，图书馆数据资源容量大、种类多，一旦图书馆网络信息系统遭到无法恢复的破坏，各项工作将陷入瘫痪，图书馆不但面临巨大的经济损失，还会造成某些不可预期的后果。

图书馆网络系统从服务的对象来划分，大致可以分为业务系统、内部管理系统和对外服务门户系统。其中，业务系统主要包括图书管理系统，负责图书期刊数据、读者借阅流通数据的管理以及电子阅览室管理系统；内部管理系统包括办公管理系统、设备管理系统、安防管理系统、门禁管理系统等；对外服务门户系统主要包括图书馆网站、数字期刊、数字图书、学术论文、视频点播等数字资源系统。不同类型的系统发生的危机影响对象和范围不同。内部管理系统通常造成的危机影响面较小，不会直接影响读者使用图书馆服务，但是会造成内部工作不便，工作效率下降。图书管理系统发生故障会影响图书流通，读者无法正常借阅或者发生读者记录数据错误，导致读者与图书馆员发生争执；电子阅览室管理系统发生故障会导致读者无法正常使用图书馆电子阅览室，如果发生计费错误有可能导致图书馆或用户经济利益受到损失。馆内的业务系统所影响的范围通常限于到馆的读者，对通过网络获取范围的读者影响不大。相对而言，对外服务门户系统发生故障则会造成较大范围的影响，目前高校和科研院所的读者对图书馆数字资源的依赖程度非常高，众多读者几乎每天都在网络上获取数字文献资源，数字文献资源服务一旦受到影响，会给他们的研究工作造成干扰和不便，同时收到大量的读者投诉，影响较大的甚至会惊动媒体，对图书馆的形象造成极大的损害。

国内图书馆界对图书馆网络信息系统安全防护已有很多研究，但是图书馆网络信息系统危机管理不仅仅是一个单纯的网络安全技术问题，更是一个危机管理、网络安全防护技术和网络信息管理规范的多元问题。那么到底网络信息系统的危机管理的具体定义是什么？包括哪些内容？根据刘兹恒先生的定义，“图书馆危机是对图书馆系统造成严重威胁、需要图书馆人立即反应的高度震荡状态”[11]。笔者认为，那些由网络信息系统安全漏洞或故障引起以及发生在网络信息系统中的给图书馆系统造成严重威胁的事件，需要图书馆人立即反应的高度震荡状态就可以称之为图书馆网络信息系统危机。

5.1.2 图书馆网络信息系统危机的分类

任何危机皆有五重维度：时间维、原因维、概率维、内容维、影响维。

从时间维上，危机可以分为危机前、危机中和危机后，危机前关注的是危机的预防和控制，即在图书馆内建立网络信息系统安全危机预防策略，从建立检测和预警机制入手进行管理，降低事故发生概率和减少可能的危害程度；危机中人们关注的是危机的应对和处理，从图书馆的角度考虑这一方面的问题就是需要迅速确定危机性质和级别，落实危机负责机制，按照危机预案快速作出反应；危机后关注的是事故后的重建以及危机带来的机会，如馆内数据的清点和恢复，需要按部就班、有条不紊地根据实际情况制订详细实施方案，避免二次事故的出现。

从原因维来看，网络信息系统危机产生的原因主要有自然灾害、疏忽大意造成的安全事故、蓄意破坏、恐怖袭击、网络病毒爆发、黑客攻击、系统故障等。

从概率维上看，网络信息系统所面临的危机可以分为频发、中发、少发、罕发等几种，根据发生频率的不同应采取不同预警方案。计算机病毒爆发、网络拥塞、系统故障的发生频率较高却危害有限，因此图书馆内的相关预防策略和预警方案就应该详尽周密，但级别较低。意外事故如火灾、漏水等发生的频率较少，而地震、洪水等自然灾害则发生的频率最低，但可能造成的危害巨大，相关方案的启动级别要高，反应也就需要迅速，图书馆在应对中就需要首先确定抢救的重要层次。

从内容维上划分，危机可以划分为环境危机、安全防范危机和计算机系统危机等。

从影响维上划分，危机又可以根据破坏的程度分为全局危机、局部危机、大危机和小危机。

表5－1对图书馆网络信息系统可能遇到的危机进行了分析，自然灾害造成的危机发生频率最低，但影响最大危害最深，而网络信息系统内部造成的危机发生频率较高，危害程度较低。从管理角度看，根据造成危机的原因不同，一般可以从机房环境设施、安全防范系统和网络信息系统以及人员管理4个方面进行控制和防范。

表5－1　图书馆网络信息系统危机分析

危机内容	概率	影响	管理类型	原因
机房遭遇地震，设备全部被毁坏，数据丢失，无法提供任何服务	罕发	全局	环境	地震
机房被洪水淹没，设备完全损毁，数据丢失，无法提供任何服务	罕发	全局	环境	洪水
机房遭遇恐怖袭击，设备完全损毁，数据丢失，服务全部中断	罕发	全局	环境（安防）	恐怖袭击
雷电造成部分设备损坏，服务中断	少发	局部	环境	雷电
机房遭遇火灾，全部设备烧毁，数据丢失，无法提供任何服务	少发	全局	环境（安防）	火灾
因排水系统故障，造成机房漏水，导致部分设备损坏，服务中断	少发	全局	环境	漏水
机房被盗，部分设备和数据丢失，造成部分服务中断	少发	局部	环境（安防）	盗窃
供电设备故障，造成部分服务中断和数据损失	中发	局部	环境	供电故障
空调系统故障，机房温度过高，造成部分设备停机和损坏，部分服务中断	中发	局部	环境	空调故障
电磁干扰造成设备运转不正常，部分服务中断	中发	局部	环境	电磁干扰

续表

危机内容	概率	影响	管理类型	原因
计算机病毒大规模爆发，网络拥塞，服务器无法提供服务	中发	局部	系统	病毒
工作人员误操作，造成数据丢失，部分服务中断	中发	局部	管理	工作人员
工作人员由于某种原因故意破坏系统，或窃取数据牟利，可能导致部分服务中断，数据受损，图书馆版权受到侵害	少发	局部	管理	工作人员
黑客攻击造成部分服务中断、数据丢失或损坏	中发	局部	系统	黑客
计算机软件故障，导致部分服务中断	频发	局部	系统	软件
计算机硬件故障或网络硬件故障造成部分服务中断、部分数据丢失	频发	局部	系统	硬件

5.2 网络信息系统危机的预防策略

5.2.1 系统运行环境的安全策略

5.2.1.1 网络信息系统环境安全标准

网络信息系统运行的环境安全是网络信息系统正常运转的重要基础。环境安全主要包括机房选址、机房抗震防洪能力、防雷电、电磁屏蔽、通风系统、供电系统、防火系统、排水系统以及安全保卫系统等。国家颁布的 GB 50174—2008《电子信息系统机房设计规范》[99]明确规定，机房根据所承载服务的重要性分为 A、B、C 3 个等级：A 级机房标准为"电子信息系统运行中断将造成重大的经济损失，电子信息系统运行中断将造成公共场所秩序严重混乱"；B 级机房的标准为"电子信息系统运行中断将造成较大的经济损失，电子信息系统运行中断将造成公共场所秩序混乱"；其他机房为 C 级。一般来说，国家级图书馆应划定为 B 级，高校图书馆和省市级图书馆可以划定为 C 级。规范要求“B 级电子信息系统机房内的场地设施应按冗余要求配置，在系统运行期间，场地设施在冗余能力范围内，不应因设备故障而导致电子信息系统运行中断”；“C 级电子信息系统机房内的场地设施应按基本需求配置，在场地设施正常运行情况下，应保证电子信息系统运行不中断”。

各级图书馆应根据实际情况，按照机房等级严格执行设计规范的各项指标。图书馆在进行建筑设计、机房设计时应监督施工设计单位按照标准建设机房，机房已经建好的应对照标准展开安全检查，及时发现安全隐患和不符合标准的地方，能够整改的及时整改，无法变更的要制订严密的应对方案，以其他管理手段弥补硬件上短期难以弥补的漏洞。

5.2.1.2　机房位置与设备布置

电子信息系统机房位置选择应符合下列要求：电力供给稳定可靠，交通通信便捷，自然环境清洁；远离产生粉尘、油烟、有害气体以及生产或储存具有腐蚀性、易燃、易爆物品的场所；远离水灾、火灾隐患区域；远离强振源和强噪声源；避开强电磁场干扰。对于多层或高层建筑物内的电子信息系统机房，在确定主机房的位置时，应对设备运输、管线敷设、雷电感应和结构荷载等问题进行综合考虑和经济比较；采用机房专用空调的主机房，应具备安装室外机的建筑条件。

机房位置受限于图书馆位置的选择，但是一般图书馆选址时都会选择远离污染和自然灾害高危区，所以图书馆机房的外部位置环境大体都符合规定。在设计机房位置时一般尽量将机房设置在图书馆大楼中心的底层位置，这样便于布线，也能最大限度地节省平均布线长度。通常机房内不使用大楼中央空调进行温度调节，因为机房与工作人员居住的办公环境不同，计算机本身就能散发出大量的热量，用于普通办公环境的空调通常不能满足机房的散热要求，冬季中央空调放出暖风，但是机房内机器发散的热量通常就能使室温达到20℃。所以机房一般都会采用独立的专用空调。

电子信息系统机房的组成应根据系统运行特点及设备具体要求确定，一般由主机房、辅助区、作业区和办公区等功能区组成。主机房的使用面积应根据电子信息设备的数量、外形尺寸和布置方式确定，并预留今后业务发展需要的使用面积。主机房主要用来存放服务器、交换机、磁盘阵列等设备，设备应安置在专用的设备机架上，既能合理利用空间，又能利于通风、供电；辅助区一般包括供电消防空调等设备存放，也包括磁带、维修工具等设备的存放间；作业区一般用于操作主机工作站的存放，通常与主机房玻璃隔断，便于值班人员观察机房内情况；办公区为技术人员日常工作地点。

5.2.1.3　环境要求

环境要求主要包括温度、湿度、含尘浓度、噪声干扰和电磁干扰以及静电的相关指标。通常C级机房的温度需要保持在18～28℃，湿度在35%～75%。当温度太高，机器散热不畅时，一些设备会启动自我保护机制自动关机，甚至烧毁部分部件；温度太低，室内容易结霜，导致电子线路短路，一些电子元器件在低温的情况下也会运转不畅；湿度太大，凝结的水汽容易引发设备短路和锈蚀；湿度太小，容易引起静电。强电磁波容易干扰线路和一些设备运转，一般规定主机房内无线电干扰场强，在频率为0.15～1000MHz时，主机房和辅助区内的无线电干扰场强不应大于126dB。主机房和辅助区内磁场干扰环境场强不应大于800A/m。瞬时的静电可以击穿部分元器件，引起设备损坏和故障，通常在机房内操作时应穿着防静电服装和鞋袜，触摸主机设备时应佩戴防静电手套和腕环。保持机房内一定的湿度可以有效地抑制静电的产生，此外机房的家具设备如电脑桌椅接地也可以有效地疏散静电电荷。主机房和辅助区的绝缘体的静电电位不应大于1kV。

5.2.1.4　建筑与结构

机房的负载和结构应严格参照国家相关标准。机房的空间预设应具有可扩充性，空间布局具有灵活性，方便今后随着业务变更重新划分。主机房和辅助区不应布置在用水区域的垂直下方，不应与振动和电磁干扰源为邻。围护结构的材料应满足保温、隔热、防火、防潮、少产尘等要求。机房的耐火等级不应低于二级。在选择装修材料时应选择耐火性能好，具有良好静电表面疏散性能的材料。不得使用强吸湿性材料及未经表面改性处理的高分子绝缘材料作为面层。当铺设防静电地板时，活动地板的高度应根据电缆布线和空调送风要求确定。

5.2.1.5　空调与电气

机房空调设施主要用于维持机房内的温度湿度和洁净度。机房专用空调与民用空调有很大的不同，主要表现为以下几点。

①热负荷强度高，设备散热量大，散湿量小。

②显热比高。机房的热量中，主要来自设备运行所产生的热量，显热约占总热量的95%，故显热比（SHR）通常高达0.85～0.95，甚至更高（舒适性空调系统的显热比在0.6～0.7）。

③空调送风的焓差小、风量大。

④湿度要求稳定。

⑤气流组织特殊。机柜内散热量大而集中，故不仅要对机房安装空调，还需对机柜进行送风冷却。要求冷风从机柜的底部进入，吸热后的空气从顶部排出。通常冷空气通过架空的活动地板上的风口进入计算机机柜或程控机机架，使自下而上的冷空气迅速有效地冷却设备。

⑥空气洁净度高。

⑦全年供冷运行。由于计算机房的热负荷强度高，当围护结构传递的冷量明显低于机房内的发热量时，机房在冬季仍然需要空调系统进行供冷运行，这一现象在大型计算机系统比较多见。

⑧可靠性高。许多计算机系统，每天连续运行 24 小时，每年连续运行 365 天，因此要求计算机系统具有很高的可靠性，而且也要求其他辅助设备如空调系统等的可靠性具有相应的水平。

机房内空调的配备要根据机房内散热量计算，留出一定的余量，并且一定不能使用民用空调。民用空调通常没有设计常年不间断运行，很有可能在运行过程中发生故障或停机。一般民用空调的送风很难直接送往机柜内部，使得热量不能及时散发。

图书馆机房应根据负载情况配备不间断电源，并留有余量。在 UPS 接入时应采用双路供电，保证在其中一条线路中断后还有另外的线路供电。空调系统的配电应采用放射式配电系统。很多图书馆机房仅仅为主机和网络设备配备了 UPS，这样仅仅能够保障主机数据在突然断电的情况下不受损坏，并不能在停电的情况下长期服务，因为没有空调系统调节温度，机房温度很快就会上升，导致不得不关闭服务。服务等级较高的图书馆应考虑空调系统的应急电源配备。

5.2.1.6 防水、消防与安防

机房监控系统主要包括空气质量监控、温度湿度监控、漏水检测和报警以及各种空调、不间断电源运行状况的监控。安防系统主要包括视频监控、出入控制和入侵报警。

漏水监控可以采用漏水传感绳，在机房空调下方等机房内可能出现漏水的地方安装漏水传感绳，将可能出现的漏水区域用传感绳围起来，通过漏水控制器连接到监控系统，若机房一旦发生漏水，水接触到传感绳，漏水控制器就监测到泄漏发生。在机房比较重要的功能间内装设温湿度采集器，监视和记录并向现场监控主机系统传送温湿度等环境参数，监控主机可通过参数设定，对于越限参数，系统将自动报警提示有关人员注意处理。空调、不间断电源等设备通常自动监控系统，机房有统一监控软件可以将这些设备的监控数据传送到系统中统一处理。视频监控用于工作人员远程监控机房内人员活动情况，出入控制一般可以采用电子门锁，出入人员记录都会被记录在监控系统

数据库中。机房内必须配置烟感探测器，一旦发现烟雾会及时发出警报，启动气体消防装置灭火。配有气体消防装置的机房单位要给工作人员配置专用呼吸器和氧气呼吸器。

此外，机房还应采取适当的防鼠和防虫措施。主要措施有：封堵工程范围内所有与其他区域、其他楼层相通的孔洞，在使用或施工过程中新开的孔洞及时进行封堵；所有进出机房的管、槽之间的空隙均采取密封措施；在装修过程中原则上不使用木材，对局部地方的零星材料进行防虫害处理；机房内所有电缆、电线均在金属线槽、线管内敷设，与设备连接的引上线采用金属软管保护，尽量使机房无裸线；机房范围内的新风系统与大楼新风管道连接处设防鼠钢网；加强机房环境的管理，禁止可能引起鼠害的东西（如食品）带入机房。

5.2.2　硬件系统的安全策略

图书馆网络信息系统硬件主要由计算机服务器、网络交换设备、存储设备、通信电缆等组成。服务器是提供服务的核心，承载着核心服务的运行。存储设备存储着大量的重要数据。网络交换设备和通信电缆保证了数据高速公路的畅通。

网络信息系统的硬件安全策略主要包括：把好采购关，购置质量优良售后服务有保障的硬件产品；一定程度的硬件冗余；定期监测硬件运转及时发现故障。

5.2.2.1　选择质量可靠、售后服务优良的产品

硬件设备的质量对硬件设施的可靠性产生着至关重要的影响。在设备采购的初期，就应重视产品质量的选择。选择那些口碑好，质量过关，售后服务优良的企业产品是保证硬件稳定运行的基础。一些单位往往只重视计算机硬件产品的硬件配置和价格，忽略了产品的稳定性、可靠性和售后服务。采购时一定要多方了解产品性能，仔细对比研究产品相关参数，选择可靠性高的产品。厂商应提供完善的售后服务，定期升级维护产品，对相关技术人员提供必要的技术培训，提供

相应的技术支持。

硬件性能主要从可靠性和可用性两个方面考量。可靠性是指计算机系统或设备在给定一段时间内和指定的状况下持续运行的可能性。通常可靠性用平均无故障间隔时间 MTBF 来表示，即系统能正确运行时间的平均值。可用性是指计算机系统或设备在某一时刻提供有效使用的程度，以可用度 A 来表示，指任意时刻系统能够正确运行的概率，$A = \mathrm{MTBF} / (\mathrm{MTBF} + \mathrm{MTTR})$，其中 MTTR 为平均修复时间。服务器性能和质量评估通常可以借鉴 TPC 和 SPEC 两大基准。TPC（Transaction Processing Performance Council，事务处理性能委员会）是由数十家会员公司创建的非营利组织，总部设在美国。TPC 的成员主要是计算机软硬件厂家，而非计算机用户，其功能是制定商务应用基准测试程序的标准规范、性能和价格度量，并管理测试结果的发布。SPEC（the Standard Performance Evaluation Corporation，标准性能评估机构）是一个全球性的、权威的第三方应用性能基准测试组织，它旨在确立、修改以及认定一系列服务器应用性能评估的标准。在这个基准测试中，系统模拟一个现代化企业的电子化业务工作，如客户订购查询、产品生产制造管理、供应商和服务器提供商管理等，给系统以巨大的负载，以全面测试运行典型 JAVA 业务应用的服务器性能水平。由于它体现了软、硬件平台的性能和成本指标，被金融、电信、证券等关键行业用户作为选择 IT 系统一项权威的选型基准测试指标。

计算机硬件售后服务一般包括送货、上门安装、培训、售后技术支持、维护和维修。每种售后服务的期限和收费不同，各公司各有区别。技术支持也分为在线技术支持、电话技术支持、工程师到场技术支持等。对于级别比较高的重要设备应选择 7×24 小时服务，响应时间也要尽量短。

5.2.2.2 硬件冗余

一定程度的硬件冗余能够在不增加过多的经济投入的情况下大幅度提供系统的可靠性。主要有线路冗余、交换设备冗余和服务器冗余。

对骨干网络设备如交换机、端口模块都应有冗余备份，一旦设备故障能够在短时间恢复服务。关键的网络链接应采用双链路绑定的方式，在一对网络光纤故障时，另外一对仍能保证工作，从而提高服务的可靠性。对外网的链接可以采用多链路负载均衡方式，通过合适的负载均衡算法，平衡多条线路上的数据流量，当单个线路发生故障时，能够及时把负载转移到其他链路。

服务器根据所承载服务的重要性，选择不同的服务器冗余方式。服务器冗余技术主要有硬盘冗余、网卡冗余、电源冗余以及服务器整机冗余等[100]。服务等级较低的服务器可以使用硬盘冗余、电源冗余、网卡冗余等方式，而服务等级较高，可靠性要求较高的服务器则应当使用服务器冗余，保证服务不间断。

硬盘冗余指RAID（Redundant Array of Independent Disks），是一种把多块独立的硬盘（物理硬盘）按不同的方式组合起来形成一个硬盘组（逻辑硬盘），从而提供比单个硬盘更高的存储性能和提供数据备份技术。组成磁盘阵列的不同方式成为RAID级别（RAID Levels），每种级别代表不同的数据存储和校验方式。

①RAID 0。即Data Stripping（数据分条技术）。整个逻辑盘的数据是被分条（stripped）分布在多个物理磁盘上，可以并行读/写，提供最快的速度，但没有冗余能力。要求至少两个磁盘。

②RAID 1。又称镜像方式，也就是数据的冗余。在整个镜像过程中，只有一半的磁盘容量是有效的（另一半磁盘容量用来存放同样的数据）。同RAID 0相比，RAID 1首先考虑的是安全性，容量减半、速度不变。

③RAID 0+1。为了达到既高速又安全，出现了RAID 10（或者叫RAID 0+1），可以把RAID 10简单地理解成由多个磁盘组成的RAID 0阵列再进行镜像。

④RAID 3。用一块磁盘存放校验数据。由于任何数据的改变都要修改相应的数据校验信息，存放数据的磁盘有多个且并行工作，而存

放校验数据的磁盘只有一个，这就带来了校验数据存放时的瓶颈。

⑤RAID 5。将各个磁盘生成的数据校验切成块，分别存放到组成阵列的各个磁盘中去，这样就缓解了校验数据存放时所产生的瓶颈问题，但是分割数据及控制存放都要付出速度上的代价。

网卡冗余是指在服务器的插槽上安装了至少两块网卡。在系统正常工作时，多块网卡会自动分摊网络流量，使系统通信带宽提高，当某块网卡出现故障或出现线路故障时，服务器的全部通信工作将会自动切换到其他网卡，不会由于网卡故障影响正常服务。

通过配置多余的风扇和电源，可以有效减少由于单个关键易损硬件导致的服务器整机故障。目前主流服务器都是双电源和冗余风扇配置，一旦电源发生故障服务器会发出蜂鸣声报警，但系统会继续正常工作，此时管理人员应及时处理，尽快更换电源配件。

服务器冗余通常有双机互备和双机热备两种方式。双机互备时两台主机均为工作机，在正常情况下，两机均为信息系统提供支持，并互相监视对方的运行情况，当一台主机出现异常时，另一台主机则主动接管异常机的工作，从而保证信息系统能够不间断地运行，但正常运行主机的负载会有所增加。双机热备时一台主机为工作机，另一台主机为备份机，在正常情况下，工作机为信息系统提供支持，备份机监视工作机的运行情况，当工作机出现异常，备份机则主动地接管工作机的工作，从而保证信息系统能够不间断地运行。

5.2.2.3 定期监测和维护硬件

制定合理的硬件检测周期，定期维护检测硬件。根据硬件的使用情况，监测硬件性能，按时检测硬件，请厂家定期进行硬件维护产品升级。交换机的维护包括日志监测，定时检查交换机运行日志，及时发现故障；使用检测命令测试交换机状态；使用专用的软件系统监测交换机运行状态。

服务器可以使用专用的服务器监测软件，监控服务器运转状态、负载状态，及时报告各种异常状态。服务器专用监测软件能够在无人值守的情况下自动收集服务器的运行信息，并配合一定的通知机制，如手机短信邮件等方式通知系统管理员。监测通常包括以下内容[101]。

①物理硬件。监测服务器物理硬件，包括监视温度、电源和部件（如硬盘）的机能。其中，很多部件都是关键部件，出现故障意味着整个服务器的瘫痪。监测硬件的软件针对性可能非常强，如它可以监测 IBM 的服务器，但不能监测 Dell 的服务器。

②性能。监测服务器的性能，特别是在不同条件下的性能（例如，CPU 使用情况、可用硬盘空间和内存可用性），为故障查找和优化提供帮助。

③服务。所有的服务器都运行多种服务（例如，DNS、POP3 和 TCP），其中很多服务对于服务器的运行至关重要，如果它们发生故障的话，服务器就会随之瘫痪。大多数监测软件覆盖多种服务。

④网络。这是一个与运营网络相关的非常大的服务器监测领域，这一领域常常被认为是一个单独的监测软件类，虽然这种功能常常内置到通用服务器监测工具中。

5.2.3　软件系统的安全策略

图书馆计算机软件系统主要由计算机操作系统软件、数据库软件和图书馆服务软件组成。可靠、安全的软件系统是信息系统安全的重要保证。对软件的管理主要应从系统定时升级、安装杀毒软件、合理的划分系统使用权限、严格的软件使用管理制度几个方面入手。

5.2.3.1　系统定时升级

无论是操作系统软件还是应用软件都不可避免地存在一些潜在的漏洞，病毒和黑客往往能够通过这些漏洞攻破系统，导致服务停止或数据受损。及时修补系统和软件漏洞是防止病毒和黑客攻击的第一道关卡。系统管理员应安装合适的监测软件，每日监视系统和软件补丁发布情况，在第一时间为系统打上漏洞补丁，修筑好系统防护的第一道堤坝。

图书馆计算机通常分为服务器、读者用机和工作用机。针对用途不同的三种计算机设备可采用不同策略。读者用机由于数量巨大用户不固定，很容易感染病毒，不便经常升级，图书馆可以采用还原卡对计算机进行保护，防止用户恶意破坏软件系统和病毒侵袭。但是还原卡也不能保证计算机不受病毒干扰，管理员可以在较长的周期内如每月对计算机内的系统软件和杀毒软件进行升级，然后通过网络复制到每一台读者用机。最新的增量还原卡技术还可以仅仅传输修改过的变量，使得机房计算机迅速更新。工作人员使用的计算机可以分为两类：一类是在借阅台用于图书借还的计算机，业务量大一旦故障容易引起读者的抱怨，这样的计算机也适宜采用还原卡保护；另一类是不直接面向读者服务的岗位如编目、信息咨询等岗位的计算机，这一类计算机可以为其安装360安全卫士等安全防护软件，自动对系统进行升级和更新。同时对其使用者进行适当的网络安全教育，使他们明白按时进行软件升级的义务和必要性。服务器应打开软件自动升级设置，系统管理员应每日检查软件更新情况。

5.2.3.2　安装杀毒软件

杀毒软件可以有效地检测病毒入侵，及时隔离被感染文件。为系统选择合适的杀毒软件，并按时升级病毒库，是有效保护软件系统的第二道堤坝。图书馆所有计算机都应安装杀毒软件，并且定时升级。有条件的图书馆可以购买网络版杀毒软件，由系统管理员控制升级更新，可以监视控制整个内部网络病毒情况，及时隔离中毒的计算机。

杀毒软件分为单机版和网络版两种。单机版杀毒软件病毒库和杀毒引擎都安装在被保护的计算机上，用户必须及时升级杀毒软件并定期使用杀毒软件扫描系统，打开杀毒软件相关的监控功能才能保证杀毒软件对计算机有效保护。网络版杀毒软件的病毒库在服务器端，网络管理员通过对服务端的监控能够对局域网内的病毒状况有全面的认识和了解。但是网络版杀毒软件受限于网络，当网络故障时，杀毒软件同时也失去了作用。图书馆在部署杀毒软件时可以根据计算机的使用用途不同对待，对于读者使用的电子阅览室计算机和服务器计算机可以安装网络版杀毒软件，便于整体监控网络病毒情况；对于采编、信息咨询、办公室等用机可以采用安装单机版杀毒软件的方式。当前市场上单机版杀毒软件主要三大阵营：一是以诺顿、卡巴斯基为代表的进口杀毒软件，这些软件稳定性好、技术先进；二是瑞星、金山等国产杀毒软件，这些软件对国内病毒的侦测比较灵敏，反应较快，比较适合国情；三是以 360 安全卫士为代表的免费杀毒软件，这一部分软件刚刚推出，对市场的影响极大，占据了大批的低端用户。图书馆可以根据资金情况和计算机信息安全的需求购买相应的软件，至少也应该安装一个免费版本的杀毒软件。

5.2.3.3　合理划分系统使用权限

合理划分权限能够保障系统安全运行，减少因内部人员误操作造成的损失。系统管理员应该按照馆内业务流程和业务权限准确地为工作人员分配权限，坚持“最小权限原则”，即只给每个人足够完成工作的权限。对于可能对系统造成损失的操作，一定要严格控制，只分配到确有必要的人员手中。加强对工作人员的培训，减少误操作的可能。

权限的分配通常基于角色分配，如 Windows 操作系统的权限就是基于角色分配的。有一些软件的权限分配基于用户组，不同用户组的权限不同，较为简单的系统允许管理员对用户权限进行逐项的设定。

5.2.4　网络管理和病毒防控

因网络病毒爆发、黑客攻击、网络设计和管理不善造成的网络拥塞甚至中断是图书馆网络信息系统常见的危机。避免网络拥塞和中断通常可以从以下两个方面进行预防：合理规划和设计网络结构、使用防火墙和入侵检测系统。

5.2.4.1　合理规划和设计网络结构

网络结构的合理规划是网络运行通畅的基础。合理的规划能够有效地避免广播风暴、网络拥塞等情况。针对图书馆内不同的部门应划分虚拟局域网，不同的虚拟网之间的信息要通过交换机的网关进行交换，虚拟网的划分可以有效地抑制广播风暴传播的范围。

VLAN 即虚拟专用网，是一个在物理网络上根据用途、工作组、应用等来逻辑划分的局域网络，是一个广播域，与用户的物理位置没有关系。VLAN 中的网络用户是通过 LAN 交换机来通信的。一个 VLAN 中的成员看不到另一个 VLAN 中的成员。VLAN 的划分不受地域和交换机位置的限制，完全可以把不在同一交换机或同一办公区的人员划分为同一个 VLAN。

使用 VLAN 具有以下优点。

①控制广播风暴。一个 VLAN 就是一个逻辑广播域，通过对 VLAN 的创建，隔离了广播，缩小了广播范围，可以控制广播风暴的产生。

②提高网络整体安全性。通过路由访问列表和 MAC 地址分配等 VLAN 划分原则，可以控制用户访问权限和逻辑网段大小，将不同用户群划分在不同 VLAN，从而提高交换式网络的整体性能和安全性。

③网络管理简单、直观。一个 VLAN 可以根据部门职能、对象组或者应用将不同地理位置的网络用户划分为一个逻辑网段。在不改动网络物理连接的情况下可以任意地将工作站在工作组或子网之间移动。

对于异地多个分馆的图书馆应该合理规划线路和路由，保证数据的畅通。图书馆内部网络在规划时要根据用途和实际的流量设计，如电子阅览室流量较大，需要配置较多的出口带宽，在硬件线路上应给予优先考虑，保证链路畅通。

在与互联网联通的出口链路设计上可以采用多链路负载均衡技术，即在出口使用多条链路与外部网络联通，在内部采用一定的路由优化选择算法，为出口的信息流量选择最优的链路，平衡各条链路上的负载，在个别链路故障时仍能保证网络的可用。

上海市中心图书馆建设自 2000 年 12 月开始启动，至 2005 年上半年已连接了上海20家区县公共图书馆、12家大学图书馆、2家专业图书馆。其中，在业务系统上与总馆实行“一卡通”功能的分馆有22家（计有24个连接分馆馆址），这22家遍布全市的分馆与总馆一起不仅构建了一个小型城域网，而且在这个城域网平台上也实现了一个较大型的图书馆自动化管理应用系统，即全市通借通还的一卡通服务。未来5年中建设100个街镇社区中心图书馆服务点，与建设100个在机场、车站、商厦、地铁和会所等服务点的目标，对上海市中心图书馆的网络结构模型、连接方式与系统承载的压力提出了新的挑战，带来一定的危机。为此，上海市中心图书馆针对不同的分馆情况应用不同的网络组网模式。2005年，上海图书馆按照国际标准，聘请了国际知名公司进行了软件压力测试，发现目前上海图书馆网络管理软件可安全支持并发用户350个，完全能够满足上海图书馆再进一步发展100个基层服务点的网络要求。如果将来进行网络的进一步升级，也可以为一卡通的进一步发展创造更为广阔的空间。就目前而言，它已使上海图书馆一卡通信息系统建设成为应用国际图书馆集成系统中单一产品流数据最大的系统[102]。

5.2.4.2 使用防火墙和入侵检测系统

网络攻击是导致网络拥塞的重要原因。攻击者往往把攻击程序封装在病毒里，当网络内有一台计算机中毒时，中毒计算机就会成为攻击者的工具，导致整个网络瘫痪，用户信息被盗。使用防火墙和入侵检测系统可以有效地防控这类病毒的爆发。防火墙可以是软件形式，如个人电脑上安装的个人防火墙，也可以是硬件形式，通常为了检测速度更快，网络上使用的是硬件防火墙。防火墙主要作用有3个：保护内部网络、控制访问内部网络、防止内部信息外泄[103]。

入侵检测技术是主动保护自己免受攻击的一种网络安全技术。入侵检测系统能够根据内置策略监测网络中的异常行为，当其发现某些违反规则的行为时会通知防火墙系统封闭攻击来源的IP地址或端口的数据包。入侵检测系统和防火墙联动能够有效地应对网络攻击，使得网络信息安全防控手段更为完备。

在图书馆内部可同时采用两种方案。在图书馆网络入口处安装局域网防火墙和入侵检测设备，保护网络内的计算机不会受到外部攻击。有条件的还应在服务器所属的子网络内使用局域网防火墙和入侵检测设备。为防止局域网内部的攻击，还应该为每一台计算机安装个人电脑防火墙，这样可以有效抑制局域网内网络病毒和攻击的爆发。

5.2.5 容灾系统的建立

5.2.5.1 容灾技术简介

容灾是一个范畴比较广泛的概念，就是为恢复数据资源和计算机系统所提供的技术和设备上的保证。容灾不仅仅是一门技术，更是一项系统工程。容灾系统就是使受灾计算机系统能够迅速恢复运行的相关设施。当灾害发生时，为受灾计算机提供正常的运行环境和必要的条件，使系统和数据能够尽快地恢复。容灾表现为一种未雨绸缪的主动性，而不是灾难发生后的“亡羊补牢”。

容灾按照所保障系统的安全标准分类，可以分为数据级容灾系统和应用级容灾系统。数据级容灾系统提供的保证目标为信息系统的数据完整性、可靠性和安全性。而对于实时服务的信息系统，则会在意外灾害中中断服务过程。而应用级容灾系统却能提供小间断的应用服务，让客户的服务请求能够透明地、毫无觉察灾难发生地继续运行，从而保证信息系统提供的服务连续、可靠与安全。数据容灾是容灾系统的基本要求，而应用容灾是系统建设的目标，应用容灾必须建立在数据容灾的基础之上，通过整合应用系统、网络系统等各种资源来实现。

从技术上看，衡量容灾系统有两个主要指标：RPO（Recovery Point Objective），即数据恢复点目标，主要指的是业务系统所能容忍的数据丢失量；RTO（Recovery Time Objective），即恢复时间目标，主要指的是所能容忍的业务停止服务的最长时间，也就是从灾难发生到业务系统恢复服务功能所需要的最短时间周期。RPO针对的是数据丢失，而RTO针对的是服务丢失，两者没有必然的关联性。RTO和RPO必须在进行风险分析和业务影响分析后根据不同的业务需求确定。对于不同信息机构的同一种业务，RTO和RPO的需求也会有所不同。在成本一定的情况下，容灾能力越强，关键业务功能恢复时间就越短，数据丢失程度越小，损失就越小，容灾系统的投资收益就越大。

5.2.5.2　图书馆容灾系统

在图书馆的主要业务领域，许多业务要求24小时提供服务，这就要求数字图书馆的计算机系统连续、安全、可靠地运行。目前，国内的大多数图书馆，对其计算机信息系统和数据的容灾规划、构建与维护，缺乏系统的、完整的研究。仅仅是做了简单的本地磁盘的不同分区或者是相同系统上不同磁盘的数据备份，可以说是信息系统的一个备份，不能称作为容灾系统。当出现大的自然灾害或人为灾害时，容灾的能力就将会受很大影响，甚至在较长的时间内难以恢复正常运行。尤其是对于一些超大规模的数字图书馆，存储容量大、服务范围广、用户集中且依赖性强，如出现安全问题，恢复正常运行所需时间较长，将会造成重大的损失，后果让人无法忍受。

图书馆容灾就是为避免灾难事故对图书馆信息安全的影响，在一定的技术和经济条件支撑下，在近距离或远距离计算机运行系统的地点建立备份计算机系统、通信设施、辅助设施以及相应的管理制度和灾难恢复程序，以便在运行系统发生灾难时，重新组织系统运行和恢复正常，为恢复图书馆业务正常运行提供保证。

建立可靠的容灾系统，是网络信息系统危机管理的重要措施，当灾难不可避免地发生之后，唯一能够减少损失的就是使用备份的数据尽快地恢复系统。信息系统容灾备份必须满足3个要素[104]，也称为容灾的“3R”，即冗余（redundance）、远程（remote）、全方位复制（replication）。冗余指设备要有一定的冗余性，包括服务器冗余、硬盘冗余、网络链路冗余等。远程，应当在灾害可能发生的一定范围之外进行备份，才能避免因地震、火灾等巨大灾难带来的重大损失。全方位的复制，不仅仅包括数据的备份，也应包括系统的备份。根据1992年Anaheim制定的国际标准SHARE 78的定义，容灾备份中心自动异地远程恢复任务被定义为7种层次[105]。

表5-2显示了各种容灾级别的恢复指标。RTO（Recovery Time Objective）指恢复时间目标，是指灾难发生后，从系统停机导致业务停顿开始，到系统恢复可以支持业务运营之时所需要的时间。RPO（Recovery Point Objective）指恢复点目标，可以是上一周的备份数据，也可以是上一次交易的实时数据。图书馆应根据服务和数据的重要性判断应采取的容灾级别需求，对待非常重要的数据一定要采取远程异地备份，对待服务级别高的数据要采取RTO尽量小的容灾级别。

表5-2 容灾级别的具体指标[106]

	RTO	RPO	灾备中心	备份方式	数据更新/恢复	主机
Tier0	72小时以上	24小时	无	磁带	磁带	关机
Tier1	24~72小时	24小时	专有	磁带	磁带	关机
Tier2	12~24小时	文件级	专有	电子	文件，定时的	活动
Tier3	4~12小时	日志级	专有	电子	文件或日志	活动
Tier4	2~4小时	交易级	专有	电子	数据/软件	活动
Tier5	30~60分钟	交易级	专有	电子	数据，系统/硬件	活动
Tier6	30~60分钟	交易级	专有	电子	数据，系统/硬件	活动

5.2.6 系统安全管理规章制度的制定和执行

5.2.6.1 系统安全制度的范围和内容

网络信息系统是一个由人、技术和环境三元素组成的系统。其中，人是系统的核心，包括系统的维护者和使用者，几乎所有的网络信息系统安全事故都与其相关。有些事故是由于管理松懈，相关人员工作缺乏责任心导致系统没有按期维护、安全隐患没有及时发现而引起；一些事故是由于工作人员没有足够的网络安全常识而导致危害系统的行为发生，另一些事故是由于相关人员的权利没有得到有效的监督，使得管理者利用技术上的权限篡改数据、危害系统而获取利益。围绕着系统安全制定完备的系统安全管理规章制度，对在系统中活动着的“人”建立有效的监督和约束机制，从而有效地提高网络信息系统的安全性。正如中国工程院何德全院士所指出的：“Internet 安全对象不是一般的系统，而是开放、人在其中与社会紧密耦合的复杂巨系统。组织管理、决策的核心是人，人的因素贯穿在所有的关系中。网络信息安全是三分技术七分管理。”[107]

网络信息系统安全管理制度的管理范围主要包括与信息系统相关的所有人员的行为管理规范和工作职责规章以及权力监督和限制规章。从制度针对的人员对象来分可以分为针对普通用户的管理规定、针对馆内工作人员的管理规定以及针对相关技术管理人员和直接领导的管理规范。从安全管理的内容可以分为设备物理安全的管理、网络安全的管理、信息安全的管理和人员组织的管理。从规章的制约属性可分为工作指导性的规章、工作制度类的规章。信息技术、安全技术和信息安全管理实用规则（GB/T 22081—2008）对信息系统安全的管理给出了框架性的建议，囊括了信息安全管理中应当关注的重要方面。

图书馆网络信息系统规章制度主要包括信息系统安全管理，其中分为安全事件管理、系统变更管理、数据备份管理、场地管理、密码管理、人员管理、涉密信息管理、权限管理、运行维护管理和风险管理等几个方面。

5.2.6.2　安全事件管理规章

安全事件管理指对信息、系统运行中的异常情况进行管理，异常情况包括最终用户所提出的问题和要求，也包括各类维护人员在日常监控中所发现的问题和隐患[108]。针对安全事件管理图书馆应制定网络信息系统安全责任与监管制度，其中详细地规定系统日常监测的内容和机制（包括系统错误、服务中断、可疑信息、病毒和攻击事件、误操作等），对异常事件的记录跟踪和处理方法以及相关人员的监测方法和职责。

网络信息系统中通常发生的事件包括网络服务中断、网络速度运行缓慢或瘫痪、工作站或服务器病毒报警信息、服务系统在使用过程中发生的各种异常等。报告事件的人有可能是技术管理人员、图书馆业务人员或者是读者。建议图书馆建立一个基于网络的安全事件管理监控系统，对于各种上报的事件进行监管。图书馆非 IT 业务人员在使用过程中发现的安全事件可以随时通过网络上报，IT 人员接受到上报信息后要及时受理分析并做出应对措施和解释。通过监控系统馆领导可以监测到所有上报信息的处理过程和结果，这也为事后问题的分析提供数据。

5.2.6.3　系统变更管理制度

系统变更包括系统软件升级、硬件迁移、系统参数配置更改等。首先系统软件升级的过程中经常会遇到意想不到的情况，即使是在其他相同系统上运行成功的软件升级，也可能因为具体运行环境和参数配置的不同导致升级失败；其次升级还会带来用户使用行为的更改，所以对大型系统的升级必须严格论证谨慎执行。同样，硬件迁移也会对系统运行带来一定的影响，必须做好详细周密的计划，方能保证数据和系统万无一失。系统的参数变更会影响业务运行的具体条件和结果，对系统参数进行更改时必须上报相关领导，讲明参数更改的目的、风险和结果。大型系统的变更必须要慎重进行，因此制定相关的操作规范流程，可以有效地避免因操作失误引起的系统故障。通常在变更操作之前，需要专业技术人员对变更可能带来的影响作出估计，有条件必须在测试环境中测试后方能执行。重大变更必须由相关的主管领导和相关专家批准方可进行。在进行变更操作时，应严格记载操作步骤，备份系统数据，以便在操作失败的情况下找到失败原因恢复系统设置。图书馆应根据系统的重要性对相关系统的变更操作作出详细的规定。对于规模较大、应用系统较多的图书馆应当成立专门的组织对操作的变更进行管理和审批，对于规模较小的图书馆应指定主管领导和技术骨干共同管理操作的变更。

5.2.6.4　数据备份管理制度

数据备份是容灾系统的一部分，只有严格有效地执行了数据备份制度，在遭遇重大风险时才能及时恢复系统服务。数据备份管理制度包括对重要系统和数据的备份频率、方式、时间、介质相关负责人员的规定，也包括对备份数据的检查和校验检测制度。对于办公室文件文档一般规定使用移动硬盘复制和备份计算机复制的形式即可。对于图书馆图书管理系统、数字图书馆资源系统等较为重要的系统最好进行双机热备份，此外还要有一份在其他可移动存储介质如磁带中保留的备份存放在异地。管理制度中要提示工作人员保存自己的劳动成果，推荐合理的保存方式。对于重要数据要有强制的备份管理规定明确具体的责任人和监管责任人，以确保备份工作按计划执行。

5.2.6.5　场地管理制度

场地管理主要指对网络信息设备所处的机房和邻近区域的管理，包括建设标准、防水防火防盗标准，机房监控与巡查规定以及工作人员和相关人员进入该区域工作应遵循的条例。建设标准、防水防火防盗标准应遵循国家相关标准根据机房的重要登记设定。在机房监控与巡查规定中应详细规定机房监控和巡查的时长和间隔，工作人员巡视和检查的范围和项目，发现情况后的报告流程等。重要机房要严格限制进入机房的人员，除相关技术人员，其他工作人员和外部人员不应随意进入，其他人员进入机房应履行登记手续，对机房内工作人员的行为也应有详细规范，并且在机房内的行为应视为“未经允许一切禁止，而不是未经禁止一切允许”。通常重要机房需要工作人员24小时监控所有设备的运行情况，但是这样人力资源比较浪费，而且人员监管难免会有失误和漏洞。有条件的图书馆可以考虑购买专门的机房监控管理系统，全面监控机房温度、湿度、配电、漏水、消防、人员出入和活动情况。

5.2.6.6 密钥及口令管理制度

密钥及口令管理制度主要包括密钥和口令的分配、有效期限、设定方法的指导性规范、使用的范围、保存的方法和使用过程中的注意事项。对于系统管理员密钥和口令尤其要有严密的管理规则，以防密钥丢失引起的数据泄露造成重大损失。对于涉及重大经济利益和社会利益的系统，除设定口令外应强制使用密钥加密认证。在密钥和口令使用的过程中有必要对用户进行安全教育，使其明白个人安全保管密钥和口令的责任和义务以及密钥和口令泄露后可能造成的严重后果。在规章制度中应对泄露丢失密钥和口令的后果给予提示，并写明个人所负的责任。

图书馆内通常涉密信息较少，档案中可能要涉及一些保密信息，数字图书馆一些信息如数字化图书、标准、文件、影音资料涉及知识产权。对于保密信息的存取应有严格的管理，涉密计算机应采取适当的加密设备和身份认证系统。接触涉密信息的人员应有严格的登记和审核。有知识产权保护的数字资料应防止内部人员利用权限随意下载、散发或出卖给第三方，导致知识产权纷争。

5.2.6.7 人员管理制度

人员管理制度是网络信息安全管理的核心，主要包括岗位职责、岗位人员技能标准、相关岗位的人事任免管理制度、相关工作的领导职责。岗位职责应详细规定岗位所负责的工作范围和职责；岗位人员技能标准规定竞聘岗位所需要的学历、专业知识、技术能力、工作经验等；相关岗位的人事任免管理制度规定了相关岗位人员的考核标准和人事管理；相关工作的领导职责明确了网络信息工作的负责人和相关职责。重要系统的核心技术人员任用上一般应遵循多人原则，即重要系统的管理不应只有一人，可以有效避免因人员变动影响工作，也可以避免系统管理员的权限不受监督。人事部门应对相关人员掌管的系统权限有全面的了解，在遇到人员组织变动时应及时监督系统权限的交接和变更，尤其警惕核心技术人员在离开单位时不交接关键权限或者带走重要技术资料的情况发生。人事变更后要及时修改或删除其使用的账户和相关权限。

权限的分配应遵循“最小权限”原则，即只分配给用户能够完成工作的最小权限，对各类用户角色分配何种权限应有详细规定，对用户权限的变更也应记载。权限管理包括系统管理员等核心技术管理人员的特权监督。在一些涉及重大利益的系统中，为了防止系统管理人员滥用权限盗取数据、修改信息，必须制定相应的管理和监督措施限制系统管理人员的行为。例如，对于重要操作从技术上设定需要多人密钥同时认证的方法，可以避免单人执行对系统有重大影响的操作。从制度上规定核心管理权限必须分为多人管理并互相制约，即没有一个人能掌握所有系统权限。制度还应规定核查审计系统管理人员行为的周期和具体负责人员。

5.2.6.8　系统运行维护管理制度

系统运行维护管理制度规定了各种设备的运行维护周期和方法。针对不同的设备应制定具体的规定，如对大型不间断电源应长期观察其运行参数，每半年检查其电池电压状况[109]。服务器应使用专用的软件检测其运行状况，服务人员应定时升级系统软件、发现漏洞并修补、对服务器定时查毒并监视服务运行情况，根据服务运行情况及时向上级提出软硬件升级的建议。网络运行维护规定中应详细规定网络运行维护管理的范围、职责、责任人和运行管理的方法，其中包括网络IP地址管理方法、网络监测软件使用方法、网络故障的上报和解决流程等。

5.2.6.9　应急响应管理制度

无论如何预防系统中总会出现安全事故，当信息系统安全事件发生时，要尽量使其危害降低至最小。因此，建立并实施应急响应策略和步骤，组建应急响应小组，制定规范的管理流程，是信息安全管理的一项重要工作。应急响应管理规章主要包括明确应急响应组织的人员和结构，应急响应组织的职责和管理方法，紧急事件发生时的处理流程等事项。

5.3 网络信息系统风险评估和应对

网络信息安全风险极其庞杂而又非常普遍，每种信息安全风险都是不同的。它可能是一个单一的风险，也可能是多种风险的组合；可能是一般性的，也可能是特殊的；可能是人为有意的，也可能是无意的；可能在一个环节出现，也可能在多个不同的层面、不同的时间出现。如果能系统地考虑所有信息安全风险，通过对不同层面、不同来源、不同阶段的风险实施分门别类的管理，用一个系统的、稳定的、具备一致性的方法应对风险，就能把网络信息安全风险降到最低[110]。

风险管理的一般步骤是风险鉴别—风险分析—风险评估—风险控制。首先鉴别出可能出现的风险，然后分析这些风险的原因、性质和可能的后果，对风险发生的概率和其所造成的经济损失及控制风险的成本作出评估，最后根据风险的性质采取适当的控制手段。

5.3.1 网络信息系统风险评估概述

ISO 17799 定义风险评估为“评估信息和信息处理设施所面临的威胁利用脆弱性发生的可能性以及它们相应的影响”，“对信息在产生、存储、传输等过程中其保密性、完整性、可用性遭到破坏的可能性及由此产生的后果的一个估计或评价”[111]。GB/T 20984—2007 信息安全风险评估规范则定义信息安全风险评估为“依据国家有关安全信息标准，对信息系统及由其处理传输和存储的信息的保密性、完整性和可用性等安全属性进行科学评价的过程，它要评估信息系统的脆弱性、信息系统面临的威胁以及脆弱性被威胁源利用后所产生的实际负面影响，并根据安全事件发生的可能性和负面影响的程度来识别信息系统的安全风险[112]。

图 5－1 显示了在风险评估过程中各个要素关系。图中的方框部分是风险评估的基本要素，椭圆部分是与这些要素相关的属性。风险评估工作要围绕这些要素展开，充分考虑各类与基本要素相关的因素。从图中可以看出各个要素之间并不是孤立存在的，而是互相影响的。例如，风险由威胁引起，威胁越大则风险越大，并且当威胁达到一定程度时可以引起安全事件；所有的威胁都要利用系统的脆弱性，安全需求未满足时造成系统脆弱性的存在，安全需求被满足后演变为安全措施，但是同时增加资产成本；安全措施会降低系统风险，可以抗击威胁，当安全措施执行后仍然会残留未控制的部分导致残余风险，这样的风险仍然可能导致安全事件。

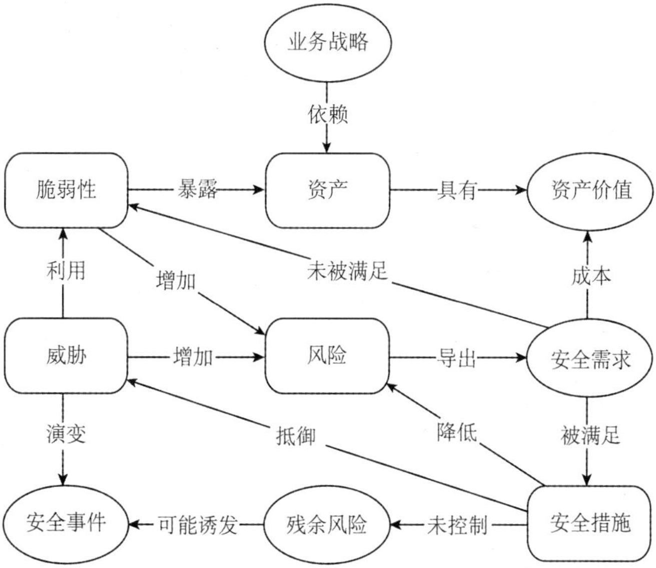

图 5－1　风险评估各要素关系

从图 5－1 可以看出风险主要由资产价值、系统脆弱性和所受到的威胁 3 个方面决定。由此，风险分析通常包括 5 个步骤：资产识别分类和赋值；评估各类资产所面临的威胁，对威胁出现的频率赋值；评估各种资产的脆弱性，对资产脆弱性的严重程度赋值；根据威胁和威胁利用脆弱性的难易程度判断安全事件发生的可能性；根据脆弱性和安全事件所作用的资产价值来计算安全事件所带来的损失；根据安全事件的可能性和其所带来的损失计算其风险值。图 5 –2 显示了信息安全风险分析原理。

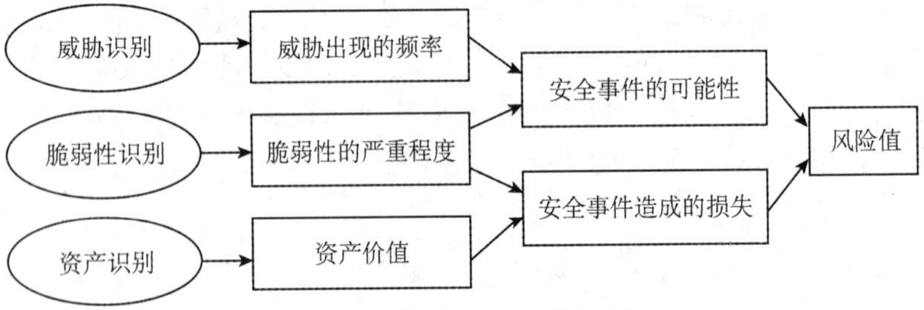

图 5 –2　信息安全风险分析原理

风险评估的流程分为风险评估准备、资产识别、威胁识别、脆弱性识别、已有安全措施的确认、风险分析、风险评估文档记录 7 个步骤。表 5 –3 显示了风险评估工作中每一阶段的具体实施方法。

表 5 –3　风险评估各阶段工作一览

风险评估的准备阶段	确定风险评估目标
	确定风险评估的范围
	组建适当的评估管理与实施团队
	系统调研
	确定评估方法和依据
	制订风险评估方案
	获得最高管理者对风险评估工作的支持
资产识别	资产分类，通常分为数据、软件、应急、服务、人员等
	资产赋值，包括保密性赋值、完整性赋值、可用性赋值、重要等级赋值

续表

威胁识别	威胁分类，可以通过表现形式、来源、动机等多种方法分类
	威胁赋值，可以通过安全事件日志分析、历史统计、行业人员的经验判定、国际组织发布的威胁频率统计等方式来对威胁发生的频率进行赋值。
脆弱性识别	技术脆弱性识别，包括物理环境、网络结构、系统软件、应用中间件、应用系统等，识别时应参照相关的国家标准
	管理脆弱性识别，包括技术管理和组织管理
	脆弱性赋值，根据脆弱性对资产的暴露程度，技术实现的难度，采用等级方式赋值
已有安全措施的确认	在识别脆弱性的同时，对已采取安全措施的有效性进行确认，安全措施确认应评估其有效性
风险分析	风险计算，采用适当的工具与方法确定风险值
	风险结果判定，对风险评估的结果做等级化处理
	风险处理计划，对不可接受的风险制订风险处理计划
	残余风险评估，判定安全措施实施后残余风险是否降低到可接受的水平
风险评估文档记录	对风险评估过程中产生的文档进行整理和保存，包括风险评估方案、程序、资产识别清单、威胁列表、脆弱性列表、已有安全措施确认列表、风险评估报告、风险处理计划等

5.3.2　图书馆网络信息系统风险评估方法

5.3.2.1　准备阶段

在图书馆信息安全风险评估的准备阶段，首先要确定评估的目标和范围，是针对某一新增系统进行评估还是针对整个图书馆网络信息系统进行全面评估，评估的目的是对准备引入的新设备新系统的安全性做出判断还是对图书馆现有信息网络系统的安全性做出整体判断。图书馆风险评估的根本目标是保障图书馆安全、稳定、有效地为所服务的对象提供信息和知识服务。

确定好评估目标和范围后即可着手组织评估团队，评估团队可以由外部专业评估人员组成，也可以由馆内技术人员组成，各有利弊。外部专业评估人员对评估专业知识掌握全面，对评估方法和工具比较熟悉，但是对馆内情况不如馆内技术人员了解，馆内技术人员则在评估经验上可能有些欠缺。最好的方法是组建一个由馆内技术人员、骨干业务人员和外部评估专业人员组成的评估团队。必要时也可以同时组建由图书馆领导、外部评估团体领导和业务部门领导组成的评估领导小组。根据图书馆的需求，在聘请外部专业人员时可以签订评估保密协议，对评估过程和结果保密。

系统调研阶段是确定评估对象的过程，为风险评估依据和方法的选择、评估内容的实施奠定基础。图书馆风险评估的调研内容主要包括网络管理制度、主要业务功能和要求、网络结构、软件系统和硬件系统、主要数据和信息、系统和数据的敏感性以及支持和使用系统的人员。调查方法可以采用访谈、问卷调查等方式。

制定评估依据时应考虑行业的国际标准、国家标准和行业标准。例如，服务器安全技术应遵循 GBT 21028—2007 标准，数据库管理安全技术应遵循 GB/T 20273—2006 标准，机房评估应参照 GB 50174—2008 和 GB 50462—2008 标准。同时，也应考虑本单位的特殊需求。

必须制订严密的风险评估实施方案，以便后续工作的开展。方案制订后必须报图书馆领导或上级主管部门，获得批准后方能实施。自方案获批后，应针对方案对参加评估的人员进行培训，明确参与评估的人员在评估工作中的任务。

5.3.2.2 图书馆信息系统资产识别

网络信息系统的风险评估不是由资产本身的经济价值来衡量，而是由资产的保密性、完整性和可用性 3 个安全属性达成的程度或者未达成所造成的影响程度来决定的。网络信息系统的资产从表现形式上来分通常分为数据、软件、硬件、服务、人员等。图书馆常见的数据资产有图书馆馆藏目录数据、数字图书馆馆藏资源数据（包括数字图书、期刊、音像、论文、统计数据、标准数据、科研文档）、读者数据、图书馆业务记录数据、统计数据等。图书馆常见软件系统包括操作系统软件、图书管理系统、数字资源管理与发布系统、VOD 点播系统、图书馆网站、图书馆办公自动化管理系统以及网络管理监控系统、服务器管理系统等。图书馆硬件资产通常包括服务器、磁盘阵列、磁带库、网络交换机、路由器、UPS、空调、门禁、消防设备、工作站用计算机、扫描打印设备等。在图书馆风险评估时可以按照类别详细地罗列出来。图书馆服务资产识别也应从 3 个方面进行，一方面是对外的信息服务，主要包括图书借阅服务、数字图书在线阅览服务、数字期刊论文阅览下载服务、多媒体资源阅览服务等，对内有办公自动化服务以及面向馆内工作人员和馆外用户的网络服务。人力资源也是图书馆信息系统的重要资产，包括核心的技术人员和掌握重要信息的人员。其他还包括一些无形资产，包含图书馆形象声誉等。

对资产的赋值主要从保密性、完整性和可用性 3 个方面确定。最后综合 3 个方面的评分给出最后的资产重要性评分。表 5－4 显示了 GB/T 20984—2007 标准对信息资产等级的评分表。

表 5－4　FIPS119 信息资产等级评分表

性能	保密性	完整性	可用性
低	可对社会公开的信息，共用的信息处理设备和资源	未经授权的修改或破坏对组织造成的影响可以忽略，对业务的冲击可以忽略	可用性价值可以忽略，合法使用者对信息及信息系统的可用度在正常工作时间低于 25%

续表

性能	保密性	完整性	可用性
较低	仅能在组织内部或组织内部某一部门公开的信息，向外扩散可能会对组织造成轻微的利益损害	未经授权的修改或破坏会对组织造成轻微影响，对业务冲击轻微，容易弥补	可用性价值较低，合法使用者对信息及信息系统的可用度在正常工作时间达到25%以上，或者系统允许中断时间小于60分钟
中等	组织的一般性密码，泄露后会对组织的利益和安全造成损害	未经授权的修改或破坏会对组织造成影响，对业务冲击明显，但可以弥补	可用性价值中等，合法使用者对信息及信息系统的可用度在正常工作时间达到70%以上，或者系统允许中断时间小于30分钟
高	包含组织的重要秘密泄露会对组织的利益和安全造成严重损害	未经授权的修改或破坏会对组织造成重大影响，对业务冲击严重，较难弥补	可用性价值较高，合法使用者对信息及信息系统的可用度在正常工作时间达到90%以上，或者系统允许中断时间小于10分钟
很高	包含组织最重要的秘密，关系未来发展的前途秘密，对组织利益有着根本的影响，泄露会造成灾难性的损害	未经授权的修改或破坏会对组织造成重大的或无法接受的影响，对业务冲击重大，并可能造成严重的业务中断，难以弥补	可用性价值非常高，合法使用者对信息及信息系统的可用度在正常工作时间达到99.9%以上，或者系统不允许中断

5.3.2.3 威胁识别和脆弱性识别方法

威胁主要包括信息系统的软硬件故障、物理环境造成的干扰、工作人员的误操作、病毒木马等恶意代码的破坏、未经授权的入侵、工作人员对权利的滥用、网络攻击、对硬件设施的破坏、泄密等。威胁识别的主要方法可以依靠图书馆过去工作日志和记录中内容的统计，如果工作日志不够完善也可以参照行业中其他单位的统计结果，同时可以利用调查问卷访谈等形式大致确定各种威胁发生的概率。

脆弱性识别主要从技术和管理两个方面进行，技术脆弱性设计物理层、网络层、系统层、应用层等各个层面的安全问题，管理脆弱性又可以分为技术管理脆弱性和组织管理脆弱性两方面，前者与具体技术活动相关，后者与管理环境相关。对脆弱性的识别应对照评估标准以及相关的行业标准。识别软件系统脆弱性可以采用专业工具测试，如系统漏洞扫描工具、网络扫描工具等。物理环境的脆弱性可以参照国家有关标准对照物理环境现有设施和施工建设文档评分。对于管理脆弱性可以使用问卷调查、文档查阅或专家调查的方法来辨别。表 5－5列出了图书馆网络信息系统常见的脆弱性分类。

表 5－5　常见脆弱性分类表

类型	识别对象	识别内容
环境脆弱性	自然环境	从洪水、地震、飓风、陨石、闪电、滑坡、雪崩、坍塌等自然灾难方面，识别办公楼所处地址、灾后恢复方面脆弱性
	物理环境	从机房场地、防火、防静电、供电、接地、防雷、防电磁辐射、通信线路保护、机房区域防护、监控等方面进行脆弱性识别
技术脆弱性	网络结构	从网络结构设计、边界保护、网络信息流控制、网络监测、访问控制等方面进行识别
	系统软件	从系统补丁、账号和口令、访问控制、系统加固、系统审计等方面进行识别
	数据库软件	从补丁安装、用户管理、访问控制、备份恢复、数据库审计等方面识别
	中间件	从协议安全、交易完整性、数据完整性等方面识别
	应用系统	从用户鉴别、访问控制、审计、密码保护、维护等方面进行识别

续表

类型	识别对象	识别内容
管理脆弱性	技术管理	从物理环境安全、通信和操作管理、访问控制策略、系统开发维护、业务连续性等方面识别
	组织管理	从组织结构、人员安全、资产分类与控制和法律规章符合性方面进行识别

在对脆弱性识别的同时，图书馆应对已有安全措施的有效性进行确认。评估安全措施是否真的有效，抵御了威胁。对于有效的安全措施进行保持，无效的要进行修正或取消。

5.3.2.4 风险计算方法和工具简介

在完成了资产识别、威胁识别、脆弱性识别以及已有安全措施确认后，就可以采用适当的方法和工具计算威胁利用脆弱性制造安全事件的可能性。根据 GB/T 20984—2007 标准，风险值的计算公式为

$$风险值=R(A,T,V)=R[L(T,V),F(L_a,V_a)]$$

其中，R 表示计算风险的函数，A 表示资产；T 表示威胁；V 表示脆弱性；L_a 表示安全事件所作用的资产价值；V_a 表示脆弱性严重程度；L 表示威胁利用资产的脆弱性导致安全事件发生的可能性；F 表示安全事件发生后造成的损失。

计算风险值有多种方法，主流的方法有层次分析法、多级模糊综合评价法、德尔菲法、主成分分析法、综合评分法、视图法、价值工程法、费用、效益分析法、投入产出分析法、数据包络分析法等[113]。

风险评估工具通常分为安全管理评价工具、系统软件评估工具、风险评估辅助工具三类。常用的安全管理评价工具有 CRAMM[114]、COBRA[115]、Callio Secura[116] 等。系统软件评估工具包括脆弱性扫描工具和渗透性测试工具，常见的有 Nessus[117]、SAINT[118] 等，国内著名的 360 安全卫士也是漏洞扫描软件，可以用于普通工作站的安全扫描。风险评估辅助工具是一套集成了风险评估各类知识和数据的管理信息系统，或者是用于收集评估所需要数据和资料的日志系统，帮助

完成现状分析和趋势分析，如入侵监测系统，帮助检测各种攻击试探和误操作，同时也可以作为一个警报器，提醒管理员发生的安全状况。

5.3.3　图书馆风险评估研究成果

国内图书情报学界对图书馆风险评估已经有一定研究成果。主小欢针对 ISO 27000 国内 22 家图书馆进行了风险评估调研[119]。对被调研的 22 家图书馆的硬件资产、网络资产、数字资源资产进行了识别，并根据调查问卷对图书馆经常受到的威胁以及系统脆弱性进行识别，最后文献以某大学图书馆为例，计算出该图书馆 300 多项风险，其中高风险项 25 项，中风险项 120 项，低风险项 150 项。高风险项主要有以下几类：操作人员安全意识薄弱，导致敏感信息泄露；用户培训不足误操作导致系统硬件损坏；校园网内用户有意或无意地对服务器攻击，导致系统遭受侵害；校园网内高危害等级病毒的传播与扩散导致服务器系统或数据库系统受到一定程度的影响；移动介质的使用缺乏控制导致图书馆局域网系统内部病毒的传播，对正常工作产生一定的影响；在服务器端下载、安装、使用软件缺乏控制导致系统感染病毒影响使用。文献针对以上 6 项高风险提出了相应的控制措施。黄水清等在国际标准 ISO 27001 基础上，提出一种基于模糊数学、构建威胁场景、CVSS 以及风险矩阵相结合的综合评估模型[120]。该模型通过对数字图书馆资产价值、威胁等级和薄弱点等级的分别判定，最终综合计算得到数字图书馆信息资产的风险总值。冷秋菊应用层次分析法和模糊识别模式的原理，构建了图书馆风险的综合评估体系[121]。赵坚设计并实现了基于 ISO 27000 的数字图书馆信息安全风险评估辅助工具[122]。

5.4 图书馆网络信息系统应急预案制订和演练

网络信息系统应急预案是针对网络信息系统可能发生重大事故或灾害而编制的应急指挥方案，其主要作用是在为工作人员应对灾害进行灾后处理和紧急救援提供指导规范。只有制订了科学合理有效的应急预案，在灾害发生之后，灾后救援和恢复工作才能有条不紊地展开，而不会因无据可依造成混乱无序的情景导致更大的损失。依据应急预案，尽快开展灾后恢复工作，能够有效地控制灾害带来的影响，尽量挽回损失。网络信息系统硬件预案的制订应与信息安全风险评估工作相结合，在风险评估工作之后，就可根据风险评估的结果对重大的不可控制风险制订出相关应急预案。紧急预案的编制应参照国家相关标准，制定后必须经过实战演练，验证其可行性，根据演练结果适当修正预案，使得危难发生之时预案能够真正起到指导救援的作用。

5.4.1 网络信息系统应急预案的编制

5.4.1.1 网络信息系统应急预案编制流程

通常应急预案的编制应当在风险评估之后进行，应急预案的编制流程通常分为 4 个阶段：预案策划、预案编制、预案检查和预案评审。预案的策划阶段主要工作是成立预案编制小组、搜集整理信息系统相关资料、对相关风险进行评估。预案的编制必须以风险评估的结果为基础，同时应遵守国家相关法律和行业技术规范。预案的检查包括馆内领导及小组自我检查和通过实际演练检查两种手段。预案的草案应广泛征集馆内业务人员、IT 技术人员和相关领导的意见，及时发现内容上的缺陷和漏洞，同时应组织演练检查应急预案的可行性。当以上所有步骤进行完毕后可以请相关专家评审预案，评审通过后可以正式递交上级管理部门批准实施。

5.4.1.2　网络信息系统应急预案基本构成

国务院 2006 年发布了《国家突发公共事件总体应急预案》[123]，该预案包括总则、组织体系、运行机制、应急保障、监督管理、附则 6 个组成部分。其中，总则包括编制目的、编制依据、事件的分级分类、预案适用范围、工作原则和应急预案体系。组织体系定义了应急工作的领导和组织机构，包括领导机构、办事机构、工作机构、地方机构和专家组。运行机制指应急处理工作的运行流程，包括预测与预警、应急处置、恢复与重建、信息发布。应急保障规定了保障应急工作的人力和物力资源，包括人力资源、财力保障、物资保障、基本生活保障、医疗卫生保障、交通运输保障、治安维护、人员维护、通信保障、公共设施、科技支撑。监督管理包括预案演练、宣传和培训、责任与奖罚。

在编制图书馆网络信息系统应急预案时可以参照国家突发公共事件总体应急预案的编制格式和框架。在内容上可以参照北京市网络与信息安全事件应急预案[124]。在预案中对信息安全事件进行了分类和分级。

该预案将网络与信息安全事件分为以下几个方面。

①有害程序事件。分为计算机病毒事件、蠕虫事件、特洛伊木马事件、僵尸网络事件、混合程序攻击事件、网页内嵌恶意代码事件和其他有害程序事件。

②网络攻击事件。分为拒绝服务攻击事件、后门攻击事件、漏洞攻击事件、网络扫描窃听事件、网络钓鱼事件、干扰事件和其他网络攻击事件。

③信息破坏事件。分为信息篡改事件、信息假冒事件、信息泄露事件、信息窃取事件、信息丢失事件和其他信息破坏事件。

④信息内容安全事件。是指通过网络传播法律法规禁止信息，组织非法串联、煽动集会游行或炒作敏感问题并危害国家安全、社会稳定和公众利益的事件。

⑤设备设施故障。分为软硬件自身故障、外围保障设施故障、人为破坏事故和其他设备设施故障。

⑥灾害性事件。是指由自然灾害等其他突发事件导致的网络与信息安全事件。

该预案把网络与信息安全事件分为四级：特别重大（Ⅰ级）、重大（Ⅱ级）、较大（Ⅲ级）、一般（Ⅳ级）。

符合下列情形之一的，为特别重大网络与信息安全事件（Ⅰ级）：信息系统中断运行2小时以上、影响人数100万人以上；信息系统中的数据丢失或被窃取、篡改、假冒，对国家安全和社会稳定构成特别严重威胁，或导致10亿元人民币以上的经济损失；其他对国家安全、社会秩序、经济建设和公众利益构成特别严重威胁、造成特别严重影响的网络与信息安全事件。

符合下列情形之一且未达到特别重大网络与信息安全事件（Ⅰ级）的，为重大网络与信息安全事件（Ⅱ级）：信息系统中断运行30分钟以上、影响人数10万人以上；信息系统中的数据丢失或被窃取、篡改、假冒，对国家安全和社会稳定构成严重威胁，或导致1亿元人民币以上的经济损失；其他对国家安全、社会秩序、经济建设和公众利益构成严重威胁、造成严重影响的网络与信息安全事件。

符合下列情形之一且未达到重大网络与信息安全事件（Ⅱ级）的，为较大网络与信息安全事件（Ⅲ级）：信息系统中断运行造成较严重影响的；信息系统中的数据丢失或被窃取、篡改、假冒，对国家安全和社会稳定构成较严重威胁，或导致1000万元人民币以上的经济损失；其他对国家安全、社会秩序、经济建设和公众利益构成较严重威胁、造成较严重影响的网络与信息安全事件。

除上述情形外，对国家安全、社会秩序、经济建设和公众利益构成一定威胁、造成一定影响的网络与信息安全事件，为一般网络与信息安全事件（Ⅳ级）。

该预案还增加了信息管理和宣传培训各相关规定。图书馆在制订预案时可以根据自身情况增减章节。

5.4.2　图书馆网络信息系统应急预案编制详解

5.4.2.1　总则

总则一般包括编制目的、编制依据、事件的分级分类、预案适用范围、工作原则和应急预案体系。编制依据主要写明预案所参照的法律法规条例、国家标准等情况，如北京市网络与信息安全预案所参照的依据有《中华人民共和国突发事件应对法》、《北京市实施〈中华人民共和国突发事件应对法〉办法》、《北京市信息化促进条例》、《国家突发公共事件总体应急预案》、《国家网络与信息安全事件应急预案》、《北京市突发公共事件应急总体预案》、《信息安全事件分类分级指南》（GB/Z 20986—2007）[125]等相关规定。除国家法律法规，图书馆还可以增加图书馆行业法规和上级主管单位的相关规定为依据。

事件的分级分类主要描述清楚预案所应对的突发事件的类别和严重级别。信息安全事件的分类可以参照《信息安全事件分类分级指南》（GB/Z 20986—2007），同时参照本单位风险评估的结果依据实际情况制定。工作原则应具备以下几点：预防为主，尽全力做好预防工作，将突发事件遏制在初级阶段；快速反应，突发事件发生时以最快的速度作出应对；以人为本，强调保护人的生命安全；统一领导，分级负责，责任明确；依靠科技，充分尊重专业技术人员的意见，注重培养工作人员的技术素质。

5.4.2.2　组织机构

应急预案必须明确突发事件处理的组织机构。预案中应明确提出网络信息事件应急指挥领导小组的构成和具体的责任人。通常总指挥应由图书馆第一领导负责，副总指挥应由IT部门的第一负责人担当。预案中应明确应急小组的职责，包括日常值守工作、紧急情况的上报和处理、应急预案的修订、演练和培训、紧急事件发生时对外的宣传和善后工作等。有条件的单位还可以成立有外单位聘请专家组成的专家顾问组，负责在紧急情况发生时做技术上的指导。

5.4.2.3　预防机制和应急响应

预防机制应具体写明对紧急情况的监测机制和应急准备工作。监测机制包括值班电话、网络监测、工作人员巡查。

应急响应的基本步骤：启动程序和响应分级。对于不同基本的事件采取不同基本的响应程序处理。明确写出每一级响应的启动程序，启动权限和工作流程。其中，针对图书馆可能发生的典型事件可以写明具体的应急预案，如机房漏水应急响应预案、机房长时间停电应急响应预案、网络通信故障应急预案、图书馆自动化管理软件应急预案、数字图书馆系统故障应急预案等详细预案。预案中应包括事件的处理程序、方法、负责人，其中包括技术处理方法、上报程序以及对外处理和宣传的方法。处理事件的步骤要尽量详细，相关责任尽量明确，才能保证事件及时得到正确的处置。

5.4.2.4　应急保障

明确处理突发事件所需的人力资源和物质资源保障。通常包括通信保障，装备保障、人力资源保障、容灾系统保障等。通信保障要写明应急处理组织所使用的通信设施，包括固定电话、移动电话、网络等。主要负责人要保障24小时开机，重要岗位保证24小时有人值守。装备保障包括处理紧急情况时所需设备，如冗余的电力、空调、服务器等，处理故障时所需的计算机、移动存储、交换设备等保障。人力资源保障包括处理应急情况时馆内的技术人才队伍、馆外专家顾问的储备等。容灾系统保障是图书馆为应对紧急情况所建设的数据和设施的冗余储备，保障在紧急情况发生时能够尽快恢复工作。

5.4.2.5　宣传、培训和演练

预案中要对预案的培训和演练做出强制要求，其中包括演练的范围和周期，宣传培训的责任机构、执行方法和具体内容以及培训的频率。大范围的整体演练至少每年一次，小范围的专项演练图书馆可以根据各自情况规定演练的时间和周期。做好宣传培训和演练是应急预案能够正确贯彻执行的保障。

第6章　数字时代我国中小型图书馆危机管理

中小型图书馆处于图书馆系统的最基层，在履行开展社会教育、传递科学情报、开发智力资源的职能方面尤为突出。从图书馆事业发展来说，在农村建立、巩固和发展乡镇图书馆，在城市组建和发展社区图书馆，提升专业图书馆在机构内的地位和作用，让农民和城市居民有地方获取知识营养，让专业图书馆成为专业信息的重要提供者和过滤者，将是21世纪不可推卸的责任。物质水平的提高需要精神文化的辅佐，中小型图书馆最贴近广大人民群众，是提升人民个人素质，满足人民精神文化需求的中坚力量。

目前，中小型图书馆在图书馆系统中发展落后，以农村图书馆为例，《中国图书馆年鉴》提及农村图书馆的频率极低，各类统计资料中也很少有农村图书馆的内容，只能从一些县级公共图书馆的数据提供参考：2002年全国县级公共图书馆（以下数字均指县馆）购书费占总支出比重为9.8%，中国内地31个省市中低于此平均数的有19个[126]。虽然2006年之后县级图书馆得到了国家很大的扶持，但获得的经费也仅占全国公共图书馆拨款总量的35%，发展存在明显不均衡，如2005年东部地区平均每馆获得的财政拨款有80.5万元，而西部地区却只有22.6万元[127]。同样在城市，社区图书馆和专业图书馆也面临着发展的瓶颈问题。资金不足，空间有限，以及网络等新兴媒体对中小型图书馆都造成了强有力的冲击。

在数字化时代，许多中小型图书馆还在为能否生存而挣扎，传统的资源、经费、人员等问题尚未得到解决，中小型图书馆已不折不扣成为了图书馆界的弱势群体。综上，本章将中小型图书馆的危机管理作为一个独立的部分，为了更真实反映当前我国中小型图书馆的现状与问题，本部分主要关注我国中小型图书馆在数字时代面临的危机。

6.1　中小型图书馆及其危机特征概述

6.1.1　定义

任何科学的探讨，必须建立在对基本概念有明确的定义和严格的界说之基础上。中小型图书馆是一种按规模定义的图书馆类型。根据国际图联组织（IFLA）的定义，如果按藏书规模划分图书馆，可分为：大型图书馆——藏书在 100 万册以上，中型图书馆——藏书在 50 万册至 100 万册之间，小型图书馆——藏书在 50 万册以下。这里所讨论的图书馆，即指藏书量在 100 万册以下的图书馆。这类图书馆，主要包括市县级以下的公共图书馆、中小规模的高校图书馆、科研机构图书馆、企业图书馆、机关图书馆、中小学图书馆和民营图书馆等。其中，公共图书馆系统内的乡镇图书馆和城市社区图书馆以及科研院所、机关团体等专业图书馆是中小型图书馆的主体。

6.1.2　特点

与大型图书馆相比，中小型图书馆具有鲜明的自身特点，具体表现如下。

①数量大、分布面广。以公共图书馆为例，我国独立的公共图书馆分为四级，分别对应四级地方政府：省（自治区、直辖市）级图书馆、地（市）级图书馆、县级图书馆、乡镇（街道）级图书馆。

其中，市县级以下的中小型图书馆在全国公共图书馆数量中约占到85%以上[128]。

②服务基础化。尤其是中小型公共图书馆，多为基层组织和读者服务，基础性服务是主流特征。

③附属性强。除中小型公共图书馆外，其他类型中小型图书馆多附属于特定的机构，有专门的读者群。

④文献专业性强。尤其是中小型专业图书馆，受母体机构的影响，资源重点为所在机构的科研专业方向。

⑤以单一学科为主流专业，服务针对性强。

⑥管理多元化。

⑦信息技术应用不足。

⑧各地区发展不均衡，发展水平参差不齐，等等。

6.1.3 中小型图书馆的危机特征

6.1.3.1 后滞性

中小型图书馆处于图书馆系统的末层，危机的振荡从顶层开始向下传动，因此大型图书馆往往是最先感受到危机。此外，由于人员等多方面原因，中小型图书馆对危机的嗅觉不灵敏，预测和捕捉危机能力不强，具有后滞性。

6.1.3.2 隐蔽性

中小型图书馆尤其是机构内的中小型图书馆读者对象稳定，当大型图书馆从多样的读者对象中捕捉到危机信息时，中小型图书馆稳定的读者群容易对危机有所屏蔽，造成没有危机的假象。另外，中小型图书馆多分散在不同系统内，多有母机构庇护，对危机反应迟钝。

6.1.3.3 同行冲击大

中小型图书馆的危机不仅来自外界社会的压力，更多还是来自同行的冲击。大型图书馆由于人员素质相对高，资源与经费相对充足，面对社会和读者有更强的适应性，针对读者不论从资源还是服务都能有较快的跟进与更新。很多读者在比较之后，经常会舍弃常接触的中小型图书馆而选择大型图书馆作为信息源，同行的竞争给中小型图书馆带来危机。

6.1.3.4　长期性

中小型图书馆的危机多为日积月累，尤其是内部危机，一旦存在并爆发，受自身人力、经费等多方面限制，短时期内难以克服。

6.2　中小型图书馆的危机现状与危机类型

为了对我国图书馆面临的危机情况进行了解，课题组于 2008 年年底发放了调查问卷，共回收 579 份。为了有更直观与清晰的阐述，将以本课题组发放调查问卷的统计结果为参考进行分析。将已有的问卷进行筛选，对中小型图书馆的问卷进行统计。筛选以馆藏为标准进行。共筛选出 112 份中小型图书馆调查问卷。下面的统计样本即为本课题组回收的 112 份中小型图书馆调查问卷。

对中小型图书馆馆馆员的调查结果显示，图书馆馆员们认为目前中小型图书馆面临的危机主要有管理危机、人才危机、文献资源危机、经费危机、服务危机、技术危机、基础设施危机和生存与发展危机，等等。其中，被公认为最严重的就是人才危机、经费危机和文献资源危机，如图 6－1 所示。

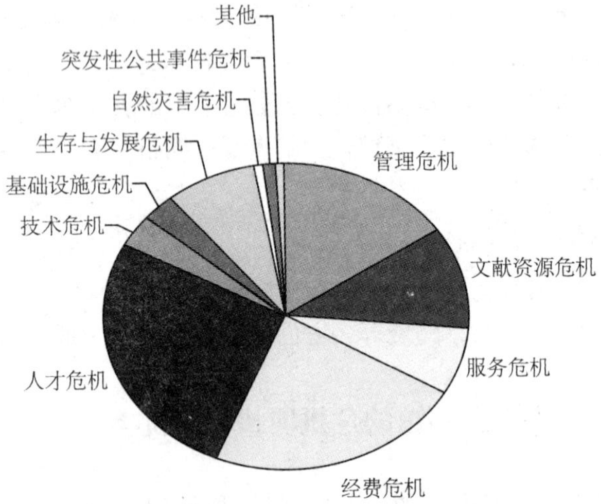

图6－1　图书馆面临的危机调查

在对压力调查中，更多图书馆馆员认为未来的发展压力更多集中在服务、经费和人员上，如图6－2所示。

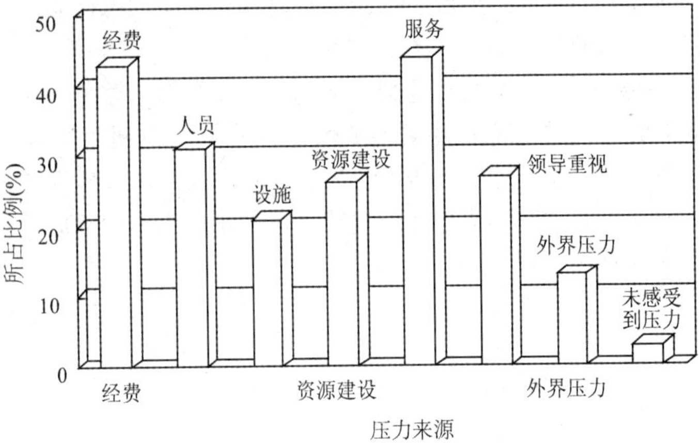

图6－2　图书馆的压力来源

6.2.1 管理危机

6.2.1.1 意识危机

19 世纪末，美国康奈尔大学曾经做过这样一个实验：把一只活蹦乱跳的青蛙猛然丢进正在沸腾的油锅中，青蛙马上就感到了危险，拼命一纵便跳出锅，安全逃生。实验人员又把这只青蛙放到冷水锅里，然后慢慢加热。青蛙一开始在锅里畅快地游来游去，毫无戒备，一段时间后，锅里的水温逐渐升高，青蛙熬不住要逃生时，却为时已晚，最后被活活煮死。这个实验警示了中小型图书馆：危机是一个事件，也是一种常态。防范后者，树立危机意识则为必然。危机意识实际上是一种预警信号，其深层含义是预警意识和进取意识。中小型图书馆应保持警惕的状态，保证进取的姿态，以此应对潜在危机，防患于未然。中小型图书馆的意识危机体现在两方面：其一是危机意识淡薄；其二是图书馆馆员自轻自贱图书馆工作。没有危机意识才是最大的危机。

具体而言，危机意识包括安全意识、服务意识、责任意识、预防与避灾意识、自救意识和合作意识等。时刻保持危机意识能保证事业的长久生命力。在图书馆界，有名的危机意识案例是欧洲数字图书馆计划。2004 年 12 月 14 日，Google 公司宣布推行数字图书馆计划，在 6 年时间内，将 1500 万册、共计 45 亿页左右的印刷书籍数字化。当国内图书馆界及信息情报服务界为世界文化遗产全球广泛共享之夙愿的达成而欢欣鼓舞之时，以法国为首的欧洲图书馆界却敏锐地看到了其中隐藏的危机。他们对于由此而可能引发的英语语言霸权的扩张、文化趋同化对世界文化多样性的破坏以及商业利益驱动下，对公众文化利益的剥夺等方面进行了深入的思考和探讨，并迅速联合起来，展开了积极应对，其中重要的举措就是欧洲数字图书馆计划[129]。应该说，中小型图书馆面临的危机更复杂，甚至直接关系到中小型图书馆的生存问题。只有时刻保持危机意识，才能在危机面前有敏锐的嗅觉，才能有效规避危机，促进发展。

如前文所述，中小型图书馆的危机具有隐蔽性和后滞性，同时由于有母机构的庇护，导致图书馆自身缺乏危机意识。这种特征使得中小型图书馆危机意识淡薄，有35%的被访者表示不太了解甚至从未听说过图书馆危机。

此外，图书馆内部有相当的工作人员，特别是一些毕业时间不长，又有一定专业技术知识的年轻馆员，存在着一些消极悲观和传统的思想认识，他们认为图书馆工作是为他人做“嫁衣裳”的，从心理上低人一等。而一些年岁较大的馆员特别是男性馆员，看到自己昔日的同学同事在其他行业发展很好时，也觉得心里上不平衡，从而产生了心理危机，影响了自身价值的实现和图书馆事业的发展。

美国社会心理学家阿伯拉罕·马斯洛指出，人除了基本的、低层次需要之外，还有两项高层次的需要，即尊重与自我实现。这两种需要与每个人所从事的工作和所取得的成绩有着莫大的关系。然而，图书馆处于社会文化的边缘位置，社会地位较低，其经费、福利、职称、住房、晋升等问题得不到广泛的重视，使得许多图书馆员的自我价值得不到实现，灰心丧气，人心不稳，产生倦怠情绪，引发图书馆馆员意识危机。

中国人力资源开发网联合国内众多知名媒体进行的《首份中国“工作倦怠指数”调查报告》[130]的研究结果显示，中国职场有超过61.20%的人士有情绪衰竭现象；个人成就感维度方面，42.30%的被调查者成就感并不是很强，只有3.60%的对自身的评价较高，具有较高的成就感，并认为自己能有效地胜任工作；在人格解体这一维度上，有45.16%的被调查者得分比较高，只有32.50%的得分较低；而如果以任何一项指标出现就认为其具有轻微职业倦怠倾向作为标准的话，那么就有70.00%的被调查者出现了轻微职业倦怠，如果以工作倦怠的二项指标出现作为中度职业倦怠的标准，则有39.22%的被调查者有中度职业倦怠，如果以三项指标均出现为重度职业倦怠，则有13.00%的被调查者符合这一标准，而且，这些统计结果显示，女性职业倦怠的比例与程度明显高于男性、高学历人士职业倦怠的比例与程度大大高于低学历人士。

上述数据是我国到目前为止抽样范围较大、代表性较强、统计较为全面的包括所有从业人员的职业倦怠的总体情况，而整个图书馆行业的情况比此要严重一些。俄罗斯的调查表明，大约有25%的图书馆馆员觉得心里不平衡或失调；美国的研究显示，有45%的图书馆馆员对图书馆工作不满意，有20%的图书馆馆员有严重的精神紧张和焦虑状况[131]。

科技发达、经济发展水平高、法制化程度高，对服务性行业的歧视相对较弱的发达国家尚且如此，我国图书馆馆员的状况就更要严重一些。我国有研究者对其所在地区的高校图书馆和部分社区图书馆的图书馆馆员进行调查[132]，发现竟有近85%的馆员存在不同程度的意识危机；当问卷调查中问到“如果有机会换工作是否愿意改行”时，竟然有80%的图书馆馆员选择了“愿意”和“非常愿意”。这些研究数据表明，图书馆馆员对图书馆职业缺乏认同感和归属感，大多数图书馆馆员是在不情愿或无可奈何的情况之下从事着图书馆工作，这种状况对图书馆的工作绩效和馆员个人的发展都是极其不利的[133]。

6.2.1.2　管理危机

管理贯穿于整个业务系统，是图书馆网络的神经系统。管理涉及多方面，经费、人员、馆藏空间等都需要管理，目前中小型图书馆在管理上存在诸多问题，始终停留在传统、机械、呆滞的管理阶段。没有科学的发展目标和规划蓝图，没有正确把握发展的切入点，图书馆的发展步伐始终迈不开。内部组织结构已经不能适应现代化管理要求：一方面在用人机制和分配机制上缺乏自主权，难以实现优化配置，没有体现公平合理性；另一方面，管理模式粗放，缺乏明确细致的管理流程和制度，经费使用随意性强，缺少规划“重藏轻用”，重视投入和建设，不重视产出和效益。

此外，从管理机制上讲，还有相当批量的中小型图书馆，尤其是中小型公共图书馆缺乏长效机制，不能充分发挥传播教育的功能。有学者指出，约有一半以上村落、社区图书室、阅览室处于半开半闭状态。这些现象在全国农村具有普遍性，如经济发达的宁波市，自2005年起把文化建设重点放在村级，村落、社区均建起了综合文化宫（楼、室）和图书室、阅览室等设施，数量达4000多个，一度为繁荣农村群众文化、普及文化设施起到了很好的作用。但由于缺乏一整套行之有效的管理制度，至今约有40%的村落图书室处于半开半闭状态，有的成了“开关室”，有的成了应付上级检查的摆设。又如江西省新干县，该县有147个村委会，1000多个自然村，仅有43个村建有图书室。然而就是如此比例的村图书室，有实际应用价值的恐怕还要大打折扣[134]。

在零点调查与指标数据发布的《2005年度中国公共服务公众评测指数报告》中，农村地区的公共图书馆得分为24.89分，仅为城市得分的35.81%。而且公共图书馆在农村的普及率仅为5.9%。90.3%的农村居民表示当地没有任何可供借阅图书或是音像资料的公共图书馆。2002年，全国2860个县中有121个县无图书馆，225个县图书馆无馆舍，约有300个县馆全年购书经费为零，年购书不到500册的县图书馆，全国约有600个。2002年，全国县级公共图书馆数量占到了全国公共图书馆总数的83%，从业人员数量占到了全国公共图书馆从业人员总数的46.5%，但是，来自政府的经费数量只占全国总数量的25%。县级图书馆的状况尚且如此，农村乡镇图书馆的发展更不乐观。据悉，我国现有3000多个乡镇没有文化站和图书馆，现有的40000多个文化站和图书馆中约有1/3名存实亡，处于瘫痪、半瘫痪状态。乡镇图书馆多数附属于乡镇文化站，没有专门的建制。大部分乡镇图书馆都不能按照公益图书馆的模式运转[135]。

出现这些现象，除了一些乡镇（街道）、村落、社区的图书室、阅览室建立时一些领导对建设文化设施目的不明确，往往是为了应付上级检查验收或出于政绩等因素外，最主要的原因是政府、文化主管部门缺乏长效机制。

6.2.1.3　空间危机

空间问题包括两方面：一是馆藏书库空间难以满足印本书刊增长的需求；二为阅览空间被挪做他用。

大多数中小型图书馆缺乏明确的书库调整方针，只有在书库紧张时才对藏书进行剔旧。据调查，只有 24% 的中小型图书馆有定期调整书库的方针，以此保证新购置文献的及时入库和利用，如图 6－3 所示。

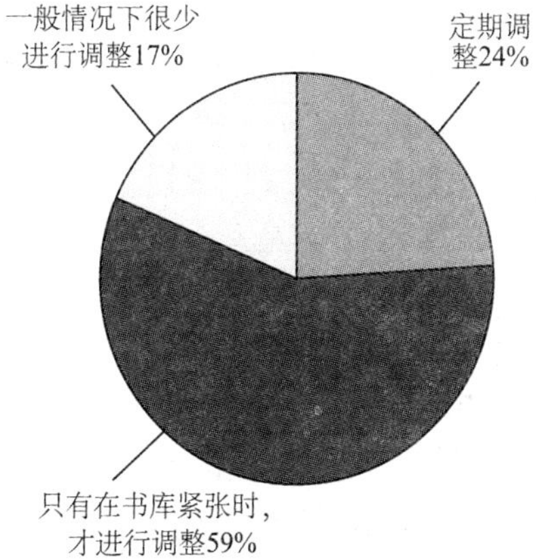

图 6－3　书库调整情况

此外，当大型图书馆如雨后春笋般忙建新馆的时候，中小型图书馆却面临馆舍面积被压缩的困扰。很多乡镇图书馆和社区图书馆没有固定的馆舍。一个房间，几张桌子，几个书架，几张报纸，就是一个图书馆了。阅览面积狭窄，阅览座位少，阅览室环境简陋是普遍存在的问题。

天津阳光 100 国际新城小区的图书馆就是一个例子。该小区的图书馆是天津市图书馆在社区内设立的首个分馆，曾经获得文化部的很高评价，上过中央电视台的新闻联播。但是现在却被物业变成了烧烤店。隐身在烧烤店里的图书馆，不仅小到仅仅撑住门面、应付检查，而且据业主描述，门上的大锁也让他们很难享受看书的乐趣[136]。

北京团结湖社区图书馆 2004 年建馆时面积近 300 平方米，有 10000 多册藏书，而如今团结湖街道图书馆的左右两侧却被建材公司等单位“占据”，对读者开放的只有一间二三十平方米的套间[137]。

还有被誉为“在中国乡村文化界堪称第一”的“中国乡村第一图书馆”——云南省腾冲县和顺乡图书馆。这个偏僻乡村的图书馆是在“五四”新文化运动的影响下于 1928 年由当地旅缅华侨捐建的，胡适先生曾经亲自为它题写馆名，在中国乡村图书馆堪称独一无二。现如今却被圈进了旅游区，要进图书馆，先买旅游区的门票。进到图书馆后，最显眼的位置摆的是“售书专柜”，图书馆的情况是外借处不开门，阅览处没有人，书架挂着锁，唯一有人的地方是“共享工程”装备起来的一个电子阅览室，事实上已经变成了网吧。这就是一个具有近 80 年历史的中国乡村图书馆在 2006 年时的现状。也是相当一部分中国乡镇图书馆现状的缩影和写照[138]。

图书馆本身不具有赢利性，当建筑空间有限时，一些机构更多是牺牲图书馆的阅览空间满足其他部门的需求，特别是在网络环境下，到馆读者日益减少，图书馆又不能将阅览空间加以有效利用，因此便成为空间被压缩的首要对象。

6.2.2 人才危机

在问卷调查过程中，被访者一致认为人才危机是当前制约中小型图书馆发展的瓶颈问题，主要表现为专业人员紧缺，人才培养机制不健全，人员结构不合理和人才外流。人才危机具体又分为人员本身素质和人员再教育两方面问题，课题组问卷调查结果显示有 76% 的图书馆反映图书馆无人事权，人才引进机制不健全。

从整体上看，由于体制等原因，现阶段我国图书馆从业人员总体素质较低，社会地位不高。据广东12所高职图书馆调查数据显示，有50%的图书馆目前没有高级职称；浙江19所高职馆调查显示，本科毕业生只占到26.2%；另据安徽省32所高职馆调查显示，共307名工作人员，其中本科文化水平的69人，高级职称24人，分别只占到22.4%和7.8%，没有职称的达152人，占总人数的49.5%，这与《普通高校图书馆规程》相差甚远，这种情况致使大部分人只能从事传统图书馆的流通阅览工作，而能够从事科研、咨询、情报信息开发、网络信息服务的人才偏少，计算机应用水平不高，无法适应高职图书馆现代化发展的需要[139]。中小型图书馆经济收入有限，工作繁琐，进修和提升的机会偏少，难以吸引和留住高学历、高素质和有其他专业背景的复合型人才。这种局面即使在人员素质较高的高校图书馆和专业图书馆中也普遍存在着，以致有些博士、硕士研究生也仅仅把图书馆作为出国和“跳槽”的踏板对待。不少著名院校的图书馆专业本科生绝大多数都改考其他专业的研究生，这也加剧了图书馆高层次人才的短缺危机。

人员素质普遍不高和缺少高水平的专业技术人才，严重地制约和限制了图书馆的发展。而反观英美等国，图书馆的执业资格都有着严格的限制，如英国大学图书馆的资格馆员必须有两个以上的学位，其中一个是专业学位，相应的待遇也较高。

在馆员再教育方面，中小型图书馆目前也缺乏明确的再教育方针。虽然也强调人才的引进和培养，但是却没有形成对人力和智力投入、产出、创新和发展的思路。另外，中小型图书馆长期忽视成本管理，不讲究投入产出，缺乏明确的激励机制，没有合理的分配制度。调查结果显示，被访的中小型图书馆中只有7%有合理的分配制度。

6.2.3 资源危机

6.2.3.1 文献资源危机

文献信息资源是图书馆提供文献信息保障能力的物质基础，也是读者利用图书馆的根本所在。缺乏完整的信息资源保障体系将导致图书馆失去吸引力，在日趋复杂激烈的竞争中就会失去竞争力，就有可能被其他信息情报机构所取代，而逐渐地被边缘化并最终失去存在的价值，导致生存危机。

目前，中小型图书馆存在着印本馆藏不足、资源结构不合理、电子资源匮乏、缺乏数字化服务支持技术等问题。究其原因，一方面是经费与人力不足，难以满足读者日益增长的文献需求，导致资源不足；另一方面，也和图书馆本身的馆藏发展机制不健全有关。在被访图书馆中仅有33%的中小型图书馆能通过各种渠道征求各学科专家与读者对资源建设方面的建议和意见，定期召开各种形式的资源建设论证会，以此完善资源采购策略。由此可见，中小型图书馆还存在着资源结构不合理，部分资源浪费的现象。

以湖北省高职高专图书馆为例，尽管高等职业技术学院图书馆在近年来取得了突飞猛进的发展，但在高校图书馆整体发展上，高等职业技术学院图书馆仍处于末端位置。有学者统计，全省35所高职高专图书馆总藏书量为835.62万册，平均藏书量为23.87万册/所，生均占有图书34.8册；其中印刷本藏书总量为712.34万册，平均量为20.35万册/所；35所高职高专图书馆2005年总经费为2119.63万元。平均馆用经费为60.56万元/所。每年真正用于购置图书的经费不足40万元/所。以上数据说明高职高专图书馆经费拮据。投资不足，文献购置费占学校教育事业费比例低，增长幅度过小，这些是导致馆藏不足的主要原因。例如，某高职图书馆，馆藏总量不足20万册，其中有过期教材、捐赠图书及特价图书，真正能够利用的仅有一半。而根据高职高专人才水平评估指标体系要求，在校生生均占有图书为60~80册，多数学校尚未达到“合格”等级标准。更为严重的是，高职高专图书馆在有限的馆藏文献中，有相当一部分是特价图书、教材或过时旧书，利用价值不大；专业图书有近一半根本无人利用，六成以上的公共图书资源处于沉睡状态。一方面存在经费紧张的问题；另一方面又存在严重的资源浪费[140]。还有浙江省高职院校图书馆调查显示，生均藏书仅有42.2册，与全国高职院校测评最低指标相差1/3，距《普通高校图书馆规程》指标相差一半多。再如2003年浙江省近50所高职院校中，有近1/3的图书馆文献收藏量达不到生均45册的底线，被黄牌警告，有近2/3的图书馆馆藏文献不足10万册[141]。

资源危机在中小型公共图书馆身上体现得尤为突出。有些县级图书馆购书费、业务费少得可怜。一些农村图书馆为了节约经费，甚至以盗版书作为购买的主要对象。据文化部统计，2004年全国人均公共图书馆购书经费0.33元，安徽省仅为0.058元，安徽霍邱县人均只有0.0033元。但霍邱县的情况还不是最惨的，2003年，全国有534个县级公共图书馆没有一分钱购书经费，占当年县级图书馆总数的23.8%；2004年扩大到720个，占32.5%。从区域看，无购书经费的县级图书馆80%在西部；从省区看，有4个省区超过50%的县级图书馆无购书经费，有7个省区40%~50%的县级图书馆无购书经费。缺少购书经费使县级馆没有持续稳定的文献资源补充，大量图书馆逐渐“空壳”化。山西朔州市朔城区图书馆一年只有5000元购书经费，用这笔钱订了11份报纸和一些杂志，新书已多年未进。有学者在号称4万多册的藏书中游览，看到的都是20世纪出的书，许多书黑乎乎的，有的还用胶条粘补[142]。

6.2.3.2　经费危机

经费问题是当前中小型图书馆面临的最大问题。以农村图书馆为例，2002年全国县级公共图书馆（以下数字均指县级图书馆）购书费占总支出比重为9.8%，31个省市中低于此平均数的有19个，其中山西、甘肃两省不到3%，东部沿海则多在10%以上；相当部分省市的县级图书馆年平均购书费在减少。青海省甚至低于1979年的1.1万元，下降至0.2万元；平均每馆新购图书0.13万册，低于平均数的省份有17个，山西、贵州、青海为0.02万册[126]。全国每个农民一年只能享受国家财政1.48元的文化投入。3.8万个乡镇中有2.7万个文化站需要新建、改建，全国公共图书馆人均藏书量仅为0.38册，远远低于国际图联人均1.5~2册的标准[127]。

印本资源和数据库的价格不断上涨，经费却停滞不前，使得图书馆越来越难以满足读者的信息需求。特别是一些中小型公共图书馆，长期以来，当地政府在对待中小型图书馆的建设和发展过程中，存在着严重的意识观念和倾向理念的差别，各级领导往往只注重于大城市和高校大型图书馆的投入，忽视了对中小型图书馆特别是县级以下图书馆的支持，尤其在经济欠发达地区更为明显。调查结果显示，政府或机构投入减少是中小型图书馆运营过程中的主要危机来源。资源危机在中小型公共图书馆身上体现得尤为突出。据北京大学李国新教授在2005年中国科协学术年会上介绍，占全国24%的700多个县市图书馆没有一分钱购书费，这些县级图书馆主要集中在中西部地区。甘肃省80%的县财政对于图书馆的拨款仅限于保障工资，基本无事业经费。有42个县市级馆没有购书经费，长年不购一本新书，导致县市级图书馆成为制约我国公共图书馆发展的瓶颈[143]。

在图书馆的经费配置上，我国还存在着地区差异大的问题。2005年，东部地区平均每馆获得的财政拨款有80.5万元，而西部地区却只有22.6万元。东西、南北发展差异大，在东部地区的乡镇（如长江三角洲）、村级（如深圳市）以及苏南地区的乡镇图书馆都已比较发达，如2002年广州市属12个区县图书馆总经费达1300万元，全年购入新书9.2万册，5.2万种，期刊4265种，报纸1033种；平均每馆年购新书0.8万册；区县图书馆总藏书达153万册。与此相对应，一些经济欠发达地区图书馆发展现状令人堪忧，如对湖南省几个县级图书馆的调查显示：湘乡县共有90万人口，人均购书经费只有3分钱。部分图书馆一年只购买了几十本书。衡阳市江东区、衡山县以及安仁县图书馆2002年的新购书数为零。县馆如此，更别说乡镇级、村级图书馆了[144]。近年来，随着图书馆共建共享工程的开展，一部分图书馆的经费紧张问题稍有缓解，但由于缺乏政策和体制上的保护，根本问题尚未得到解决，后续发展仍令人担忧。

即便是在同一区域，发展水平同样不平衡，如被划归东部地区的河北省，2005年县级公共图书馆平均每馆财政拨款仅为14.9万元；而北京、上海达到了400多万元；同属于西部地区，2005年四川省县级公共图书馆平均每馆财政拨款为26.9万元，而青海省却不及四川省的一半[127]。

6.2.4 服务危机

服务是一个大的范畴，对图书馆而言，服务包括服务内容、服务态度、服务手段、服务项目等方面。中小型图书馆普遍缺乏有效的管理和监督机制，服务质量整体不高，人员素质有待加强，服务方式需要改进。传统意义上的图书馆服务问题多指图书馆馆员的服务态度，随着网络化的趋势日益明显，图书馆到馆读者越来越少，面对面的交流相应减少，服务更多地强调服务内容和服务手段的多样化，能否满足读者的需求是服务的关键。目前，中小型图书馆面临的服务危机主要是对读者需求的满足程度不高，服务跟不上读者需求的增长，只有8%的被调查图书馆表示能很好满足读者需求，如图6-4所示。此外，网络服务手段是否完善也是反映图书馆服务质量的一大重点。调查结果显示，目前中小型图书馆尚存在着检索界面不友好、检索途径单一、不提供跨库检索、响应速度较慢等网络服务问题。

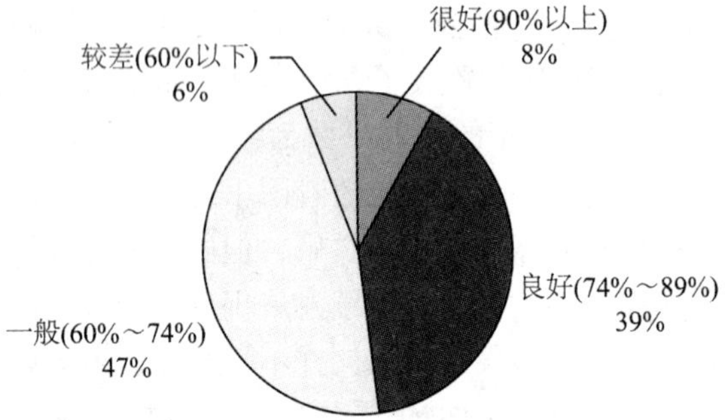

图 6－4　读者需求满足程度

6.2.5　读者危机

随着网络与数字技术的发展，传统的图书馆功能被弱化，特别是一些机构内图书馆，读者素质高、对新技术接受速度快、网络的方便与快捷使得固有用户开始更多依赖网络和数字资源查阅文献，到馆读者日益减少，图书馆在母机构和读者心中地位降低。

读者危机同样也是目前困扰中小型图书馆特别是中小型公共图书馆的一个主要问题。图书馆建起来了，读者人数却寥寥无几。究其根本原因是图书馆缺乏宣传，资源不能吸引读者。以北京地区为例，如 2004 年建馆的团结湖社区图书馆，大部分时间图书馆内除一名管理员外空无一人。与之对应，社区里人来人往，居民或下棋，或闲聊，或在馆前的长椅上闲坐。还有尚都国际中心图书馆是针对 CBD 地区的文化创意产业而设，有图书 3000 册、期刊 60 多种，以港台及国外出版物为主，馆内有舒适的沙发、崭新的桌椅，设有多媒体设备，可供读者观看广告、动漫 DVD 等资料片，还有一个整洁漂亮、电子设备齐全的小型报告厅。图书馆设在热闹的尚都国际中心写字楼内，但所处位置十分隐蔽，在写字楼入口也没有明显的标志，馆内除了两名管理员外空无一人。几个写字楼的服务人员和上班族都表示，并不知道楼内有图书馆。还有同样是近年重点建设的社区图书馆项目，麦子店外文图书馆以外文图书为主，馆内舒适的沙发、安静的隔间和简约明快的现代装饰使图书馆少了严肃冰冷，多了些温馨、轻松的感觉，相比传统图书馆都有不少改变。但只能在馆内阅读，不能外借，据了解，这里除附近少数中老年读者外，一样面临着读者稀少的尴尬局面。这样门庭冷落的情况在北京乃至全国的很多社区图书馆都普遍存在[142]。

6.3　中小型图书馆应对危机的外部措施

从大环境说，中小型图书馆的发展不仅需要自身调整，更需要国家与社会的关注与扶持。按照我国目前的国情，大型图书馆固然必不可少，但是中小型图书馆由于具备贴近读者的优势，更能发挥其服务大众的功能。从可持续发展的角度出发，应营造有利于中小型图书馆的外部环境，提高中小型图书馆的社会地位，调整中小型图书馆在社会分工中的定位。通过强化社会与中小型图书馆母机构的危机意识，从政策和法律上给予中小型图书馆保障，推动联盟合作机制的建立，帮助中小型图书馆走出困境，拥有更大的发展空间。

6.3.1　强化危机意识

中小型图书馆依附于母机构或上级政府，自身缺乏自主权，未来的发展更多需要管理层的重视。因此，提高上级机构的重视力度，强化其危机意识是中小型图书馆应对危机、谋求发展的重要措施。

信息社会的主导产业是知识产业，信息和知识在社会经济发展中起着决定性作用。中小型图书馆作为交流信息、传递知识的主要阵地将更加深入社会生活的各个领域，与各行各业息息相关，对社会发展起着重要的作用。社会应强化对中小型图书馆的危机意识，加大对其扶持力度，为中小型图书馆发展提供更多的支持和保证。

政府和相关主管机构应制定相应的制度保证、组织保证、经费保证、政策保证、机制保证等措施，保证中小型图书馆的正常运转，其中财政保证措施最为重要。建议设立专门的“中小型图书馆建设基金”，专款专用于图书馆建设。同时对经费的使用进行监督，保证经费真正用到中小型图书馆发展的实处。

同时，中小型图书馆自身也应正视危机，时刻保持危机意识，建立危机处理机制，事前预防，事中控制，事后恢复，将危机变为正向发展的动力，敢于突破与创新，在危机中寻找发展的机会与动力，实现新的飞跃。

6.3.2 政策和法律保障

政策和法律是事业发展最有力的保障。图书馆作为公益性和社会性的组织，发展离不开政府政策和法律的支持。图书馆法是图书馆事业健康发展的根本保证。目前，国外发达国家大部分都在政府主导的原则下，以法律的形式确立了公共图书馆服务网络运营的规范体制，为公共图书馆服务的延伸提供了法律依据，也为图书馆的持续性发展提供了保证。例如，英国 1964 年的《公共图书馆与博物馆法》是目前英格兰和威尔士地区公共图书馆建设的基本依据，规定向民众提供全面高效的公共图书馆服务是地方政府的法定责任；挪威公共图书馆的建设依据是 1935 年制定、1985 年增补、1993 年和 2003 年修订的《挪威图书馆法》，要求将图书馆建设标准（一市一馆）和公共图书馆服务体系延伸到了非常小的社区；澳大利亚的塔斯马尼亚州 1867 年通过了《公共图书馆法案》，新南威尔士州 1867 年通过了《城市法》，维多利亚州 1885 年通过了《免费图书馆法》；1994 年制定的《图书馆与读书振兴法》是当前韩国公共图书馆事业发展的依据；日本目前公共图书馆的建设依据是 1950 年通过的《图书馆法》及相关标准；印度目前的 35 个邦和直辖区，有 11 个通过了本地区的公共图书馆法。

相比而言，目前国内多数公共图书馆延伸服务体系的建设实践是在政府的文化工程方案和相关文件条例下推进的，缺乏国家各级政府从立法的层次和角度制定的纲领性文件。政府对图书馆事业予以政策和法律的支持，能够有力地促进我国图书馆事业的长久发展，也是为人民群众从图书馆获取知识、信息、享受文化服务提供保障。这种支持对中小型公共图书馆的发展意义尤为重大。国外的公共图书馆的实践经验和国内的试点成果充分证明了公共图书馆的发展需要政府主导，公共服务的实效延伸需要财政支持。行政主体的责任落实和政府资金的有效投入是服务网络能否真正向基层社区民众延伸的关键。而且这种保障和支撑要顺应国际潮流，用法律的形式确立，以规范的制度推进，通过合理的管制，运用科学的评估，真正实现“政府埋单、社会投入、民众共享”[145]。

6.3.3　推动合作联盟机制的建立

图书馆联盟是以实现资源共享、利益互惠为目的，受共同认可的协议和合同制约的联合体[146]。区域图书馆联盟是同一地区的各类型图书馆联合起来建立的图书馆协作组织。各成员馆处于同一地区，有共同的社会、经济和文化背景，具有相近的需要，为地方服务。这种联盟主要为本地区提供馆际互借、文献传递、联机编目、参考咨询等项服务。

目前，国内已有一些成型的图书馆联盟。以 CALIS 为例，它采取的是严密的 4 层组织形式，4 个全国中心，8 个地区中心，15 个省级中心。目前，CALLS 已经有 500 多家成员馆，除近 100 所的“211”高校馆，中小型成员馆还是占了 4/5，是联盟中不能忽略的部分[147]。数字时代推动图书馆合作联盟机制的建立对中小型图书馆意义重大。图书馆联盟在为用户提供更多的信息资源、进行图书馆馆员培训和发展教育、用户培训等方面所具有的功能将远远大于单个机构（成员馆）所具有的功能，因此加入到联盟中，对中小型馆的服务和业务来说，无疑是有了更加广阔的平台。

图书馆联盟实为我国“文化共享工程”的一部分。全国文化信息资源共享工程是由文化部、财政部组织并实施的国家级文化工程，通过对文化信息资源进行数字化加工处理与整合，建成互联网上的中华文化信息中心和网络中心，并通过覆盖全国所有省、自治区、直辖市和大部分地（市）县（市）以及部分乡镇、街道的文化信息资源网络传输系统，实现优秀文化信息在全国范围内的共建共享，满足广大人民群众日益增长的文化需求，整体提高文化资源的利用率[148]。政府应鼓励中小型图书馆参与到“文化信息资源共享工程”中，通过地区合作、馆与馆合作的方式，建立全国联网的资源共享体系，将中小型图书馆纳入到共享工程中，使图书馆的网络覆盖面遍及全国各地，甚至乡村。

6.3.4 建立援助机制

受空间限制，为了优化藏书体系，提高藏书质量，大型图书馆以及一些学校图书馆都要根据一些基本原则定期对现有资源进行审核、鉴定、复选、剔除。对内容陈旧、重复、复本量多的、利用价值小的信息资源和支持性信息资源需要更新换代的都要进行撤离、转移、注销[149]。这些书刊相当一部分被卖给了个体经营者，也有的被当做废品处理，造成了资源的极大浪费。与之相对应，一些农村特别是山区图书馆却面临资源不足的窘境，每年就连所购图书和报刊的数量都得不到保证。可以说边远贫困山区的人们基本处于“文化饥渴”之中。因此，建立援助机制，利用大型图书馆下架的资源，援建山区图书馆，不失为一项一举两得的方法。

目前，援建山区图书馆的工作已经得到海内外一些机构和个人的支持。从20世纪八九十年代始，公益组织和民间力量援建大批乡村公共图书馆和学校图书馆。海外基金会主要有美国加州圣峪中华文化协会、美国青树教育基金、海外中国教育基金会、滋根基金会等。其中，美国加州圣峪中华文化协会健华社的“中国乡村图书馆援助计划”，采取与当地政府共建的模式，有一套严格的申请和批准程序，是运作时间最长、最成功的海外基金项目，迄今已在19个省、市、自治区与当地政府共建92所图书馆[150]。国内一些有志于乡村基础教育发展的知识分子，通过各种方式在贫困乡村建立面向农民的图书室或学校图书室，如天下溪教育研究所的“乡村社区图书馆援助计划”，通过网络建立起报名、捐赠、援助等系统，到2007年4月底，已在全国20个省捐献187个小型图书馆[151]，还有《中国妇女》杂志社的“星星火阅览室”项目、中华文学基金会育才图书室工程等。同时，大学生支教组织在西部或边远乡村支教过程中也创办了图书室，如“灯塔行动”和“西部阳光行动计划”等。一些依托公交网站发起的捐书助教和建立图书室，如百草园公益图书馆项目、贵州人心灯图书室、微笑图书室，等等。2003年由一些热爱旅行的人士自发成立的微笑图书室，用4年时间已在14个省、市、自治区向78所学校捐献了4万多册图书[152]。这些民间公益力量的加入，对乡村图书馆特别是中西部贫困地区的乡村图书馆事业的发展，对于这些地区知识与信息贫乏状况的改善关系极大。以乡村图书馆建设为核心的农村民间扶贫活动成为农村智力扶贫中一支不可小视的力量[153]。

据一项对我国家庭收支的民意调查结果显示：在3000个家庭的收入支出中，用于购买书籍的支出大约占家庭总收入的1%，用于娱乐、休闲、应酬的占20%，用于生活开销的占35%，用于孩子上学的费用占20%，其他占24%；而进一步调查显示，在这1%的购买书款中，有一些是花在娱乐杂志上。另据《人民日报》2006年调查报道：2005年我国广义的国民图书阅读率为42.2%，而狭义的识字者阅读率为48.7%。在我国图书阅读者中，每人每年平均阅读图书4.5本。以城乡户籍划分，2005年城镇居民的读书率为58.8%，平均每人每年读6.4本书；农村居民的读书率为43.0%，平均每人每年读3.3本书[154]。居民尤其是弱势群体的精神文化极度匮乏，迫切需要得到社会的帮助与提升。

公共图书馆服务是一种纯公共文化服务，具有消费的非竞争性与受益的非排他性。尤其是县区一级公共图书馆，通过提供较多的公共物品性质的文化服务，如公共教育、公共体育、公共娱乐，为处于社会弱势的群体带去文化支持与精神慰藉，增强他们的生存技能和处事信心，从而为边缘化的社会群体融入主流社会灌注内在驱力。

6.4 中小型图书馆应对危机的内部措施

中小型图书馆的发展需要外部的推动，也需要内部的提高。中小型图书馆应以服务读者为出发点和归宿，将自身发展与本地区经济、社会、教育、文化等协调在一起，为本单位本地区的可持续发展服务。应理性地面对困境，找准并确立本馆的发展空间，打造特色馆藏，通过转型服务模式，实行总分馆制，建立多种办馆模式和人才激励机制，提高自身素质，朝可持续发展方向迈进。

6.4.1 打造特色馆藏

特色馆藏是指图书馆根据本地区的需要对某一领域、某一学科、某一专题、某一产品等特定方面的文献资料进行全面、系统的收集，形成向特定用户群体提供利用的馆藏。当特色馆藏在一个图书馆的藏书体系中占据绝对优势的时候，该图书馆也被称为“特色图书馆”。建立特色是打造品牌、化解危机的关键。

目前，国内已有一些中小型图书馆在建立特色方面走在了前列。例如，温州的“中国鞋都图书馆”是根据温州鞋业高度发达的经济特点而建立的，收藏文献内容涉及鞋业的技术、标准和发展趋势，建立网络提供鞋业的营销和需求信息，目前已与300多家制鞋企业建立了长期的合作关系，并有会员上千人，取得了显著的服务效益。为本地区经济、文化的发展起到了重要的作用，得到了社会的广泛认可和市政府领导的充分肯定与有力支持，现成为目前国内公共图书馆中效益最好的名牌特色馆之一，被誉为鞋业界人士不可缺少的教育基地和信息中心。中国鞋都图书馆的成功充分运转肯定了图书馆的社会价值，给我国中小型图书馆未来的发展带来了启示。建立特色资源，提供专业化服务是中小型图书馆未来的发展方向。

6.4.2　合理利用数字网络环境，转型服务模式

服务是图书馆的根本。图书馆的生存价值与社会地位是靠有为而治的。中小型图书馆只有保证服务质量，扩大服务内容，满足用户需求，才能在日益严酷的竞争中占有一席之地。服务要保证全方位，既要保证服务的态度，也应保证服务的质量。随着数字时代的到来，网络成为一把双刃剑，一方面给中小型图书馆带来威胁；另一方面，也为中小型图书馆提供了发展机会。中小型图书馆应充分利用数字网络环境，以用户为中心，提升服务手段，转型服务模式，开拓新型服务。在传统的借阅和阅览服务外，积极开展馆际互借、文献传递、联机编目等网络服务。尤其是中小型高校图书馆和中小型专业图书馆，应充分利用自身的技术和硬件优势，开拓新型网络服务。目前，已有一些中小型图书馆借助网络建立了交互式读者咨询服务系统，这将成为中小型图书馆参考咨询服务的新手段。通过利用 MSN、QQ 及 E-mail，实时为读者提供咨询服务。对读者提问的回答可以是直接的事实性、知识性的最终答案，也可以是印刷版、数字化的源信息的提示线索，或者是两者的有机结合。交互式读者咨询服务系统突破了传统参考咨询服务时间和空间的限制，为用户查找、获取本馆资源及网络资源指明路径，标志着中小型图书馆正在利用网上平台拓展自己的专业性服务[155]。

6.4.3　实行总分馆制

所谓总分馆制，是指一个中心图书馆与其领导的若干分馆构成的管理服务体系。分馆隶属于中心馆，其人事、财务、后勤等行政管理

以及文献采购、分编加工、典藏等业务管理都集中于中心馆，分馆不设行政管理人员，专门负责读者服务工作。实行总分馆制的主要目的是加强一个地区图书馆服务的统一管理协调，实现资源的合理配置。中小型图书馆可充分利用总分馆制的优越性，与本地区或本系统内的大型图书馆结合在一起，作为大型图书馆的分馆而发挥作用。

美国是总分馆制实行比较普遍的国家，体制较完备、技术较先进，类型有总馆、分馆、图书站、借阅处、汽车图书馆等，如芝加哥市图书馆下设80个分馆，洛杉矶设一市馆66个分馆。日本的《图书馆法》也规定建立总馆、分馆、图书停靠所、流动图书车4个层次的公共图书馆系统，服务区域为读者徒步10分钟以内就应找到一个图书馆。还有澳大利亚6个州分别实行的集中型和分散型服务模式，新加坡和韩国实行的高度集中统一的图书管理局和小型馆服务模式，加拿大实行的不同职能定位的省、市级分级责任服务模式，等等。此外，流动图书馆模式是总分馆建设的主要辅助形式，以延伸服务为主要目的，如日本和智利因为地理特征而大力发展的流动图书馆，保障偏远地区的服务体系建设。韩国提出了“554小型图书馆”、“微型图书馆”模式，延伸了公共图书馆向基层服务的重要触角。而我国香港中央图书馆也下设了67个分馆，台北市立图书馆也下设了37个分馆、9个民众阅览室[156]。

在我国，总分馆制的建议大约出现于20世纪80年代中期。1984—1985年，文化部“2000年中国的文化”研究项目，建议图书馆建制采取多种模式，包括区县图书馆分馆，一些城市的区、县图书馆和街道图书馆（室）成为市图书馆的分馆。目前，国内一些地区在实施总分馆制方面已经走在了前列，取得了宝贵的经验。苏州图书馆社区馆的模式是两级扁平结构，苏州图书馆对其分馆有较宽的权限，分馆的人员由总馆派出并通过“孵化”式馆员培训，总馆通过制定服务标准和监督，实现系统内“动态资产权”策略上的通借通还，保障了分馆读者享受和总馆同样的服务；嘉兴的“三级投入，一级管理”模式，在市、区/县和社区/乡村范围内建设起分馆，由市馆统一布局、资源采购、开馆时间、工作人员管理；广东流动图书馆由广东省政府主导，以自上而下全委托的形式开展，资产权属于省立中山图书馆，流动分馆的工作人员隶属于其依托的县级图书馆但专职服务于流动图书馆。杭州已着手构建三级公共图书馆服务体系，搭建杭州地区公共图书馆网上图书馆平台。目前，杭州地区已构建起一个中心馆——杭州图书馆，12 个分馆和 70 多个社区流通点的三级服务体系，对乡镇馆的延伸服务也正在考虑中。2005 年 1 月 12 日，首都图书馆与北京建工集团联手建立了北京第一个专门为民工开设的“工地图书馆”，即首都图书馆分馆[157]。2007 年 10 月，吉林省首家针对农民工群体设立的图书馆在长春市双阳区正式开馆，命名为“吉林省图双阳区太平镇农业科技分馆”。2007 年 12 月 18 日，湖北省武汉市硚口区图书馆以赠书共建的方式，在硚口区发展社区成立了湖北省第一个农民工图书馆硚口区图书馆发展农民分馆，等等[158]。

总分馆制对于中小型图书馆，尤其是中小型公共图书馆具有很强的适用性。总分馆制在业务上实行一体化管理，联合采编，通借通还，资源上可以共享，服务上进行互动，既能节约管理成本和人力成本，也能发挥各自的服务特色。目前，国内外都有很多成功的案例。正如苏州市图书馆馆长邱冠华说，“实行总分馆制是成本效益比较高的做法，不用付太多的‘学费’，就能做出成效来，并且能真正实现覆盖全社会的公共文化服务体系。目前，基层资金、人力资源都比较缺乏，是公共文化服务体系建设中的难点，实行总分馆制能较好地解决这个问题”[159]。

6.4.4 建立多种办馆模式

我国幅员辽阔，完全靠国家拨款建立中小型图书馆，经费和资源都很难供给。因此，可采取政府办馆为主，社会办馆为辅，采用多种办馆模式，构建我国中小型图书馆特别是中小型公共图书馆。文化部一项统计表明，至2004年为止，全国公共文化设施90%以上由政府埋单。对照美国，美国大约有2.5万个公共图书馆和8000多个博物馆、纪念馆和美术馆。其中，中央和各地方政府补贴的公共图书馆仅占10%左右，由政府资助的博物馆、美术馆3%都不到。绝大多数公共图书馆、博物馆、艺术馆由各社会团体、经济团体和个人举办的。再看日本，政府对公共文化设施的资助可以说到了吝啬程度，在全国大约2万个公共图书馆中，除了少数一些比较著名的大图书馆外，其余都是由社会各界捐建和资助的[160]。

我国可借鉴国外的做法，鼓励多渠道办馆，激励社会各界和个人参与包括构建图书馆在内的公共文化建设工作，形成公民参与公共文化建设的观念。

具体而言，可采用以下几种办馆模式。

①与企业联合办馆。由政府无偿提供土地，企业投资建馆，图书馆免费提供服务。

②小型公共图书馆与附近高校图书馆联合办馆。高校历来代表着当代的最高学术水平和发展方向，合作办馆将会提升小型公共图书馆的素养。目前，已有一些地区图书馆采取了这种合作方式，如2008年吉林省文化厅组织公共图书馆与部分高校图书馆在共建共享、共担责任、服务社会等方面进行了一些调查和研讨。东北师范大学图书馆开展了扶持前郭县、伊通县图书馆计划，为两县图书馆人员培训交流、书刊资料捐赠、信息技术支持、特色资源建设等方面提供了帮助，有效地提升了两县图书馆的整体水平[161]。

③利用华侨优势，发动海外华侨捐资兴办。例如，广东省的开平司徒司图书馆、关族图书馆、水口镇图书馆等华侨捐建的图书馆多年来一直得到海外侨胞的大力支持，为丰富农民的精神文化生活，提供知识、信息等方面发挥重要作用。

④鼓励个人办馆。鼓励热心公益事业的实业家以个人名义出资建馆，由出资者全权运作，在不影响公益服务的前提下，使投资者获取

合理的经济利益。社区居民只是图书馆的受益者，两相得益，各取所需。鼓励当地居民个人办馆。目前，自办图书馆已成为一股推进乡村图书馆发展的自发力量。见诸报端的乡村农民自办图书馆（室）不断涌现，四川的“光伟图书馆”、浙江的“向荣图书馆”等都是农民自办图书馆的代表[162]。多种办馆模式共存有效地繁荣了我国图书馆事业，能够大大缓解国家文化建设上的压力，不失为中小型图书馆未来发展的重要模式。

6.4.5　建立人才激励机制

知识经济时代馆员是图书馆最具生命力的源泉，是最活跃最有生气的要素，决定着图书馆工作的质量，影响着图书馆工作的效益，是图书馆事业的“灵魂”。美国图书馆的一项调查表明，在图书馆服务所发挥的作用中，图书馆建筑物占 5%，信息资料占 20%，而图书馆馆员占 75%。中小型图书馆应加大对人才队伍的建设。适时调整人员结构，制定人员标准，重视发展人员的再教育。同时，应在图书馆内部推行聘用制和考核制，引入竞争上岗机制，强化岗位责任制，人员报酬上实行激励机制，以此最大限度调度人员的积极性与创造性。

激励，就是激发人的行为动机，以促进个体积极地去接近和达到行为目标。图书馆最需要运用激励理论（又叫双因素理论，由美国心理学家 F. Herzberg 最先提出）对馆员进行激励。管理心理学的研究结果显示，一个人的工作成绩、能力、动机激发程度三者之间的关系是：工作成绩 = 能力 × 动机激发程度。这就是说，一个人工作成绩的大小，取决于他的能力和动机激发的程度。能力越强，动机激发的程度越高，工作成绩就会越大。能力稍差，可以用较强的动机激发去弥补；能力再强，动机激发程度低，也得不到什么工作成绩。美国哈佛大学著名心理学家威廉·詹姆士在研究中发现，按时计酬的分配制度，仅能让员工发挥出 20% ~30% 的能力，但如果予以充分激励，则可以使其发挥出 80% ~90% 的能力[163]。

激励手段形式多样，但主要分为两大类：一类为功利型的物质激励，即以物质资源作为激励手段，具体表现在以工资、奖金、福利等形式，来满足员工的物质欲望；另一类为精神奖励，即以精神资源奖励作为激励手段，授予员工某种象征意义的评价符号，如表扬、表彰、荣誉、晋升、肯定、关怀、信任，等等。图书馆应在公平性原则的基础上，采取物质激励和精神激励相结合的方式，提高图书馆工作人员的积极性，促使图书馆馆员更好地发展自身的能力，提高综合素质。

第7章　数字时代图书馆危机管理系统

随着网络技术、数据库技术和信息组织技术的迅速发展，世界范围内的图书馆组织在21世纪的初期已全面迈进数字化时代，这个时代的信息传播有着显著的数字特征，即信息的泛在性和全球传播性；数字化内容与移动数字读取设备开始普及；网上资源服务呈现多样化与自助化；开放资源、开放内容蓬勃发展[164]。在这样的数字化环境下，图书馆组织已意识到传统的服务和发展模式已不能适应数字环境下读者的新需求，纷纷进行变革和创新式发展，有的已开始数字图书馆的建设，有的拓展了图书馆服务模式。但尽管如此，对于大多数图书馆组织而言，仍然面临着管理模式落后、资源闲置、读者流失等风险和危机。图书馆已不再被人们看做是信息需求的起点，也不再是信息或知识的唯一权威储存地了。图书馆组织面临的生存危机要求图书馆组织从管理、资源、服务、网络等方方面面把握危机。正如前面所述，图书馆组织应从各个方面深层分析危机成因，切实意识到并充分了解危机管理的重要性，建立图书馆危机管理系统，以做到事先预防、事后控制，在必要的时刻果断采取措施，解决危机，切实保障读者员工的生命财产安全和资源安全，最快恢复服务。

图书馆组织危机管理系统的建设体现在理论研究和实践两个方面。

在图书馆危机管理系统的研究成果方面，现有的研究已经形成了从分析危机管理的概念，到图书馆危机成因分析，再到建立图书馆危机管理预警系统的研究链条。在预警系统研究方面，现有的研究成果已不仅仅只关注建立一个计算机预警系统，同时强调了系统设计的重要性，指出系统设计应建立在危机分析的基础上，同时也开始注重指标体系的设计和危机预案的编制。例如，徐冰[165]指出为实现将危机导致的图书馆损失降到最低的目的，在建立危机预警系统之前，有必要全面清晰地分析图书馆可能发生的危机、导致危机发生的因素以及危机的表现形式；徐芳[166]等深入分析了现代图书馆面临的危机类型，设计了基于数据挖掘的图书馆预警系统；孙汝杰、郭宏伟[167]等借鉴企业管理中的危机管理理念和模型，在研究图书馆各种内外因素冲击和深入分析思考基础上，运用相关方法，设计了一套图书馆危机预警系统和危机评价体系；黄荣东[168-169]认为建立图书馆危机管理的预案非常重要，并提出按预警、预控、预处三个子系统来进行设计预案的观点；谢阳群等[170]提出图书馆危机管理计划制订的若干问题。

在图书馆危机管理系统的实践方面，各国图书馆逐渐意识到危机管理的重要性，编制危机预防计划，内容涉及各类危机的管理与处理方案。例如，1985 年苏格兰国家图书馆出版的 *Planning Manual for Disaster Control in Scottish Libraries*（《苏格兰地区图书馆灾难控制计划手册》）[171]，内容涉及图书馆危机管理的四大主题：安全制度，资源保存与恢复，安全保障体系，突发事件管理。它曾被公认为是图书馆防灾预案的范本。国际图联“馆藏保护与保存组”在 2006 年发布了《国际图联灾害预防手册》[11]，从灾难评估、预防与保护、灾难应急处理与灾难恢复等几个方面对图书馆在发生灾难时如何有效地保护读者员工的生命财产安全与馆藏资源安全提出了具体建议。从 20 世纪 90 年代开始，很多发达国家的图书馆建立了详尽的危机预案，甚至以“是否拥有完备的危机预案”作为图书馆的一项重要评价指标或资金投入的依据[172]。

国外在较高层面，如国家层面、地区层面较重视危机管理，建立相关联盟并制订相关计划和管理体系，防止危机突发。我国图书馆危机预警或管理系统的研究和建设均处于探索阶段。虽然国家图书馆等公共图书馆已有相关的危机处理程序，如面对公共危机时的处理程序，网络资源异地保存的相关政策等，但还未见正式发布有关图书馆灾难应急计划或管理体系方面的正式文本[173]。目前，从国外来看，有 60% 以上的馆藏机构没有制订危机预案，而在制订了危机预案的机构中，有一半左右没有定期对危机预案进行修改，有 40% 没有在危机预案中考虑“对员工进行危机应对训练”的内容。从国内来看，虽然各馆已意识到这一问题，或多或少地形成了各自的危机预案，如首都师范大学危机预案等，但由于各馆对此问题的认识深浅与重视程度不同，设计人员理念的偏差、设计的局限、预见性不强等种种原因，制订的危机管理预案存在疏漏。同时，从目前的研究和实践情况来看，图书馆预警管理系统还没有权威的和统一的指标体系[174]。

本章主要从图书馆危机管理系统的建立角度论述图书馆危机管理，包括图书馆危机管理组织架构、图书馆危机预案的编制、图书馆危机管理信息系统的设计等，以从组织管理和技术实现两个角度探讨图书馆组织应对危机的方法和策略。主要内容为：建立图书馆危机管理系统的概念，分析组织建立危机管理信息系统应考虑的主要因素，设计危机管理系统的组织框架，编制危机管理制度和危机管理预案，建立以图书馆危机预警、识别、处理和恢复的计算机管理信息系统，提出危机评价的指标体系，从而达到危机管理的目的。

7.1　图书馆危机管理系统概述

7.1.1　图书馆危机管理系统的概念

广义的图书馆危机管理系统，是指图书馆组织为了实现对图书馆危机的预防、控制和处理而建立的保障体系，该保障体系从图书馆的组织架构、制度、人员、管理信息系统、对外沟通等方面作出了详细的规定，以确保图书馆组织正常运行和良性发展，做到随时发现潜在危机并加以处理，并在危机发生时果断处理。

狭义的图书馆危机管理系统，是指图书馆危机管理信息系统，是专门设计的用于图书馆危机预警等决策和管理目的的管理信息系统，主要包括危机预控管理、危机处理管理、危机恢复与评估管理四大模块。

下面所述图书馆危机管理系统，将从广义的角度对图书馆危机管理进行全面论述。

7.1.2 图书馆危机管理系统建立需考虑的因素

数字环境下，图书馆危机管理系统的建立是预防和应对危机的必然要求。同时，危机管理系统是面向全类型危机的解决方案，既要考虑传统的自然危机也要面对数字时代的资源和服务危机，既要预防网络安全等确定性危机也要应对管理等模糊性危机。在宏观系统的指导下，危机管理系统还应将危机管理信息系统与相应组织机构和预案结合起来，充分发挥人和制度在危机管理中的重要作用。

图书馆组织在进行危机管理系统的建立和实施危机管理过程中，需要明确以下几点。

①危机管理系统的设计与建立是在分析图书馆危机成因的基础上进行的。所谓危机成因，不仅仅指常态性的自然灾害危机，如地震、其他极端天气状况和环境危机，火灾、水灾、虫灾和毒气等危机，还有图书馆组织在管理、资源、服务、人才等方面由于时代发展、社会进步而产生的潜在危机，若没有对图书馆组织各项业务进行深层次的分析，挖掘其潜在的危机，那么所设计的危机管理系统就会成为空架子或起不到应有的作用。尤其是数字网络环境下，信息的采集、传播手段与传统方法不同，更需要对新环境下的危机进行深入分析，了解需求，确定目标。

②危机管理系统的设计与建立需要图书馆在组织结构、制度上给予保障，以确保系统作用的正常发挥。图书馆需成立专门的危机管理小组，制定危机管理制度，编制危机管理预案，明确图书馆危机管理信息系统的实施与运行规则，确立图书馆危机管理在组织管理中的地位和作用。

③图书馆危机管理信息系统的建设，应涉及危机响应与管理信息系统的设计、开发、运行和评价等方面，同时提供相关工具、功能及交互界面。需要考虑日常运行及突发事件应对的方案。所建立的图书馆危机管理系统应该是有层次的。

④图书馆危机管理系统应充分发挥计算管理信息系统以外的作用。例如，图书馆组织的作用；危机管理领导小组中人员的作用；图书馆联盟的作用；特殊部门的重要性（如图书馆档案部门保存了图书馆发展方面的若干重要文件以及馆藏情况）等。

7.1.3　图书馆危机管理系统的组成

一个完整的图书馆危机管理系统包括：图书馆危机管理部门的危机管理组织架构；明确各项危机因素、危机评价指标和相关管理制度的危机管理预案；能够实现危机预警、预控、危机处理、危机恢复和危机评估的危机管理信息系统，如图 7－1 所示。

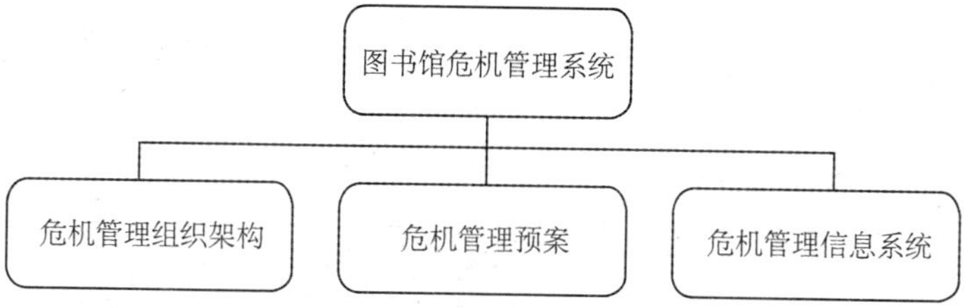

图 7－1　图书馆危机管理系统的组成

组织架构是危机管理系统中重要的组成因素，体现危机管理中人的作用，是危机管理系统的“大脑”。图书馆危机管理的组织要求在图书馆内部成立专门的危机管理部门，并明确其权利和职责。危机管理部门可以是一个虚拟的组织，通常由决策小组、执行小组和监督小组和危机管理办公室组成。

决策小组的职责包括：制订危机处理预案、进行资源调度和宣传、对图书馆最高领导班子负责。决策小组的负责人应为图书馆现任领导班子成员，具体成员由图书馆各部门负责人组成，决策小组是危机管理系统的指挥部。

执行小组是一支执行预控保障、危机处理与恢复等任务的专业化团队，主要包括危机管理信息系统的维护、危机预防与控制、危机恢复等。执行小组由专业危机管理人员和分布在各个部门的重要人员组成，这些重要人员负责本部门危机评价指标出现异常时的预控工作。执行小组的负责人应对信息系统的运行管理有丰富的经验。

监督小组对危机管理系统的运行进行全面监督和评估，调查危机成因，评估损失，提出整改方案等。

危机管理办公室为常设办公室，负责执行小组成员的协调工作和各小组、各部门信息沟通交流、对外公布危机处理方案和结果等工作。图书馆危机管理的组织架构如图 7－2 所示。

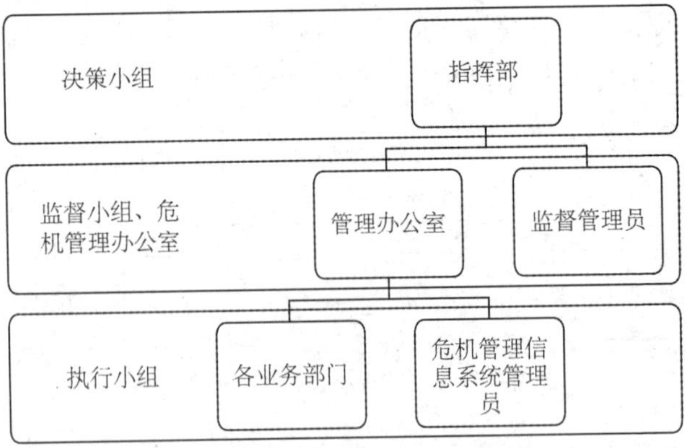

图 7－2　图书馆危机管理组织架构

7.2　图书馆危机管理预案编制

当危机来临时，图书馆组织的所有或部分工作将陷入非正常工作状态，一系列问题，如读者、工作人员的安全问题、馆藏资源的保护问题、与公众媒体的沟通问题等需要危机管理部门领导在较短的时间内作出决策，找到应对的方法，因此，对危机管理领导小组的战略性、权变能力、心理约束能力、决断力，还有对危机性质认识的科学性和沟通能力都有较高的要求。影响危机成功处理和解决的重要因素有：决策核心是否强有力；信息收集、传递是否迅速、全面且准确；危机处理机制是否责权明晰。这些所有的因素，要在组织危机管理预案中予以明确。

《礼记·中庸》云："凡事预则立，不预则废。"图书馆作为一个组织系统，通过制订预案未雨绸缪，可以在危机管理中做到有备无患[173]。图书馆组织危机管理预案的制订就是通过调查与对危机成因深入分析，确定潜在的危机问题，设计解决问题的可能性方法和选择。

7.2.1　危机管理预案制订的原则

图书馆组织危机管理预案的制订目的是阻止某种危机事件发生，并在危机真正发生后，尽量避免危机扩大。预案的制订，关系到整个危机事件处理能否顺利和有效地进行。而且，危机管理预案的制订过程实际上是一个危机信息的获得、整理和使用过程。因此，预案的制订要遵循下列原则。

①职责明确性。危机发生后，图书馆组织的所有或部分工作将陷入瘫痪，危机管理预案需要对可能出现的各种情况进行预测，确定各个部门、各个级别员工的具体职责，以便在危机发生时有明确的组织领导。

②整体性。制订预案要涉及图书馆危机管理的所有方面，要完

整、可行。

③预见性。图书馆组织中预案制订要考虑不同类型的危机、不同部门可能发生的危机事件的性质和大概原因，危机可能发展的方向，针对不同的危机类型和发生概率确定可采取的措施，根据危机事件级别确定可以调用的资源。

④可实施性。所有危机预防措施和处理方法都要结合图书馆组织的建筑结构、馆藏状况、人员状况、信息沟通能力等进行设计，预案中使用的文字要简单易懂，必要时要采用明显的标志或图案予以明示。

⑤时间性。对危机事件的处理，有时候要以小时、分甚至是秒来计算，因此，对危机处理每一步的时间要求都要作出精心安排。

7.2.2 危机管理预案的内容

危机管理预案要求制订者不仅要预见到危机发生的各种可能性，而且要针对这些问题提出切实可行的解决方案。例如，如果图书馆的馆藏电子资源受到了黑客攻击，那么如何在最短的时间内恢复服务，由谁负责、备选服务方案、如何向读者交代等都需要预先制定好。对于图书馆组织来说，一个成熟的危机管理预案应包含下列内容[175]。

①评估可能存在的危机类型。分析图书馆组织可能发生的危机类型，评估每种危机发生的可能性，各种危机预防的要点以及危机处理方法。

②根据危机指标体系确定问题及等级。危机预案的制订需要根据各个危机类型可参照的指标体系确定危机问题和等级，可以在预案中假定某一类型危机事件的发生，并对这一事件进行等级设定，同时应用特定级别的危机预控和处理方法。图书馆组织的危机大致可以划分为六级：Ⅰ级：正常无危害；Ⅱ级：异常无危害；Ⅲ级：有危害但可抵御；Ⅳ级：较严重（低度紧急）；Ⅴ级：严重（高度紧急）；Ⅵ级：特别严重（重大紧急）。

③危机方案的执行步骤。预案中需要明确各种危机类型下参与部门和人员的目标、具体职责及其性质，明确执行计划的具体步骤和方法。

④危机预算。是指对各种类型危机预防和危机处理可能发生的人员、资源、时间所需的资金等的估计。

预案的编写依据来自危机预警系统生成的预控方案。预案应分为常规预案和应急预案。常规预案与应急预案的区分以危机的评价为依据，凡“特别严重”危机采用应急预案，“严重”或“比较严重”以下的危机采用常规预案加以处置。属确定性危机的网络安全和自然危机出现特别严重危机的可能性较大，因而应急预案也往往针对这类危机而制订；属模糊性危机的管理、资源和服务危机出现严重以下危机的可能性较大，因而更多的是启用常规性预案进行处置。

应急预案是各类预案中的最高标准，常规预案应视情进行简化，以避免资源浪费。应急预案内容参考《国家突发公共事件总体应急预案》结构[176]，如表 7 – 1 所示。

表 7 – 1　应急预案内容

1 总则	1.1 编制目的；1.2 编制依据；1.3 分类分级；1.4 适用范围；1.5 工作原则；1.6 应急预案体系。
2 组织体系	2.1 领导机构；2.2 办事机构；2.3 工作机构；2.4 地方机构；2.5 专家组。
3 运行机制	3.1 预测与预警（3.1.1 预警级别和发布）；3.2 应急处置（3.2.1 信息报告，3.2.2 先期处置，3.2.3 应急响应，3.2.4 应急结束）；3.3 恢复与重建（3.3.1 善后处置，3.3.2 调查与评估，3.3.3 恢复重建，3.3.4 信息发布）。
4 应急保障	4.1 人力资源；4.2 财力保障；4.3 物资保障；4.4 基本生活保障;4.5 医疗卫生保障；4.6 交通运输保障；4.7 治安维护；4.8 人员防护；4.9 通信保障；4.10 公共设施；4.11 科技支撑。
5 监督管理	5.1 预案演练；5.2 宣传和培训；5.3 责任与奖惩。
6 附则	6.1 预案管理。

常规预案内容在应急预案的基础上进行适当简化和修改，如表

7－2所示。

表7－2 常规预案内容

1 总则	1.1 编制目的；1.2 编制依据；1.3 分类分级；1.4 适用范围；1.5 工作原则；1.6 常规预案体系。
2 组织体系	2.1 领导机构；2.2 工作机构；2.3 专家组。
3 运行机制	3.1 预测与预警（3.1.1 预警级别和发布）；3.2 处置措施（3.2.1 信息报告）；3.3 恢复与重建（3.3.1 调查与评估，3.3.2 恢复重建，3.3.3 信息发布）。
4 常规保障	4.1 人力资源；4.2 财力保障；4.3 物资保障 。
5 监督管理	5.1 预案演练；5.2 宣传和培训；5.3 责任与奖惩。
6 附则	6.1 预案管理。

预案中涉及的资源主要来自危机预控管理系统中预控保障子系统的常规和应急准备资源。预控措施的有效性检验和预案的演练都是预案在实际危机处理过程中发挥作用的重要保障。

7.2.3 图书馆危机预警级别及分类评价指标

国家对突发公共事件预警级别的划分，分为4个级别：Ⅰ级，特别严重（含灾难）；Ⅱ级，严重；Ⅲ级，较重；Ⅳ级，一般。文献《多层次模糊综合评价法在图书馆危机管理中的应用》[177]将危机确定为优良、正常、低度警报、中度警报和高度警报5种状态。参考上述划分方法，根据图书馆危机来源的实际情况设计的预警级别如表7－3所示。

表7－3 预警级别

预警级别	危害程度	单项指标是否报警	预警代表颜色	评价分值	说明
Ⅰ级	正常无危害	否	—	10	指标处于安全范围内

续表

预警级别	危害程度	单项指标是否报警	预警代表颜色	评价分值	说明
Ⅱ级	异常无危害	是	白	8	指标出现异常，但无危害，如网络流量高峰超过阈值，但随着访问量的减少流量回落
Ⅲ级	有危害但可抵御	是	绿	6	指标异常，发现一定危害，但在可控范围内，如发现病毒在网络内局部传播，能及时清除
Ⅳ级	较严重	是	黄	4	指标异常，可能造成较严重危害，如用户对流通服务的投诉超过阈值，如果不及时纠正可能造成读者流失
Ⅴ级	严重	是	橙	2	指标异常，可能造成严重危害，如自建数字资源缺乏备份可能造成严重危害
Ⅵ级	特别严重	是	红	0	指标异常，可能造成特别严重的危害，如书库发现明火可能造成特别严重的危害

预警级别用于衡量每项危机评价指标的危机级别。

传统的图书馆危机管理以自然灾害的预防和处理为主，较少关注管理资源以及服务等因素引发的危机，特别对于中小型图书馆，非传统因素引发的危机更应引起重视。这里提出的图书馆危机分类评价指标体系是对前期“数字时代图书馆危机管理研究”项目调查问卷进行整理、统计、分析的基础上提炼得到的，其中一至三级部分评价指标如图7-3所示。

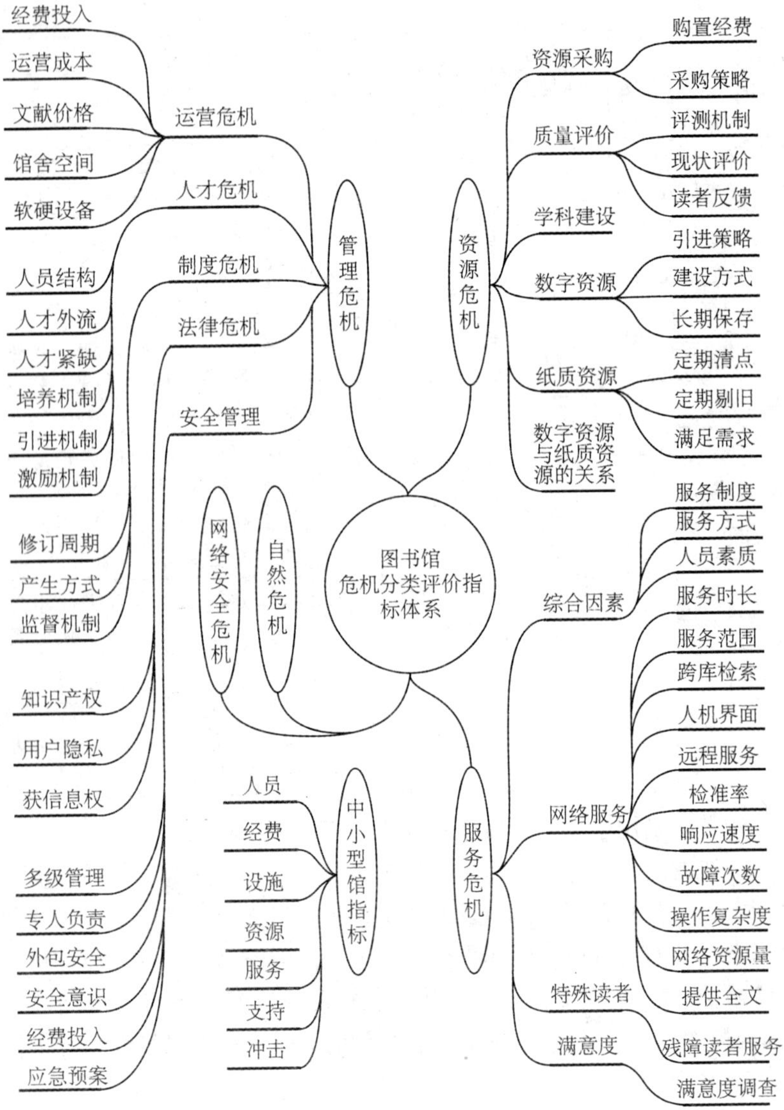

图 7－3　图书馆危机分类评价指标体系

图书馆危机分类评价指标体系是图书馆危机预警管理、预控管理、危机处理、恢复和评估的重要判断依据和系统所操作的主要数据。这里制定的评价体系是一个基本框架，各评价指标的建立及其重要程度不仅根据其危害程度不同而不同，而且根据图书馆的性质任务的不同而也不同，因此各图书馆在建立危机管理系统时，应根据自身特点在此基础上进一步完善，以贴合自身需要。

图书馆危机分类评价指标体系编码含义如下。

举例："管理危机中的运营危机中的政府或机构投入增加"指标，其编码为

0 1 0 0 1 0 0 1 0 0 1

危机类型：1 至 2 位。

一级指标：3 至 5 位。

二级指标：6 至 8 位。

三级指标：9 至 11 位。

预警级别：

Ⅰ级——正常无危害；

Ⅱ级——异常无危害；

Ⅲ级——有危害但可抵御；

Ⅳ级——较严重；

Ⅴ级——严重；

Ⅵ级——特别严重。

由于各指标的重要程度不同，因此同样是评价为"不足"的指标，其预警级别可能是"较严重"，也可能是"严重"或"特别严重"，依据主要来自"数字时代图书馆危机管理研究"项目调查问卷统计结果中的相关统计结果和对危害的严重程度的预测。详细内容如表 7－4 所示。

表 7－4　图书馆危机分类评价指标体系

危机类型(2位编码)	评价指标/预警指标			定量/定性	预警级别
	一级指标(3位编码)	二级指标(3位编码)	三级指标(3位编码)		
管理危机(01)	运营危机(001)	政府或机构投入（001）	增加（001）		
			不变（002）		
			减少（003）		Ⅲ
			大幅减少（004）		Ⅳ
		文献资源价格增长（002）	缓慢（001）		
			平稳（002）		
			过快（003）		Ⅲ
		运营成本（003）	高（001）		Ⅳ
			中（002）		
			低（003）		
		馆舍空间（004）	充裕（001）		
			够用（002）	大型馆 > $20000m^2$ 中型馆 > $4500m^2$ 小型馆 > $800m^2$	
			不足（003）	大型馆 < $20000m^2$ 中型馆 < $4500m^2$ 小型馆 < $800m^2$	Ⅲ
			严重不足（004）		Ⅴ
		软硬件设备（005）	完备（001）		
			一般（002）		Ⅱ
			闲置（003）		Ⅲ
			落后（004）		Ⅲ
			不全（005）		Ⅳ

续表

危机类型(2位编码)	评价指标/预警指标			定量/定性	预警级别
	一级指标(3位编码)	二级指标（3位编码）	三级指标（3位编码）		
管理危机(01)	人才危机(002)	人员结构是否合理(001)	合理（001）		
			一般（002）		Ⅲ
			不合理（003）		Ⅳ
		专业人员是否紧缺(002)	齐备（001）		
			不足（002）		Ⅳ
			紧缺（003）		Ⅴ
		年人才外流数量(003)	严重（001）	定量	Ⅳ
			正常更替（002）		
			在控制范围内（003）		
			无外流（004）		
		人才培养机制是否健全（004）	无学位学历教育(001)		Ⅲ
			无专业技能培训(002)		Ⅲ
			无馆员交换(003)		Ⅲ
			无学术交流(004)		Ⅲ
			无国内外进修(005)		Ⅲ
		人才引进机制是否健全（005）	健全(001)		
			一般(002)		Ⅲ
			缺失(003)		Ⅳ
		激励机制是否健全(006)	健全(001)		
			一般(002)		Ⅲ
			缺失(003)		Ⅳ
	法律危机(003)	侵犯知识产权（001）	严重（001）		Ⅴ
			存在（002）		Ⅳ

续表

危机类型(2位编码)	评价指标/预警指标			定量/定性	预警级别
	一级指标(3位编码)	二级指标(3位编码)	三级指标(3位编码)		
管理危机(01)	法律危机(003)	侵犯知识产权(002)	未发现(003)		
			不存在(004)		
		侵犯用户隐私权(003)	严重(001)		V
			存在(002)		Ⅳ
			未发现(003)		
			不存在(004)		
		用户平等获取信息权利(004)	平等(001)		
			合理合法(002)		
			不平等(003)		Ⅱ
			严重失衡(004)		Ⅳ
		特色馆藏数字化资源是否采取了相应的知识产权保护措施(005)	完善(001)		
			一般(002)		Ⅲ
			不完善(003)		Ⅳ
			无(004)		V
	制度危机(004)	管理制度修订周期(001)	1~5年(001)	定量	Ⅰ
			6~10年(002)		Ⅱ
			11年及以上(003)		Ⅲ
			从未修订过(004)		Ⅳ
		管理制度决定方式(002)	领导决定(001)		Ⅳ
			职代会通过(002)		
			其他(003)		
		规章制度是否健全(003)	健全(001)		
			一般(002)		Ⅲ
			缺失(003)		Ⅳ

续表

危机类型(2 位编码)	评价指标/预警指标			定量/定性	预警级别
	一级指标(3 位编码)	二级指标(3 位编码)	三级指标(3 位编码)		
管理危机(01)	制度危机(004)	监督检查措施（004）	健全（001）		
			待完善（002）		Ⅲ
			缺失（003）		Ⅳ
	整体形象和知名度(005)	媒体宣传（001）	有（001）		
			无（002）		Ⅲ
		举办各类宣传活动(002)	有（001）		
			无（002）		Ⅳ
	安全管理危机(006)	多级的安全管理负责制度是否健全（001）	健全（001）		
			待完善（002）		Ⅲ
			缺失（003）		Ⅳ
		安全责任专人负责制度（002）	健全（001）		
			待完善（002）		Ⅲ
			缺失（003）		Ⅳ
		外包服务安全管理(003)［采访、编目、物业、技术(如数据库建设、网页建设)、服务项目、其他］	健全（001）		
			待完善（002）		Ⅲ
			缺失（003）		Ⅳ
		安全管理方面经费投入（004）	有保障（001）		
			投入不足（002）		Ⅲ
			严重不足（003）		Ⅳ
			无投入（004）		Ⅴ
		员工安全意识和安全知识（员工安全教育）(005)	较强（001）		
			一般（002）		Ⅲ
			较弱（003）		Ⅳ

续表

危机类型(2位编码)	评价指标/预警指标			定量/定性	预警级别
	一级指标(3位编码)	二级指标（3位编码）	三级指标（3位编码）		
管理危机(01)	安全管理危机(006)	安全设备设施种类、数量（006）	繁多、较难管理(001)		Ⅳ
			一般（002）		Ⅲ
			较少、较易管理(003)		
		公共服务场所读者复杂性（007）	较复杂、隐患大(001)		Ⅳ
			一般（002）		Ⅲ
			较单纯、可控（003）		
		突发性公共危机事件处理预案（008）	有（001）		
			无（002）		Ⅳ
		恐怖事件发生时的处理预案（009）	有（001）		
			无（002）		Ⅵ
资源危机(02)	资源采购(001)	文献资源购置经费(001)	逐年增加（001）		Ⅰ
			逐年减少（002）		Ⅳ
			保持不变（003）		Ⅲ
			不一定（004）		Ⅱ

续表

危机类型(2 位编码)	评价指标/预警指标			定量/定性	预警级别
	一级指标(3 位编码)	二级指标（3 位编码）	三级指标（3 位编码）		
资源危机(02)	资源采购（001）	馆藏资源采购策略（002）	通过各种渠道征求各学科专家与读者对资源建设方面的建议和意见，定期召开各种形式的资源建设论证会，不断完善资源采购策略（001）		Ⅰ
			遇到问题时，召开相应的资源建设会议，调整资源采购策略（002）		Ⅲ
			一般很少召开相关会议对馆藏资源采购策略进行调整（003）		Ⅳ
	馆藏资源与学科建设的协调性（002）	经常性召开学科专家论证会（001）	是（001）		
			否（002）		Ⅲ
		定期召开读者座谈会（002）	是（001）		
			否（002）		Ⅲ
		建立学科馆员制度（003）	有（001）		
			无（002）		Ⅳ

续表

危机类型(2位编码)	评价指标/预警指标			定量/定性	预警级别
	一级指标(3位编码)	二级指标(3位编码)	三级指标(3位编码)		
资源危机(02)	馆藏资源与学科建设的协调性(002)	积极到各学院进行数字资源利用培训(004)	是(001)		
			否(002)		Ⅲ
		请各学院学科负责人或教师参与文献现场采购(005)	是(001)		
			否(002)		Ⅲ
		参与到各学院学科建设的实际项目中去(006)	是(001)		
			否(002)		Ⅲ
		学科专题书目圈选(007)	是(001)		
			否(002)		Ⅲ
		不重视不支持，完全靠自己(008)	是(001)		Ⅳ
			否(002)		
		无机会参与专家讨论等(009)	是(001)		Ⅳ
			否(002)		
	质量评价(003)	馆藏质量的评测机制(001)	具有完善的馆藏质量测评机制(001)		
			对馆藏质量没有进行任何方面的评价(002)		Ⅳ
			根据实际情况，正在摸索实践(003)		Ⅲ

续表

危机类型（2 位编码）	评价指标/预警指标			定量/定性	预警级别
	一级指标(3 位编码)	二级指标（3 位编码）	三级指标（3 位编码）		
资源危机(02)	质量评价（003）	馆藏质量的评测机制（001）	无测评（004）		Ⅳ
		馆藏资源现状的定期评价（002）	专人定期进行测评，以调整资源结构和采购策略（001）		
			不定期进行测评，以调整资源结构和采购策略（002）		Ⅲ
			进行定期或不定期测评，但在实际工作中没有任何指导意义（003）		Ⅱ
			基本上对馆藏质量不作评价（004）		Ⅲ
			无分析评价（005）		Ⅳ
		读者对馆藏资源不满意的主要方面（003）	文献资源陈旧（001）		Ⅲ
			馆藏资源获取不便（002）		Ⅳ

续表

危机类型(2位编码)	评价指标/预警指标			定量/定性	预警级别
	一级指标(3位编码)	二级指标(3位编码)	三级指标(3位编码)		
资源危机(02)	质量评价(003)	读者对馆藏资源不满意的主要方面(003)	现有馆藏资源不能满足读者需求(003)		Ⅴ
	纸质资源与数字资源的关系(004)	发展策略(001)	数字资源数量逐年增加，纸质资源数量相应减少(001)		Ⅲ
			纸质资源数量基本保持不变，寻求数字资源的合理发展(002)		Ⅱ
			根据用户需求，对数字资源与纸质资源进行优化配置(003)		Ⅰ
		经费比例(002)	数字资源经费比例逐年增加(001)		
			数字资源经费比例逐年减少(002)		Ⅲ
			比例基本不变(003)		Ⅱ

续表

危机类型(2 位编码)	评价指标/预警指标			定量/定性	预警级别
	一级指标(3 位编码)	二级指标（3 位编码）	三级指标（3 位编码）		
资源危机(02)	纸质资源与数字资源的关系(004)	外文期刊购置中数据库与纸质期刊的关系（003）	随着外文数据库资源的引进，对外文期刊的采购做出相应的调整（001）		Ⅰ
			没有对两者之间的关系进行分析，但根据利用情况逐年削减部分利用率非常低的理工科外文期刊（002）		Ⅱ
			没有对两者之间的关系进行分析，为了维持期刊的连续性，外文期刊品种保持不变(003)		Ⅱ
			只有少量购置（004）		Ⅲ
			利用率非常低未购置(005)		Ⅲ
			没有订购外文期刊(006)		Ⅳ

续表

危机类型(2位编码)	评价指标/预警指标			定量/定性	预警级别
	一级指标(3位编码)	二级指标(3位编码)	三级指标(3位编码)		
资源危机(02)	数字资源(005)	中外文数据库资源的引进策略(001)	召开学科专家论证会，听取用户意见和建议，有计划、有步骤地引进(001)		Ⅰ
			根据数据库的试用情况进行分析，从而确定是否引进(002)		Ⅰ
			领导说了算，基本上不征询用户的意见和建议(003)		Ⅳ
			无外文(004)		Ⅳ
			无引进(005)		Ⅴ
		现行数字资源建设方式(002)	自建、购买并重，统一建设(001)		Ⅰ
			购买为主，自建为辅(002)		Ⅰ

续表

危机类型(2 位编码)	评价指标/预警指标			定量/定性	预警级别
	一级指标(3 位编码)	二级指标（3 位编码）	三级指标（3 位编码）		
资源危机(02)	数字资源(005)	现行数字资源建设方式（002）	自建为主，购买为辅（003）		Ⅰ
			两种方式均无（004）		Ⅳ
		数字资源长期保存与备份机制（003）	对此课题项目进行深入研究，而且有了一定的进展也采取了相应的措施（001）		Ⅰ
			对此课题的研究刚刚起步（002）		Ⅱ
			刚认识问题的严峻性（003）		Ⅲ
			不知道问题的严峻性（004）		Ⅳ
		数字资源有无备份（004）	有备份（001）		Ⅱ
			无备份（002）		Ⅴ

续表

危机类型(2位编码)	评价指标/预警指标			定量/定性	预警级别
	一级指标(3位编码)	二级指标（3位编码）	三级指标（3位编码）		
资源危机(02)	数字资源(005)	编目业务外包质量控制措施（005）	没有设立专门岗位对编目数据的质量进行审核（001）		Ⅳ
			专人对外包质量进行抽校（002）		Ⅰ
			缺乏有效的质量控制措施（003）		Ⅲ
			编目业务未外包(004)		Ⅰ
	纸质资源(006)	书库藏书定期清点(001)	每隔一、两年定期清点（001）		Ⅰ
			不定期清点（002）		Ⅱ
			基本上不进行清点(003)		Ⅲ
			清点程序化无实际完善行动（004）		Ⅳ

续表

危机类型(2位编码)	评价指标/预警指标			定量/定性	预警级别
	一级指标(3位编码)	二级指标(3位编码)	三级指标(3位编码)		
资源危机(02)	纸质资源(006)	书库调整采取的方式(002)	定期调整，以保证新购置文献的及时入库及利用（001）		Ⅰ
			只有在书库紧张时，才进行调整（002）		Ⅱ
			一般情况下很少进行调整（003）		Ⅲ
			从不调整（004）		Ⅳ
		定期馆藏剔旧（003）	设立专人专岗，将馆藏剔旧工作视为常规业务工作，定期进行馆藏剔旧工作（001）		Ⅰ
			只是在书库不够用时才对藏书进行剔旧(002)		Ⅱ
			无规律（003）		Ⅲ
			不进行剔旧（004）		Ⅳ

续表

危机类型(2位编码)	评价指标/预警指标			定量/定性	预警级别
	一级指标(3位编码)	二级指标（3位编码）	三级指标（3位编码）		
资源危机（02）	纸质资源(006)	每年新购置的中文图书是否满足高校学生要求（004）	基本满足（001）		
			相差不大（002）		Ⅲ
			相差很大（003）		Ⅳ
	通过何种途径促进学科建设(007)	密切关注各学科发展的动态,引进各学科发展所需的数字资源(001)	是（001）		
			否（002）		Ⅲ
		购置各学科教学与科研工作中所需的各种纸质资源（002）	是（001）		
			否（002）		Ⅲ
		多渠道广泛征求学科专家和读者对馆藏建设与发展方面的意见和建议（003）	是（001）		
			否（002）		Ⅳ
服务危机（03）	综合因素(001)	服务制度是否健全(001)	健全（001）		
			一般（002）		Ⅲ
			缺失（003）		Ⅳ
		服务质量高不高(002)	高（001）		
			一般（002）		Ⅱ
			低（003）		Ⅲ
		人员素质是否过硬(003)	高（001）		
			一般（002）		Ⅱ
			低（003）		Ⅲ

续表

危机类型(2位编码)	评价指标/预警指标			定量/定性	预警级别
	一级指标(3位编码)	二级指标（3位编码）	三级指标（3位编码）		
服务危机(03)	综合因素(001)	服务方式是否齐全(OPAC、数字参考咨询、定题服务、自习室、信息共享空间、文献传递、查新服务、在线借阅、网上学科信息推送、学科化服务、视听资源服务、讲座、展览、论文引证检索、开架借阅、首问负责制度)(004)	较全（001）		
			基本（002）		Ⅲ
			单一（003）		Ⅳ
	读者服务安全(002)	读者使用设备是否安全（001）	安全（001）		
			不确定（002）		Ⅲ
			安全隐患明显（003）		Ⅳ
			曾发生事故（004）		Ⅴ
		读者在馆内发生意外处理预案（002）	有（001）		
			无（002）		Ⅳ
		为读者购买意外保险(003)	有（001）		
			无（002）		Ⅲ
	特殊读者服务(003)	残障人士或其他弱势群体专用通道（001）	有效（001）		
			无效（002）		Ⅲ
		残障人士或其他弱势群体服务项目（002）	健全（001）		
			一般（002）		Ⅲ
			缺失（003）		Ⅳ

续表

危机类型(2位编码)	评价指标/预警指标			定量/定性	预警级别
	一级指标(3位编码)	二级指标（3位编码）	三级指标（3位编码）		
服务危机(03)	数字参考咨询服务方式(004)	网上在线实时咨询(001)	有（001）		
			无（002）		Ⅲ
		网上表单咨询（002）	有（001）		
			无（002）		Ⅲ
		24小时电话咨询(003)	有（001）		
			无（002）		Ⅲ
		非全天电话咨询(004)	有（001）		
			无（002）		Ⅲ
		E-mail咨询（005）	有（001）		
			无（002）		Ⅲ
	服务满意度(005)	定期服务满意度调查(001)	经常（001）		
			偶尔（002）		Ⅲ
			从来不做（003）		Ⅳ
		读者需求的满足程度(002)	很好（90%以上）(001)		
			良好（75%～89%）(002)		Ⅱ
			一般（60%～74%）(003)		Ⅲ
			较差（60%以下）(004)		Ⅳ
		主要读者群对服务不满意之处（003）	服务态度不佳（001）		Ⅳ
			服务指南标志不明显(002)		Ⅲ
			手续繁杂（003）		Ⅲ

续表

危机类型(2 位编码)	评价指标/预警指标			定量/定性	预警级别
	一级指标(3 位编码)	二级指标（3 位编码）	三级指标（3 位编码）		
服务危机(03)	服务满意度（005）	主要读者群对服务不满意之处（003）	无法适应新的服务模式，有效服务不足，来馆一次花费在与需求无关时间太多（004）		Ⅲ
			资源不足（005）		Ⅳ
			硬件环境、服务环境较差（006）		Ⅳ
			文献陈旧（007）		Ⅲ
	网络服务（006）	网络服务时长(001)	7×24 小时（001）		
			5×24 小时（002）		Ⅲ
			5×8 小时（003）		Ⅳ
		网络服务范围(002)	只限馆内（001）		Ⅲ
			划定权限范围，内外有别（002）		
			公开服务（003）		
			无网络服务（004）		Ⅳ
		检索界面友好(003)	友好（001）		
			一般（002）		Ⅲ
			较差（003）		Ⅳ
		检索途径种类(004)	较全（001）		

续表

危机类型(2位编码)	评价指标/预警指标			定量/定性	预警级别
	一级指标(3位编码)	二级指标（3位编码）	三级指标（3位编码）		
服务危机(03)	网络服务(006)	检索途径种类（004）	一般（002）		Ⅲ
			单一（003）		Ⅳ
		是否提供跨库检索(005)	是（001）		
			否（002）		Ⅲ
		响应速度（006）	较快（001）		
			一般（002）		Ⅱ
			较慢（003）		Ⅲ
			很慢（004）		Ⅳ
		停机故障次数（007）	偶尔（001）	定量	Ⅰ
			一般（002）		Ⅲ
			频繁（003）		Ⅴ
		检准率（008）	较高（001）		
			一般（002）		Ⅲ
			较低（003）		Ⅳ
		操作复杂度（009）	较复杂（001）		Ⅲ
			一般（002）		Ⅱ
			较简单（003）		
		是否开通网上预约服务（010）	是（001）		
			否（002）		Ⅲ
		数字学术期刊、论文是否提供远程下载(011)	是（001）		
			否（002）		Ⅲ
		网络资源量（012）	丰富（001）	定量	
			一般（002）		Ⅲ
			有限（003）		Ⅳ

续表

危机类型(2位编码)	评价指标/预警指标			定量/定性	预警级别
	一级指标(3位编码)	二级指标(3位编码)	三级指标(3位编码)		
服务危机(03)	网络服务(006)	是否提供全文(013)	是(001)		
			否(002)		Ⅳ
		是否提供远程服务(014)	是(001)		
			否(002)		Ⅲ
网络安全危机(04)	网络防病毒状态(001)	中心病毒库定期自动升级(001)	正常(001)		
			异常(002)		Ⅳ
		终端病毒库定期自动升级(002)	正常(001)		
			异常(002)		Ⅲ
		终端感染病毒清除情况(003)	感染病毒名称(001)		
			感染计算机数量(002)	定量	Ⅲ
			无法清除(003)		Ⅳ
		服务器感染病毒清除情况(004)	感染病毒名称(001)		
			感染计算机数量(002)	定量	Ⅳ
			无法清除(003)		Ⅴ
		安装网络版杀毒软件(005)	是(001)		
			否(002)		Ⅴ
		安装单机版杀毒软件(006)	是(001)		
			否(002)		Ⅳ
	网络防火墙状态(002)	空闲端口屏蔽情况(001)	是(001)		
			否(002)		Ⅳ
		版本是否定期升级(002)	是(001)		
			否(002)		Ⅳ
		状态是否正常(003)	是(001)		

续表

危机类型（2位编码）	评价指标/预警指标			定量/定性	预警级别
	一级指标(3位编码)	二级指标（3位编码）	三级指标（3位编码）		
网络安全危机（04）	网络防火墙状态(002)	状态是否正常（003）	否（002）		Ⅳ
		有无网络防火墙设备（004）	有（001）		
			无（002）		Ⅳ
		是否安装单机防火墙软件（005）	是（001）		
			否（002）		Ⅲ
	不间断电源状态(003)	后备电源供电时长（001）	较佳,大于4小时(001)	定量	
			正常,不少于2小时（002）		
			不足,低于2小时(003)		Ⅳ
		UPS是否有效（002）	是（001）		
			否（002）		Ⅳ
		电池寿命（003）	保质期内，3年以内（001）	定量	
			保质期外，超过3年（002）		Ⅳ
	服务器状态（004）	是否运行（001）	运行（001）		
			死机（002）		Ⅲ
			关机（003）		Ⅳ
		是否在线（002）	在线（001）		
			掉线（002）		Ⅳ
		磁盘容量（003）	充裕（001）		
			够用（002）		
			不足（003）		Ⅳ
			严重不足（004）		Ⅴ

续表

危机类型(2位编码)	评价指标/预警指标			定量/定性	预警级别
	一级指标(3位编码)	二级指标（3位编码）	三级指标（3位编码）		
网络安全危机（04）	交换机状态(005)	端口异常报警、流量异常报警（001）	是（001）		Ⅲ
			否（002）		
		状态不显示（002）	是（001）		Ⅳ
			否（002）		
		未启用VLAN（003）	是（001）		Ⅳ
			否（002）		
		端口地址未绑定(004)	是（001）		Ⅳ
			否（002）		
		网络缓慢（005）	是（001）		Ⅲ
			否（002）		
		时断时续（006）	是（001）		Ⅳ
			否（002）		
		网络已断开（007）	是（001）		Ⅴ
			否（002）		
		设备未接地（008）	是（001）		Ⅳ
			否（002）		
	网络速率(006)	网络主干速率（001）	快，万兆（001）	定量	
			基本，千兆（002）		
			偏低，百兆（003）		Ⅳ
		网络终端速率（002）	快，千兆（001）	定量	
			基本，百兆（002）		
			偏低，十兆（003）		Ⅲ

续表

危机类型(2位编码)	评价指标/预警指标			定量/定性	预警级别
	一级指标(3位编码)	二级指标（3位编码）	三级指标（3位编码）		
网络安全危机（04）	软件服务系统状态（007）	密码规范（001）	规范（001）		
			复杂度低（002）		Ⅳ
			不定期更改（003）		Ⅲ
		日志功能（002）	正常（001）		
			异常（002）		Ⅳ
		数据库定期备份（003）	自动备份正常(001)		
			手工定期备份(002)		
			无法自动备份(003)		Ⅳ
			容量不足（004）		Ⅳ
			备份周期长（005）	定量	Ⅴ
			无备份（006）		Ⅵ
		漏洞扫描与补丁（004）	及时打补丁（001）		
			版本老化（002）		Ⅱ
			长期不打补丁(003)		Ⅲ
			从来不打补丁(004)		Ⅳ
	网络终端状态（008）	运行状态（001）	正常（001）		
			异常（002）		Ⅲ
		终端数量（002）	正常数量（001）	定量	
			异常数量大（002）	定量	Ⅳ
	备份系统状态（009）	有无备用设备（服务器、交换机、终端等）(001)	有（001）		
			部分（002）		Ⅲ
			无（003）		Ⅳ
		双机热备（002）	功能正常（001）		
			异常（002）		Ⅳ
			无（003）		Ⅲ
		磁盘阵列（003）	正常（001）		

续表

危机类型(2 位编码)	评价指标/预警指标			定量/定性	预警级别
	一级指标(3 位编码)	二级指标（3 位编码）	三级指标（3 位编码）		
网络安全危机(04)	备份系统状态(009)	磁盘阵列（003）	异常（002）		Ⅵ
			无（003）		Ⅲ
		磁带机（004）	正常（001）		
			异常（002）		Ⅳ
			无（003）		Ⅲ
	机房环境(010)	是否是独立空间(001)	是（001）		
			否（002）		Ⅳ
		是否防静电（002）	是（001）		Ⅴ
			否（002）		
		空调是否够用（003）	是（001）		
			否（002）		Ⅳ
		空调运转状态是否正常（004）	是（001）		
			否（002）		Ⅴ
自然危机（05）	处置预案(001)	地震发生时的处理预案（001）	有（001）		
			无（002）		Ⅵ
		火灾发生时的处理预案（002）	有（001）		
			无（002）		Ⅵ
		台风发生时的处理预案（003）	有（001）		
			无（002）		Ⅴ
		疾病或传染病事件发生时的处理预案(004)	有（001）		
			无（002）		Ⅳ
	阅览空间和读者活动空间的空气质量(002)	温度（001）	正常(001)	定量	
			异常(002)		Ⅲ
		湿度（002）	正常(001)	定量	
			异常(002)		Ⅲ

续表

危机类型(2位编码)	评价指标/预警指标			定量/定性	预警级别
	一级指标(3位编码)	二级指标（3位编码）	三级指标（3位编码）		
自然危机(05)	阅览空间和读者活动空间的空气质量(002)	通风（003）	良（001）		
			一般（002）		Ⅲ
			差（003）		Ⅳ
		采光（004）	良（001）		
			一般（002）		Ⅲ
			差（003）		Ⅳ
		定期监测（005）	有（001）		
			无（002）		Ⅲ
	安全设施有效性(003)	防火措施（001）	有效（001）		
			失效（002）		Ⅵ
		防水措施（002）	有效（001）		
			失效（002）		Ⅵ
		库房防尘措施（003）	有效（001）		
			失效（002）		Ⅳ
		地面防滑措施（004）	有效（001）		
			失效（002）		Ⅲ
		楼梯防滑措施（005）	有效（001）		
			失效（002）		Ⅳ
		空气防污染措施(006)	有效（001）		
			失效（002）		Ⅳ
		饮水防污染措施(007)	有效（001）		
			失效（002）		Ⅴ
		噪声防污染措施(008)	有效（001）		
			失效（002）		Ⅳ

续表

危机类型(2 位编码)	评价指标/预警指标			定量/定性	预警级别
	一级指标(3 位编码)	二级指标（3 位编码）	三级指标（3 位编码）		
自然危机(05)	文献保存保护(004)	防虫措施：防鼠措施(001)	有效（001）		
			失效（002）		Ⅳ
		防虫措施：防蟑螂措施（002）	有效（001）		
			失效（002）		Ⅳ
		防虫措施：防螨虫措施（003）	有效（001）		
			失效（002）		Ⅲ
		文献防尘措施（004）	有效（001）		
			失效（002）		Ⅲ
		防潮措施：温度监测(005)	正常（001）	定量	
			异常（002）		Ⅲ
		防潮措施：湿度监测(006)	正常（001）	定量	
			异常（002）		Ⅳ
		防潮措施：除湿设备有效性（007）	有效（001）		
			失效（002）		Ⅳ
		防盗措施：门禁(008)	有效（001）		
			失效（002）		Ⅴ
		防盗措施：磁条(009)	有效（001）		
			失效（002）		Ⅳ
		防盗措施：RFID(010)	有效（001）		
			失效（002）		Ⅳ
	电力系统(005)	电力系统定期监测(001)	有（001）		
			无（002）		Ⅳ

续表

危机类型(2位编码)	评价指标/预警指标			定量/定性	预警级别
	一级指标(3位编码)	二级指标(3位编码)	三级指标(3位编码)		
中小型图书馆危机(06)	经费(001)	经费投入(001)	合理(001)		
			一般(002)		Ⅲ
			不足(003)		Ⅳ
	人员(002)	人员结构是否合理(001)	合理(001)		
			一般(002)		Ⅱ
			不合理(003)		Ⅲ
		专业人员是否紧缺(002)	齐备(001)		
			不足(002)		Ⅲ
			紧缺(003)		Ⅳ
		人才外流数量(003)	严重(001)		Ⅳ
			正常更替(002)		
			在控制范围内(003)		
			无外流(004)		
	设施(003)	软硬件设备(001)	完备(001)		
			一般(002)		Ⅱ
			闲置(003)		Ⅲ
			落后(004)		Ⅲ
			不全(005)		Ⅳ
	资源建设(004)	资源足否(001)	全面(001)		
			一般(002)		Ⅲ
			不足(003)		Ⅳ
			严重不足(004)		Ⅴ
		资源结构合理否(002)	基本合理(001)		
			数字资源不足(002)		Ⅲ
			数字与纸质资源比例未考察(003)		Ⅱ

续表

危机类型(2位编码)	一级指标(3位编码)	二级指标（3位编码）	三级指标（3位编码）	定量/定性	预警级别
中小型图书馆危机(06)	资源建设(004)	资源是否长期闲置(003)	利用率较高（001）		
			一般（002）		Ⅱ
			利用率较低（003）		Ⅲ
			小部分资源长期闲置(004)		Ⅲ
			大部分资源长期闲置(005)		Ⅳ
		资源保存得力不得力(004)	按计划定期保存(001)		
			有保存（002）		Ⅲ
			部分无保存（003）		Ⅳ
			全部无保存（004）		Ⅴ
	服务(005)	服务特色化程度(001)	强（001）		
			一般（002）		Ⅱ
			弱（003）		Ⅲ
		学科门户建设（002）	较全面（001）		
			不足（002）		Ⅱ
			缺失（003）		Ⅲ
			不负责建设（004）		Ⅱ
	支持(006)	领导重视程度（001）	足够（001）		
			一般（002）		Ⅲ
			不足（003）		Ⅳ
	外界压力(007)	网络化和数字化服务带来的冲击（001）	大（001）		Ⅳ
			中（002）		Ⅲ
			小（003）		Ⅱ
			无（004）		

续表

危机类型(2位编码)	评价指标/预警指标			定量/定性	预警级别
	一级指标(3位编码)	二级指标（3位编码）	三级指标（3位编码）		
中型图书馆危机(06)	外界压力(007)	大馆服务方式及资源优势带来压力（002）	大（001）		Ⅲ
			中（002）		Ⅱ
			小（003）		
			无（004）		
		行业（专业）人员知识结构带来压力（003）	大（001）		Ⅲ
			中（002）		Ⅱ
			小（003）		
			无（004）		

对危机评价指标体系中的是否是定量或定性指标需要在实际操作中根据本馆实际进行明确。所谓定量指标，是指有比较明确的数量上的标准来确定的指标，如备份周期、终端数量、温湿度等指标；相反没有明确的数量标准的指标视为定性指标，如人员结构是否合理、防火措施是否有效等。对于预警级别一栏如果指标处于正常状态或优于正常状态则不必分配预警级别标识。因此，分配的预警级别均从Ⅱ级开始。

7.2.4 图书馆组织危机预防与处理的几个关键措施

图书馆危机管理部门成立后，需要做以下工作。

（1）建立危机预防与应对小组网络公示平台

危机管理部门建立后，要建立一个对外公布信息、预报危机预警情况、各类危机发生时具体处理方法等信息的网络公示平台。该平台需要链接在图书馆办公平台首页和图书馆对外首页的明显位置，一旦发生危机，该平台可随时放大占据整个页面。

（2）公布危机处理电话

确定危机来临或即将来临时重要的电话、联系人等联系信息。

（3）明确危机来临时员工操作方法指南

该指南包括：

对于普通员工：

当危机发生时，员工第一时间应做什么。

哪些地方是相对安全的。

识别逃生路线，选择逃生方法。

照顾伤员的方法。

……

对于危机管理人员：

保护灾难现场，找到目击者。目击者不能独处一处，需有人陪伴。同时，多个目击者需安置在不同的地方。

请求警察帮助，撤离相关人员。

识别可能再次发生的危机。

确定对外发言人。

……

（4）按照相关规定和指南对图书馆员工进行培训

危机预案确定后，需要组织图书馆中级以上员工进行危机预防和处理的培训。

7.3　图书馆危机管理信息系统的建立

7.3.1　图书馆危机管理信息系统的概念

所谓信息系统，是一个人造系统。它由人、硬件、软件和数据资源组成，目的是及时、正确地收集、加工、存储、传递和提供信息，实现组织中各项活动的管理、调节和控制。按照处理的对象，可把组织的信息系统分为作业信息系统和管理信息系统两大类[178]。

所谓管理信息系统（Management Information System，MIS），是对

一个组织（单位、企业或部门）进行全面管理的人和计算机相结合的系统，是综合运用计算机技术、信息技术、管理技术和决策技术，与现代化的管理思想、方法和手段结合起来，辅助管理人员进行管理和决策的人机系统。管理信息系统最大的特点是高度集中，能将组织中的数据和信息集中起来，进行快速处理，统一使用。有一个中心数据库和计算机网络系统是 MIS 的重要标志。管理信息系统的另一特点是利用定量化的科学管理方法，通过预测、计划优化、管理、调节和控制等手段来支持决策[179]。

图书馆危机管理系统是由图书馆危机管理小组、危机管理信息系统和其他外围设备等组成的能对管理信息、馆藏信息、服务信息、网络系统信息等信息源按照危机分类评价指标体系的要求进行收集、识别、对比分析、预警、处置及反馈的人机系统，用于图书馆组织的危机决策和危机管理。通过该系统，可以了解图书馆目前的运行状态，感应危机信号，准确判断危机信号与危机之间的关系，并将信息及时反馈给上层危机管理人员，提醒管理层对危机采取有效行动，避免危机的发生或减少危机带来的损失。图书馆危机管理信息系统的最终目的是使危机管理人员及时了解图书馆现状，解决可能存在的问题，把握未来的发展方向。

7.3.2 危机管理信息系统的组成

危机管理信息系统按危机处置时间顺序由危机预警管理、危机预控管理、危机处理管理、危机恢复与评估管理 4 部分组成（见图 7-4）。危机预警管理是危机管理系统的“感觉器官”，它及时、准确、全面地采集危机信息并进行分类，根据危机评价指标体系和警界线的设置做出必要的警示或反应；危机预控管理部分按照预控方案的要求完成预防准备和保障，包括常规保障和应急保障的落实；危机处理管理部分负责启动处理预案，统一调配预控系统提供的资源，同时根据预警数据调查危机成因，为危机的准确处理和及时消除隐患提供决策依据，并在危机处理结束评估造成的损失，最后形成整改方案；危机恢复管理部分按照整改方案的要求组织落实整改措施，加强抑制风险和危机的能力，并通过宣传和辅导等手段消除危机影响；危机评估管理部分负责全面评估包括组织机构在内的危机管理全系统的运行状况，形成评估报告以指导系统升级。

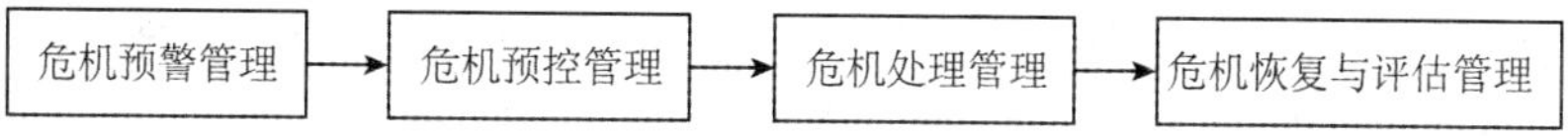

图 7－4　危机管理信息系统的组成

7.3.3　危机管理信息系统流程

如前文所述，图书馆危机管理系统按时间维存在一条宏观流程，即从危机预警、预控、处理到恢复评估；在每一模块内部按逻辑维还存在一条微观流程，即从信息的输入、分析评价再到结果的输出。图书馆危机管理系统的宏观流程如图 7－5 所示。

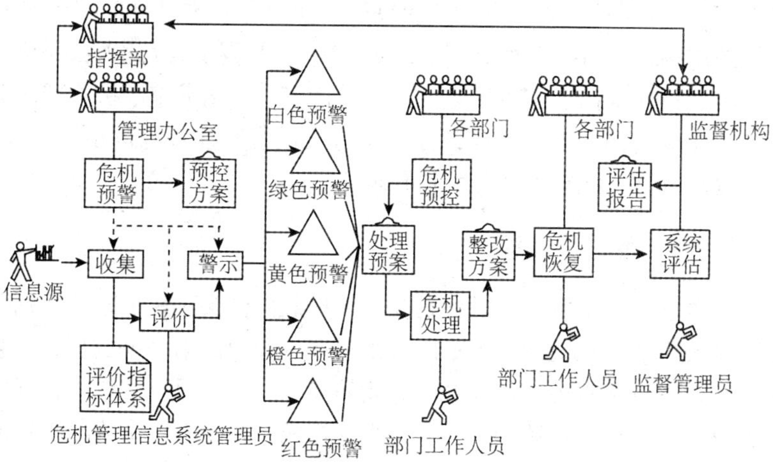

图 7－5　图书馆危机管理系统工作流程

整个工作流程从危机预警管理模块的收集监测信息源数据开始，

按照危机评价指标体系分类收集的要求，自动或人工收集相结合，由危机管理信息系统管理员实际操作，将收集的目标数据交由系统自动评价，对评价的结果按预警级别和综合警度的划分，最终经危机管理办公室或危机管理指挥部决定如何发出警报及警报知悉范围；相关部门工作人员得到警报后，按预控方案和处理预案的要求，进行预防危机发生的控制工作或进行危机处理；并按危机处理后形成的整改方案，对危机源头进行有针对性的弥补、恢复、加强等工作；最后由危机管理监督机构对整个危机管理的决策、组织、预警、预控、处理、恢复等工作进行全面评估，形成评估报告后递交危机管理指挥部，为今后工作提供参考和改进意见。

7.4 图书馆危机管理信息系统分析与设计

危机管理信息系统建设需符合三条原则：及时性、准确性和可扩展性[180]。及时性是指信息收集和决策的及时性；准确性是指信息和决策的准确性；可扩展性是指系统可定制、可重构，以此来保证及时性和准确性。根据这三条原则，我们设计了一个图书馆危机管理信息系统，主要由四大模块组成，分别是危机预警管理、危机预控管理、危机处理管理、危机恢复与评估管理。

7.4.1 危机预警管理

预警管理系统的设计目标是及时发现危机苗头，评价预警级别并准确预报。预警系统融汇大量图书馆运行过程中的第一手数据，由它生成的预控方案将指导预控系统职能的展开。预警系统按设计目标由信息收集、危机评价和警示三个子系统构成。预警系统结构与工作流程如图 7－6 所示。

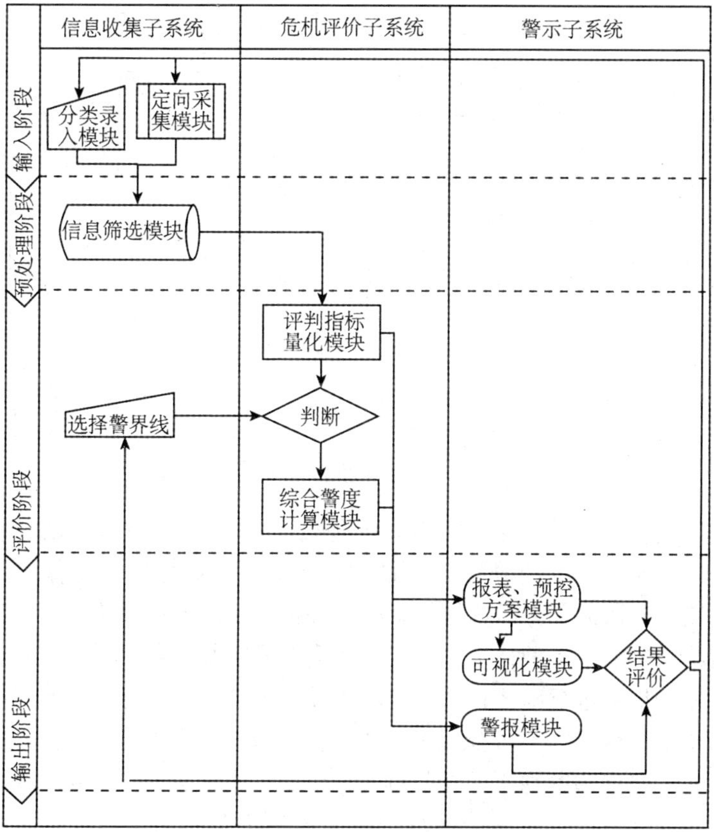

图 7－6　预警系统结构和工作流程

7.4.1.1　信息收集子系统

信息收集子系统负责全面、及时和准确地收集图书馆管理、服务、资源、网络安全和自然灾害等相关数据，经过筛选等预处理手段保证数据真实、可靠后输出给危机评价子系统用于危机评价。信息收集子系统结构与工作流程如图 7－7 所示。

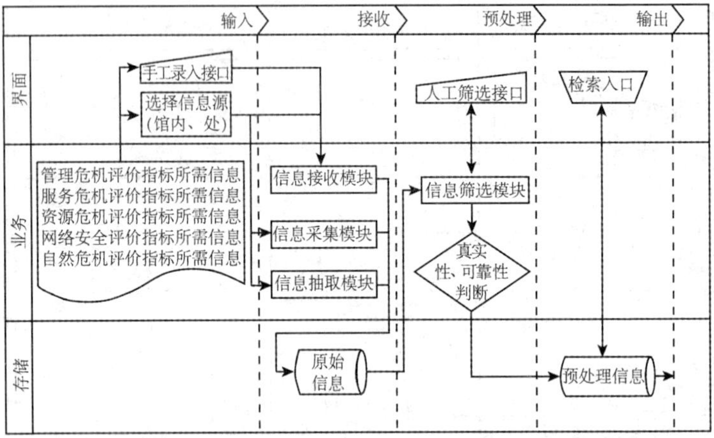

图 7－7　信息收集子系统结构和工作流程

信息收集子系统的工作流程在横向分为 4 个阶段：输入、接收、预处理和输出；纵向分为 3 层结构：界面层、业务层和存储层。其中，输入阶段的任务是选择信息源或进行手工录入；接收阶段负责利用接收和抽取等多种技术手段收集数据形成原始信息；预处理阶段负责对原始信息进行筛选；输出阶段将预处理得到的信息存储或向危机评价子系统输出。界面层负责用户交互，提供输入框、信息源选择项、人工筛选和鉴别窗口以及检索等功能；业务层提供业务逻辑的处理功能，如危机评价所需信息的分类收集机制和信息筛选机制的运用；存储层由数据库系统提供信息集中存储和管理功能。

为提高危机捕获的效率，信息收集子系统工作之前有必要制定详细的危机分类评价指标体系。危机分类评价指标体系的内容是危机管理中重点防范的对象，它的任务不仅用来评价危机而且还用来指导信息收集的工作。分类收集的做法相对于先收集信息再分类的做法，可操作性更强。

信息收集子系统首先需要明确各类危机的所有可能的信息源，便于供选择和分类获取有效数据。根据图书馆危机分类评价指标编码体系中的具体指标，信息源应能充分提供评价所需的信息。

信息源及相关信息收集方法如表 7－5 所示。

表 7－5　分类收集信息源及收集方法

<table>
<tr><th>危机分类</th><th colspan="2">可能的信息源</th><th>收集方法</th></tr>
<tr><td rowspan="13">管理危机</td><td rowspan="4">馆务平台</td><td>运营情况</td><td rowspan="4">人工与自动收集相结合，采集数据库中特定字段或进行手工录入</td></tr>
<tr><td>人才建设情况</td></tr>
<tr><td>法律建设情况</td></tr>
<tr><td>制度建设情况</td></tr>
<tr><td rowspan="4">媒体宣传情况</td><td>宣传媒体</td><td rowspan="4">人工收集或借助搜索引擎收集，手工录入</td></tr>
<tr><td>宣传措施内容</td></tr>
<tr><td>宣传数量统计</td></tr>
<tr><td>负面新闻数量、内容</td></tr>
<tr><td rowspan="5">安全管理情况</td><td>安全管理制度制定和执行情况</td><td rowspan="5">人工收集，手工录入</td></tr>
<tr><td>安全管理经费投入统计</td></tr>
<tr><td>安全设备设施种类、数量统计</td></tr>
<tr><td>员工安全意识、知识教育考核情况</td></tr>
<tr><td>突发性公共事件、恐怖事件应急预案制订情况</td></tr>
<tr><td rowspan="7">资源危机</td><td rowspan="4">馆藏资源管理平台</td><td>资源采购统计结果</td><td rowspan="4">人工与自动收集相结合，采集数据库中特定字段</td></tr>
<tr><td>数字资源统计结果</td></tr>
<tr><td>纸质资源统计结果</td></tr>
<tr><td>纸质资源与数字资源的关系的统计结果</td></tr>
<tr><td colspan="2">馆藏资源质量评价结果</td><td>人工收集，手工录入</td></tr>
<tr><td rowspan="2">学科建设情况</td><td>馆藏资源与学科建设的协调手段</td><td rowspan="2">人工收集，手工录入</td></tr>
<tr><td>促进学科建设的措施途径</td></tr>
</table>

续表

<table>
<tr><th>危机分类</th><th colspan="2">可能的信息源</th><th>收集方法</th></tr>
<tr><td rowspan="10">服务危机</td><td rowspan="4">综合评价因素</td><td>服务制度是否健全</td><td rowspan="4">人工收集，手工录入</td></tr>
<tr><td>服务质量高不高</td></tr>
<tr><td>人员素质是否过硬</td></tr>
<tr><td>服务方式是否齐全</td></tr>
<tr><td colspan="2">读者服务安全的措施内容</td><td>人工收集，手工录入</td></tr>
<tr><td colspan="2">特殊读者服务的方式和内容</td><td>人工收集，手工录入</td></tr>
<tr><td colspan="2">参考咨询服务方式</td><td>人工收集，手工录入</td></tr>
<tr><td rowspan="2">服务满意度调查结果</td><td>在线调查</td><td>人工与自动收集相结合，采集数据库中特定字段</td></tr>
<tr><td>问卷调查</td><td>人工收集，手工录入</td></tr>
<tr><td>网络服务日志和服务统计结果</td><td>访问量、响应速度、服务时长、停机故障次数、检准率等</td><td>人工与自动收集相结合，采集数据库中特定字段</td></tr>
<tr><td rowspan="6">网络安全危机</td><td colspan="2">机房设备管理系统</td><td rowspan="6">人工与自动收集相结合，采集数据库中特定字段</td></tr>
<tr><td colspan="2">交换机运行管理系统</td></tr>
<tr><td colspan="2">服务器运行管理系统</td></tr>
<tr><td colspan="2">磁盘阵列运行管理系统</td></tr>
<tr><td colspan="2">网络终端运行管理系统</td></tr>
<tr><td colspan="2">网络防火墙运行管理系统</td></tr>
</table>

续表

危机分类	可能的信息源		收集方法
网络安全危机	网络防病毒运行管理系统		人工与自动收集相结合，采集数据库中特定字段
	UPS 运行管理系统		
	空调系统		
自然危机	自然灾害处理预案的制订情况	火灾、地震、台风、疾病或传染病等	人工收集，手工录入
	空气质量监测结果	阅览空间	人工收集，手工录入
		读者活动空间	
	安全设施有效性监控结果	防火措施	人工收集，手工录入
		防水措施	
		库房防尘措施	
		地面防滑措施	
		楼梯防滑措施	
		空气防污染措施	
		饮水防污染措施	
		噪声防污染措施	
	文献保存保护监控结果	防虫措施：防鼠措施	人工收集，手工录入
		防虫措施：防蟑螂措施	
		防虫措施：防螨虫措施	
		文献防尘措施	
		防潮措施：温度监测	
		防潮措施：湿度监测	
		防潮措施：除湿设备有效性	
		防盗措施：门禁	
		防盗措施：磁条	
		防盗措施：RFID	
	电力系统监测结果		人工收集，手工录入

对于定量指标尽量采用计算机自动收集的方式从馆内外信息源定向采集信息，以降低人工成本；对于不适宜自动收集的定量指标和定性指标系统提供手工录入界面，按危机不同类别和指标收集周期要求，按时录入相关信息。

信息收集子系统中关键的模块包括信息采集、信息抽取和信息筛选。信息采集模块负责与图书馆内各业务系统、网络安全管理系统以及设备设施监测系统建立接口程序采集相关数据库中的特定字段的值。信息采集是一种被动的信息接收方式，一般信息源提供哪些信息，信息采集模块就接收哪些信息，受信息源的影响较大，是被动的一方。如果信息源出错或瘫痪，应利用信息筛选模块进行信息甄别和过滤，对故障信息源作出判断并及时通知管理员。信息抽取模块负责定向从馆内外的网页中抽取相关信息，在收集信息源的角色中扮演主动的一方。该模块不与具体系统建立接口程序而是通过识别信息源的网页特征自动抽取有价值信息，如气候数据、图书馆公共事件数据以及其他不便于通过建立接口程序进行信息采集的网络信息等。如果其中一个信息源发生故障则可选择替代信息源进行相关信息的抽取。信息筛选模块负责对收集来的信息进行合法性、真实性和可靠性的甄别和过滤，采用交叉验证和历史验证的方法，过滤干扰和虚假信息。该模块同时提供人工筛选界面。对于定量指标数据，如来自图书馆内部各业务系统的统计数据、网络管理中的监控数据以及设施设备的监测数据，可以选择过滤或不过滤；对于定性指标信息可采用信息搜索中主题相关度判断模型，如向量空间模型、概率推理模型等进行过滤并结合必要的人工指导。

信息采集通过与图书馆内部多个异构系统建立接口采集相关数据，达到同时监控多个系统的目的，是目前最主要的实现自动收集危机评价信息的方法。下面重点介绍基于多个异构系统的监控数据的采集方案设计。

信息采集模块统一采集图书馆网络系统的资源与服务的使用情

况，实现统一监控的重要功能，对于支持SNMP的系统，以标准的SNMP接口方式向业务支撑平台的网络监控系统采集所有相关的管理数据；对于不能支持SNMP标准协议的系统以开放接口和定制API的形式采集相关的管理数据。信息采集原理如图7－8所示。

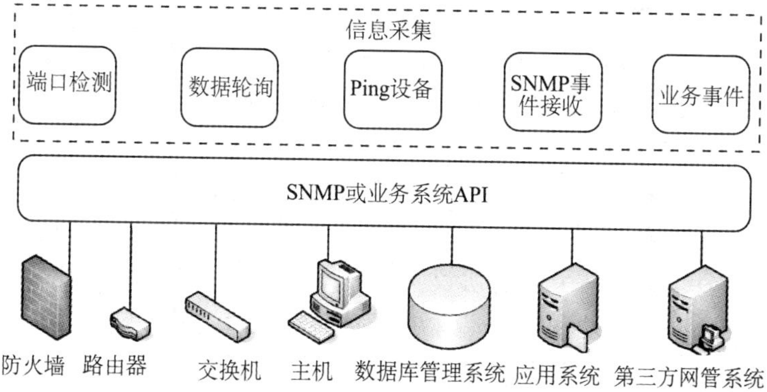

图7－8　信息采集原理

7.4.1.1.1　采集对象

采集对象是指借助信息采集模块与接口服务，实现图书馆资源与服务运行和状态数据的监控与采集的图书馆内部网络版的各管理系统或业务系统。具体包括：馆务平台、采编管理平台、文献检索平台、参考咨询服务平台、流通服务平台、在线调查系统、机房设备管理系统、交换机运行管理系统、服务器运行管理系统、磁盘阵列运行管理系统、网络终端运行管理系统、网络防火墙运行管理系统、网络防病毒运行管理系统、UPS运行管理系统、其他网络运维平台。

7.4.1.1.2　采集内容

从内容上看，信息采集模块参照危机评价指标重点采集网络性能、服务器性能、应用系统性能等针对图书馆内部系统多层面、多属性的管理数据；针对网络系统的业务逻辑状态、系统设备状态以及关键点的数据采集；并且可以采用定制形式采集不同层面的业务属性，能够反映图书馆网络系统的运行状态；同时能够实现以事件为驱动，在最短的时间内发现故障，通知责任人员。

7.4.1.1.3 采集功能

从功能上看，信息采集模块具有以下功能：数据的采集；数据的存储；数据的统计。

其中，采集功能包括网络拓扑结构发现、网络性能参数监控、网络故障信息监控、操作系统性能监控、数据库管理监控、存储资源监控、业务流程监控、应用软件监控等；统计功能是指对监控管理的中间数据进行统计，如对网络系统内的终端使用情况进行统计等。

7.4.1.1.4 技术架构

信息采集模块采用的协议主要是 SNMP[181]。传统的 SNMP 协议必须安装服务器端和客户端才能够实现对 MIB（管理信息库）[182]信息的存取。而借用 WBEM 标准[183]则可实现与基于 SNMP 协议的管理应用和代理的交互，用基于 Web 方式来实现 SNMP 的管理信息库和管理应用。采集模块的技术架构如图 7－9 所示。

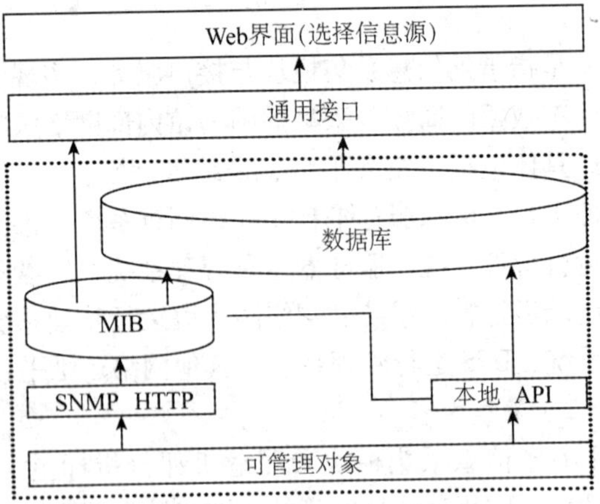

图 7－9 采集模块技术架构（虚线框部分）

信息采集模块通过 Web 界面监控可采集对象。可采集的对象包括网络中的设备资源、业务流程等。对于支持 SNMP 协议的对象可以将 SNMP Server 采集而来的数据存放到 MIB 表中，对于不支持 SNMP 协议的设备可以通过开放设备接口或者开发 API 模拟 SNMP 获取相关指标的值。对于支持和不支持 SNMP 协议的设备采集到的数据，有以下两种处理方案。

①将支持 SNMP 对象采集到的数据存放到统一的 MIB 里面，MIB 为 SNMP 采集信息存储地，通用接口通过调用 MIB 的信息，将 SNMP 采集的数据展现给管理员。

②将不支持 SNMP 对象采集而来的数据存放到专门的信息存储数据库，同时将 SNMP 采集到的存放在 MIB 中的信息上传到信息存储数据库，最后通用接口通过调用专门存放信息的数据库的信息，将采集的数据展现给管理员。

管理员可以对采集对象进行编辑，增加属性，如设备名称、设备 IP 地址等。对于指定设备直接浏览设备性能、当前配置、端口性能，端口状态，Trunk 状态，VLAN 状态，路由表、预警事件等。

7.4.1.1.5　故障发现原理

信息采集的重点是发现故障。发现故障的过程被称为故障检测。故障检测实际上包含了网络管理中的性能管理和失效管理，性能管理是监视、分析网络性能的过程；失效管理是检测网络中的故障并定位故障的过程。

SNMP 本质是建立在一个简单的轮询机制上，根据此机制，故障检测可实现系统实时查找故障（包括性能故障和 TRAP 故障），通过轮询 MIB，收集数据。故障检测流程如图 7－10 所示。

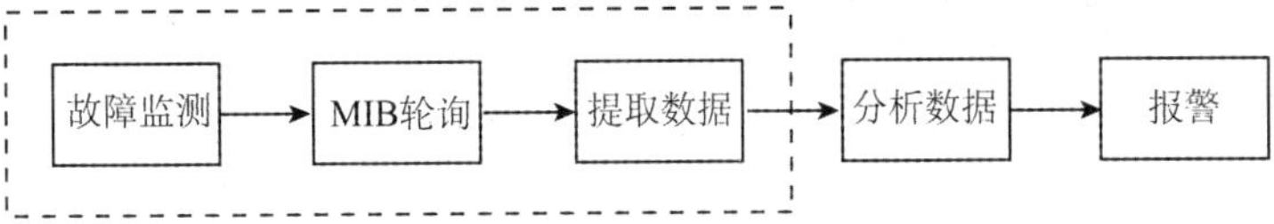

图 7－10　故障检测流程（虚线框部分）

图中由虚线框包围的部分为故障检测在信息采集模块中的功能。

故障监测为故障检测做好数据准备；MIB 轮询是指实时地查询和设置 MIB 库中的变量，获取网络实时信息；提取数据，把一些影响网络性能的数据提取出来，放入自定义的数据库。这些性能数据是进行故障检测诊断的依据。

分析数据是危机评价子系统的主要任务，将提取到的数据与预定的阈值进行比较，进行异常判断。

报警则是由警示子系统负责的一系列操作，包括把故障项放入日志文件、通过窗口实时显示、提出恢复建议以及报告给管理员等。

7.4.1.2 危机评价子系统

7.4.1.2.1 系统结构与工作流程概述

为提高危机捕获的效率，危机评价子系统工作之前有必要建立详细的危机分类评价指标体系。危机分类评价指标体系的内容是危机管理中重点防范的对象，它的任务不仅用来评价危机而且还用来指导信息收集的工作。危机评价子系统结构与工作流程如图 7 – 11 所示。

危机评价子系统依据图书馆危机评价指标体系，对分类收集来的信息进行逐一分析评价判断、计算各自预警级别再计算出综合警度。其中，危机评价指标体系的建立、分析判断的具体方法以及计算综合警度的算法是三个关键环节。

判断一项具体评价指标预警级别的方法，首先将收集来的非量化信息作量化处理，经量化的指标数据与设定的预警范围进行匹配，对符合预警条件的指标数据再进行综合警度的计算；其次对于不能量化的定性指标需要靠人工判断，决定其预警级别。

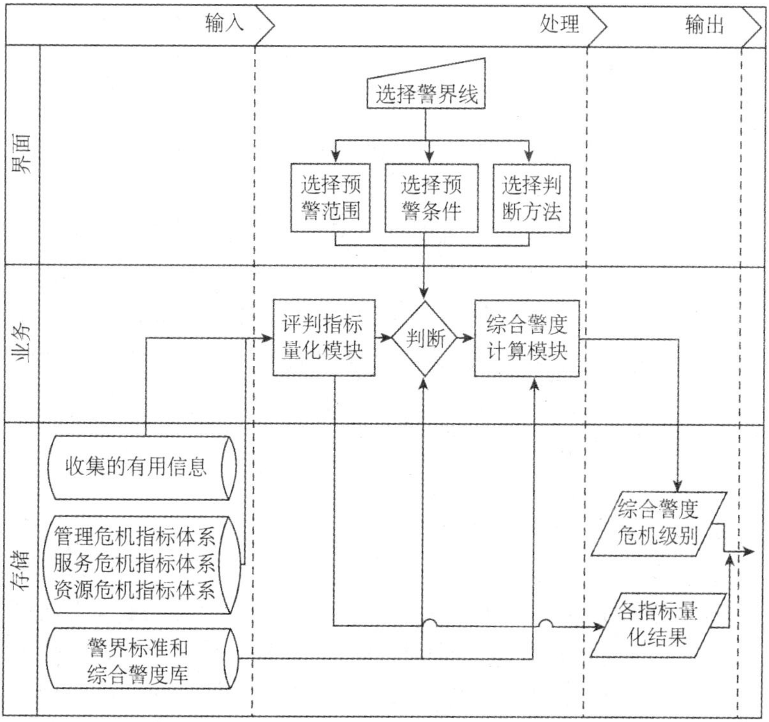

图 7－11　危机评价子系统结构和工作流程

采用模糊综合评价法建立综合警度计算模型是目前文献中出现较多的一种方法[184]。但模糊综合评价法是建立在定量指标基础之上的，对于定性指标较普遍的图书馆管理、资源和服务类危机这种方法并不实用。综合警度是各指标预警级别的综合计算结果，其划分参考文献[185]的做法分为五级，具体划分区间如表 7－6 所示。

表 7－6　综合警度取值范围

综合警度	良好	正常	低度	中度	高度
取值范围	$8 \leqslant x < 10$	$6 \leqslant x < 8$	$4 \leqslant x < 6$	$2 \leqslant x < 4$	$0 \leqslant x < 2$

为便于直观地描述危机成因，评价子系统不仅要将综合警度传

递给警示子系统，而且还要将各评价指标量化结果传递给报表或可视化模块用于详细展示危机来源，以利于有针对性地开展危机预控行动。

预警级别用于衡量每项危机评价指标的危机级别，它与综合警度一起传递给警示子系统处理。危机评价指标的预警级别客观反映了危机来源并增强了危机预防的针对性。其中，评价分值（≤10）是对指标的量化处理，它代表了某一项指标在危机损害程度上的评价得分。对于管理、资源和服务类危机而言，其大部分指标都属于定性指标，为便于进行综合警度的计算，有必要对每一项指标统一进行量化处理。需要指出的是，对于特别严重的危机其分值分配为0代表其参与计算后的综合警度结果将是“高度”。

7.4.1.2.2　针对模糊性危机的综合警度计算方法

传统的图书馆危机主要来自自然灾害和网络安全事故，这两类危机所表现的方式比较直观，带来的危害比较直接，因而可以比较明确地判断出危机的程度。这里将自然危机和网络安全危机定义为确定性危机。确定性危机的评价通过其所属评价指标的异常情况直接确定预警级别并迅速报警，不参与综合警度的计算；但图书馆中的管理、资源和服务类危机的评价比较模糊，并没有确定性的标准来评价危机的级别或损害程度。因此，将图书馆管理、资源和服务类危机定义为模糊性危机。多项模糊性危机的评价指标同时或在较短时间内陆续出现异常，其综合危机效应较难人为确定，因此比较适合采用综合警度计算模型来客观、科学地对危机进行概括评价。现举例说明针对模糊性危机的综合警度计算方法在图书馆危机评价中的运用。

模糊性危机的评价指标及其预警级别如下。

首先，通过信息收集子系统得到危机分类评价指标体系中的异常指标并为其分配预警级别，如表7－7所示。

表 7－7　危机分类评价指标体系中的异常指标

危机类别	编码	具体指标	预警级别	单项指标是否报警
管理	01001003001	运营成本高	Ⅳ级	是
	01004004003	监督检查措施缺失	Ⅳ级	是
资源	02005004002	数字资源无备份	Ⅴ	是
	02006003002	只是在书库不够用时才对藏书进行剔旧	Ⅱ	是
服力	03006006003	网络服务响应速度较慢	Ⅲ	是
	03006007001	停机故障次数，偶尔	Ⅰ	否
网络安全	04005005001	交换机状态，网络缓慢	Ⅲ	是
	04010004002	机房空调运转状态不正常	Ⅴ	是
自然	05004001002	文献保存保护，防鼠措施失效	Ⅳ级	是
	05003004002	地面防滑措施失效	Ⅲ	是

其次，从中选出模糊性危机的异常指标数据，如表 7－8 所示。

表 7－8　模糊性危机的异常指标数据

危机类别	编码	具体指标	预警级别	单项指标是否报警	评价分值
管理	01001003001	运营成本高	Ⅳ级	是	4
	01004004003	监督检查措施缺失	Ⅳ级	是	4
资源	02005004002	数字资源无备份	Ⅴ	是	2
	02006003002	只是在书库不够用时才对藏书进行剔旧	Ⅱ	是	8
服务	03006006003	网络服务响应速度较慢	Ⅲ	是	6
	03006007001	停机故障次数，偶尔	Ⅰ	否	10

第三，用评价分值表示这些指标。

评价分值代表了评价指标的可能的危机程度。对于模糊性危机，其危机程度较难确定，如“运营成本高”可能带来的危机是模糊、潜在的，对图书馆建设和发展造成的损害可能是裁员、缩减采购预算、减少服务项目以及影响软硬件设备的配置等。出现这样的危机并对其评价的目的是要提醒管理者及时主动地采取应对措施来抵御和预防可能造成的危害。评价分值的确定是为计算综合评价结果提供便利，但并不是所有的评价指标都用于综合警度的计算。这是因为评价指标的数量因馆而变，而且把所有的模糊性指标全部用于计算，复杂度增大，也没有必要。以往文献中提出的综合警度计算方法将所有评价指标统统纳入计算范围的做法在实践中较难推广。为简化计算、突出问题，这里提出一种只对评价模糊性危机的异常指标进行综合警度计算的方法。如果所有指标没有出现异常情况，则可省去计算过程直接显示状态良好。

第四，从中选出参与综合警度计算的异常指标数据，如表7－9所示。

表7－9　参与综合警度计算的异常指标数据

危机类别	编码	具体指标	预警级别	单项指标是否报警	评价分值
管理	01001003001	运营成本高	Ⅳ级	是	4
	01004004003	监督检查措施缺失	Ⅳ级	是	4
资源	02005004002	数字资源无备份	Ⅴ	是	2
	02006003002	只是在书库不够用时才对藏书进行剔旧	Ⅱ	是	8
服务	03006006003	网络服务响应速度较慢	Ⅲ	是	6

综合警度的计算分为以下两种情况。

一是综合警度 X 是模糊性危机的所有异常指标的评价分值 A_i 的算法平均值。但它的前提是所有评价分值不为0的情况下。用公式表示：

$$X = \frac{\sum_{i}^{n} A_i}{n}$$

二是如果有一项评价分值为0即该异常指标的预警级别为“特别严重”，则综合警度就确定为“高度”，可略去计算过程。

对上例而言：

$$X = \frac{4+4+2+8+6}{5} = 4.8$$

由此可确定综合警度属“低度”。

此方法与其他方法相比的优点：将定性指标量化处理，将模糊性危机评价指标赋予一定的分值，有利于利用数学模型进行综合警度的计算；只计算异常指标简化了算法复杂度，突出了综合警度的针对性；评价分值的作用不仅体现了评价指标的预警级别，同时也体现了其造成危机的重要程度即权重，简化了权重计算过程。本方法的不足是评价分值需要人为事先确定，有一定的人工负担。但是评价分值可以与评价指标同步确定，即在确定一项危机评价指标的同时就分配相应的评价分值。因此，一旦明确了各指标的评价分值后，针对模糊性危机的综合警度计算方法操作相对简便、高效，评价结果比较可靠、实用。

7.4.1.2.3　警示子系统

警示子系统完成两项主要任务：一是选择合适的方式发出报警信息；二是制订预控方案。

警报方式分为通过广播传送声音警报、通过网络传送电子邮件警报、通过电信网络传送短信警报、通过电脑屏幕弹出报警窗口等。警报的接收端和接收范围按综合警度应加以控制，低度警报直接传送给值班员，中度以上警报应由决策机构发出并决定知悉范围。具体危机评价指标发生异常，如在三级预警级别以下则直接通知相关责任部门处理解决。

报表、预控方案模块汇总全部危机评价指标状态信息的基础上制订预防控制危机的方案，作为危机预控管理的依据。可视化模块以图形的方式展示危机因果联系，将危机评价指标状态和可能造成的危机之间的联系揭示出来，从而推断危机成因和辅助决策。警示子系统结构与工作流程如图 7－12 所示。

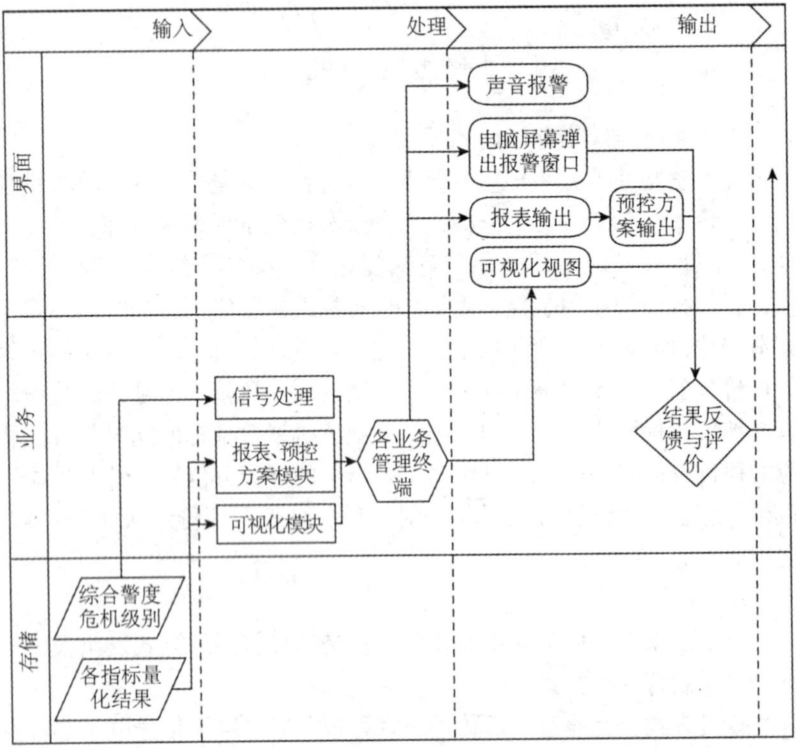

图 7－12　警示子系统结构和工作流程

预控方案内容主要包括：执行部门与人员、执行期限、所需经费、所需物资、采取措施与步骤、预控效果和完善建议等。

7.4.2　危机预控管理

危机预控管理是一种“事前处理”，此时危机尚未发生，危机预控管理系统负责根据报警开展有针对性的预防和控制危机发生的工作。因此，危机预控系统的目标是采取必要的措施预防危机的发生，并为危机来临时的响应处理做好前期准备。该系统由预控保障子系统和预案管理子系统组成，系统结构与工作流程如图 7－13 所示。

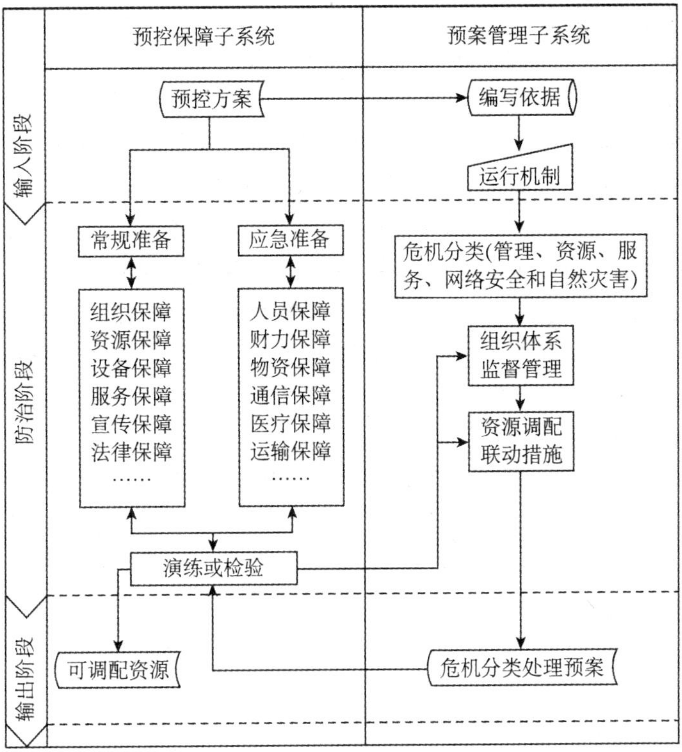

图 7－13　预控系统结构和工作流程

7.4.2.1　预控保障子系统

预控保障子系统的目标是实现各类资源的准备，包括常规准备模块和应急准备模块。常规准备模块按预控方案中“中、低警度”提出的要求进行信息资源、设施设备、服务、宣传以及法律等方面的强化与保障，以控制中、低警度危机的发生。应急准备模块按预控方案中“高警度”提出的要求进行人、财、物、通信、医疗以及交通运输等方面的保障任务，以预防特别严重危机的爆发。保障执行状况需要通过演习或演练等手段加以检验和保证。预控保障子系统管理的可调配资源将直接用于危机处理。

重点功能包括以下几个方面。

（1）通过常规准备来控制中、低警度的报警

首先，需要明确中、低警度的报警内容。中、低警度的报警内容以具体异常指标预警级别为依据。如果具体危机评价指标的预警级别为“严重”以下，则一律交由常规准备模块来控制。这里，将危机划分为模糊性危机和确定性危机。其中，模糊性危机（管理、资源和服务类危机）的评价指标用于综合警度的计算；确定性危机（网络安全和自然危机）的评价指标异常情况不用来计算综合警度而是直接进行具体指标的报警。因此，中、低警度的报警内容应以具体异常指标预警级别为依据，才能对全部危机有效涵盖。

通过常规准备来控制具体指标异常情况：第一，使危机预防工作具有针对性；第二，避免了资源浪费；第三，达到不放过任何危机苗头的目的。

其次，需要明确常规准备的措施。由预警管理系统生成并输出的《预控方案》是常规准备的主要依据，具体需要交由业务部门展开相应的预防和控制工作。

对于上例而言，具体措施内容如表 7－10 所示。

表 7－10　中、低警度的报警内容及预控措施

危机类别	编码	具体指标	预警级别	单项指标是否报警	预控措施
管理	01001003001	运营成本高	Ⅳ级	是	适当增加投入、提高效率
	01004004003	监督检查措施缺失	Ⅳ级	是	完善组织建设、制度建设

续表

危机类别	编码	具体指标	预警级别	单项指标是否报警	预控措施
资源	02005004002	数字资源无备份	V	是	投入设备、降低风险
	02006003002	只是在书库不够用时才对藏书进行剔旧	Ⅱ	是	设立专人专岗，作为定期和常规性工作
服务	03006006003	网络服务响应速度较慢	Ⅲ	是	加强技术更新和设备维护
	03006007001	停机故障次数，偶尔	I	否	属正常范围，继续加强日常设备监控即可，不必投入巨大的人、财、物力
网络安全	04005005001	交换机状态，网络缓慢	Ⅲ	是	加强技术更新和设备维护
	04010004002	机房空调运转状态不正常	V	是	快速修复或启用备用空调
自然	05004001002	文献保存保护，防鼠措施失效	Ⅳ级	是	重新恢复防鼠措施
	05003004002	地面防滑措施失效	Ⅲ	是	及时修复、加强宣传或公告

（2）通过应急准备来控制高警度的报警

同样需要明确高警度的报警对象。高警度的报警内容是指具体报警指标中的预警级别为“特别严重”的异常指标。

对于确定性危机而言，“特别严重”的异常指标表示危机发生迅速、损害程度大、后果特别严重，因此需要重点预防和急速控制；对于模糊性危机而言，“特别严重”的异常指标出现的概率则相对要小。

从控制的报警内容来看，常规准备模块与应急准备模块的分工是比较明确的。应急准备的具体措施举例说明如表 7－11 所示。

表 7－11　高警度下应急准备的具体预控措施

危机类别	编码	具体指标	预警级别	单项指标是否报警	预控措施
管理	01006009002	无恐怖事件发生时的处理预案	Ⅵ级	是	制订预案并按要求做好准备和预防工作
网络安全	04007003006	数据库无备份	Ⅵ级	是	迅速投入设备、技术，组织相关人员、建立定期自动备份制度等
	04009003002	磁盘阵列异常	Ⅵ级	是	迅速排除故障或暂停使用并更换损坏磁盘等
自然	05001002002	火灾发生时的处理预案	Ⅵ级	是	制订预案并按要求做好准备和预防工作
	05003001002	防火措施失效	Ⅵ级	是	迅速恢复防火措施或增加备用设施

(3) 演练或检验

检验或演练是检查预控措施的有效性和预案可行性的必要环节。该环节对预控措施和预案的内容进行逐项确认，对不符合规定和要求或不可行的内容返回修改，确认无误后存入可调配资源库。可调配资源库一方面为危机处理做准备；另一方面指导预控工作的开展。

7.4.2.2　预案管理子系统

预案是可调配资源库的重要组成。预案管理子系统的目标是实现危机分类预案管理，为危机处理启动相应预案做好前期准备。预案的编写依据来自危机预警系统生成的预控方案，分为常规预案和应急预案。两类预案均需对危机分类有针对性地制订。

常规预案与应急预案的区分以危机的评价为依据，凡“特别严重”危机采用应急预案，“严重”或“比较严重”以下的危机采用常规预案加以处置。属确定性危机的网络安全和自然危机出现特别严重危机的可能性较大，因而应急预案也往往针对这类危机而制订；属模糊性危机的管理、资源和服务危机出现“严重”以下危机的可能性较大，因而更多的是启用常规性预案进行处置。

7.4.3 危机处理管理

危机处理管理是一种“事后处理”，此时危机已经或正在发生，危机处理管理系统负责启动处理预案或调配相应资源进行消灭危机或减轻危机的损害。对于自然灾害、公共事件等突发性较强的危机和决策机构认定为已经发生并开始产生严重或特别严重危害的危机应迅速启动应急预案进行危机处理，以减少损失。危机处理系统肩负两项职能：一是启动处理预案，对危机做出及时响应；二是调查危机来源和成因寻求解决方案，评估损失危害程度，为后续恢复工作提供决策依据。危机处理系统结构与工作流程包括两个子系统——响应和调查，如图 7－14 所示。

7.4.3.1 危机响应子系统

不可避免的危机分为可预测的但已无法避免的危机和不可预测的突发性危机两类。大多数危机如管理、资源、服务或网络安全危机等，属于可预测但已无法避免的危机，需要启动相应的常规或应急预案来进行危机的处理；对于突发性公共事件、恐怖事件及自然灾害等危机，属于不可预测的危机，预警系统无法或不能预先发出报警信息，此时对危机的处理也需要迅速启动应急预案进行处理。对无现成处理预案的危机应由决策机构及时调配由危机预控系统事先准备的应急保障资源，展开对危机事件的处理。对危机的处理更多的要依靠组织行为，而不是计算机行为，主要发挥的是危机管理大系统中危机管

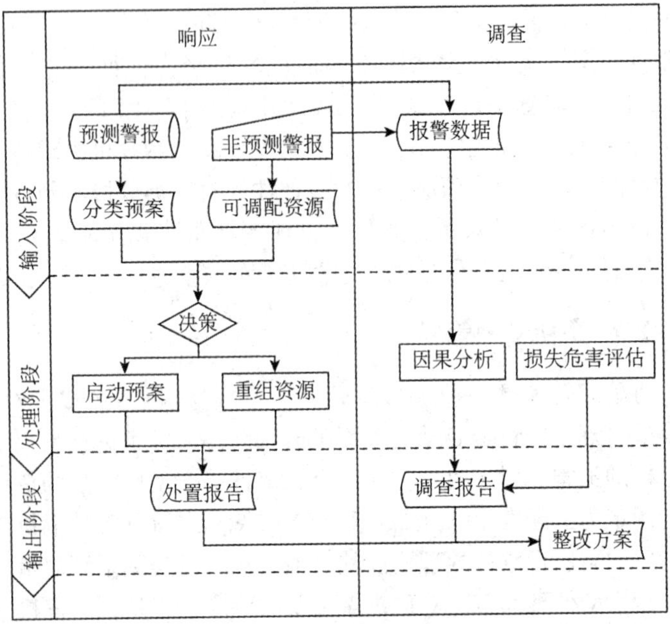

图 7－14　危机处理系统结构和工作流程

理组织的作用。危机治理过程和结果应形成处置报告，作为输出整改方案和日后评估危机处理工作的依据。

下面通过对 570 多家各类图书馆访问调查得到的几则真实危机处理案例来说明危机治理的过程和处置报告的主要内容。

①可预测的但已无法避免的危机，如表 7－12 所示。

表 7－12　可预测的但已无法避免的危机案例

案例 1	
案例描述	由于学校实行正式编制和人事代理（即雇员制）两种用人管理制度，造成人员流动、队伍不稳定等难以解决的问题。解决办法，核定馆人员编制总数，明确专业员工学历，保证所对应的用工性质，为雇员制员工争取同等工作和福利待遇

续表

危机评价指标的预警	01001003001，年人才外流数量的评价是“严重”，Ⅳ级预警级别；01001006002，激励机制是否健全的评价是“一般”，Ⅲ级预警级别
危机处理预案	核定馆人员编制总数，明确专业员工学历，保证所对应的用工性质，为雇员制员工争取同等工作和福利待遇
危机处理过程	按危机处理预案组织实施
危机处理结果	有效解决人员不稳定危机
案例2	
案例描述	某图书馆出现的危机主要是面临数字化和网络化的挑战，即该馆的人员知识结构远远适应不了数字信息资源的管理与服务。鉴于此，该馆首先增强大家的危机意识，接着采取学历学位教育、培训、学术交流、自学等形式来更新馆员的知识结构，提高图书馆的服务水平；同时，该馆及时采取激励措施，鼓励馆员大力开展科研活动；另外，该馆还实施人性化管理，增强馆员的主人翁意识，极大地提高了全馆人员的积极性
危机评价指标的预警	01001002003，专业人员是否紧缺的评价是，紧缺，Ⅴ级预警级别；03001003002，人员素质是否过硬的评价是，一般，Ⅱ级预警级别；02001004003，服务方式是否齐全的评价是，单一，Ⅳ级预警级别
危机处理预案	采取学历学位教育、培训、学术交流、自学等形式来更新馆员的知识结构，提高图书馆的服务水平；及时采取激励措施，鼓励馆员大力开展科研活动；实施人性化管理，增强馆员的主人翁意识
危机处理过程	按危机处理预案组织实施
危机处理结果	抵御数字化和网络化冲击的能力明显增强，对数字资源的管理和服务水平有较大提高

②不可预测的突发性危机。这类危机占了危机处理中的大多数，如表7－13所示。

表 7－13　不可预测的突发性危机案例

案例1	
案例描述	某图书馆在两年前曾发生一起入馆偷盗检索用的计算机事件。在第二天工作人员开门时发现异常，随即停止进入检索大厅，并报案，在公安人员取证后才开始正常上班，随即进行线索追踪。由于该馆地处公园，地理环境复杂，但在公安和知情人员的帮助下，随即锁定嫌犯，并在两天内找回所有丢失的计算机，一周之内即破获此案，显示了办事的高效率
危机处理预案	突发盗窃案件的处理预案
危机处理过程	启动应急预案，按危机处理预案组织实施：发现异常，随即停止进入检索大厅，并果断报案
危机处理结果	找回所有丢失的计算机
案例2	
案例描述	曾经发生过突发性事件，读者讲座活动的方案没有预计到馆人数，实际到馆人数超过设计活动人数200%。寻求公安机关配合，安抚情绪不稳定读者，发布另行举办活动的通知，尽量安排工作人员维持秩序，没有发生安全事故
危机处理预案	无法预测，无现成应急预案
危机处理过程	采取临时措施：寻求公安机关配合，安抚情绪不稳定读者，发布另行举办活动的通知，尽量安排工作人员维持秩序
危机处理结果	没有发生安全事故

续表

案例3	
案例描述	某图书馆曾于2007年6月发生过重大漏水事件，主要是因为施工单位补修楼顶，没有采取保护措施，晚上下大雨所致。这次漏水涉及三楼到一楼共三个楼层，对该馆的珍贵文献造成了一定的损失。但由于该馆的制度比较健全，行动迅速，因而最大限度地减少了损失的程度。具体措施：及时通知有关岗位的工作人员，进行现场保护，排出积水，转移文献和设备；第一时间向学校领导汇报情况，学校领导及时召集后勤部门和施工单位负责人，及时对楼顶进行安全保护处理，在最短的时间堵住了漏水的源头
危机处理预案	防漏水事故危机应急预案
危机处理过程	启动应急预案：按危机处理预案组织实施
危机处理结果	对珍贵文献造成了一定的损失
案例4	
案例描述	地震时大部分图书被震到地上，一些设备也被损坏，图书馆全体馆员参与震后重建工作，迅速将图书重新上架，并做好防火防盗防震工作，图书馆在这次地震中，反应及时、快速，使图书馆的损失降到了最低
危机处理预案	地震发生时的处理预案
危机处理过程	启动应急预案：按危机处理预案组织实施
危机处理结果	使损失降到了最低
案例5	
案例描述	读者对服务工作不满，在媒体与网络曝光，引起公众舆论，损害图书馆社会形象
危机处理预案	突发性公共事件应急预案

续表

危机处理过程	启动应急预案，采取以下措施： ①第一时间与读者沟通，取得读者谅解；②想方设法找到读者所需资料，解决读者的问题；③检查服务政策的漏洞，修订服务规章制度；④按相关规定处理员工服务态度及责任心等方面的问题，并通报全馆；⑤召开员工大会，要求引以为戒；⑥向上级领导汇报处理结果
危机处理结果	消除危机
案例6	
案例描述	读者在馆内发病且摔伤
危机处理预案	读者安全救治应急预案
危机处理过程	启动应急预案，采取以下措施： ①拨打120急救中心或拦截出租车，派员护送读者去医院，并垫付医药费；②通知读者亲属、领导、同事等来现场或医院；③对读者提出的赔偿要求，婉言拒绝，做好解释工作
危机处理结果	消除危机

7.4.3.2　危机调查子系统

对危机的妥善处理离不开对危机成因和来源的准确把握，调查模块一方面通过专家分析报警数据和警报来源，准确判断出危机发生和发展的薄弱环节，生成危机成因调查报告，作为恢复阶段重点整改内容的依据；另一方面负责客观、真实地评估危机已造成的损失和损害程度，必要时可请第三方专业评估机构进行鉴定。

对于危机已经造成的损失有时比较容易确定，而有时难以确定。例如，计算机等设备的损失较容易估算其损失价值，而人才严重外流造成的损失就较难估算。因此，对危机造成的损失可以参照危机评价时的预警级别来进行大致评估，如表7－14所示。

表7-14　危机评价时的预警级别

损失严重程度	损失级别
特别严重的损失	Ⅳ级
严重损失	Ⅲ级
比较严重的损失	Ⅱ级
轻微损失	Ⅰ级

下面举案例说明危机调查的过程和调查报告的主要内容，如表7-15所示。

表7-15　危机调查的过程和调查报告的主要内容

案例1	
案例描述	由于学校实行正式编制和人事代理（即雇员制）两种用人管理制度，造成人员流动、队伍不稳定等难以解决的问题。解决办法，核定图书馆人员编制总数，明确专业员工学历，保证所对应的用工性质，为雇员制员工争取同等工作和福利待遇
危机评价指标的预警	01001003001，年人才外流数量的评价是“严重”，Ⅳ级预警级别；01001006002，激励机制是否健全的评价是“一般”，Ⅲ级预警级别
因果分析	激励机制不健全或用人制度不健全导致的人才外流严重，造成人才危机
评估损失	对图书馆的健康发展、服务质量和服务水平造成一定影响
损失评级	Ⅲ级
案例2	
案例描述	某图书馆出现的危机主要是面临数字化和网络化的挑战，即该馆的人员知识结构远远适应不了数字信息资源的管理与服务。鉴于此，该馆首先增强大家的危机意识，接着采取学历学位教育、培训、学术交流、自学等形式来更新馆员的知识结构，提高图书馆的服务水平；同时，该馆及时采取激励措施，鼓励馆员大力开展科研活动；另外，该馆还实施人性化管理，增强馆员的主人翁意识，极大地提高了全馆人员的积极性

续表

危机评价指标的预警	01001002003，专业人员是否紧缺的评价是，紧缺，Ⅴ级预警级别；03001003002，人员素质是否过硬的评价是，一般，Ⅱ级预警级别；02001004003，服务方式是否齐全的评价是，单一，Ⅳ级预警级别
因果分析	适应数字化和网络化资源建设和服务的专业人才紧缺以及人员素质的一般化造成对传统服务方式的依赖、数字化资源建设的滞后和网络服务的无法开展
评估损失	对图书馆的健康发展、资源建设和服务质量造成损害
损失评级	Ⅲ级
案例3	
案例描述	某图书馆曾于2007年6月发生过重大漏水事件，主要是因为施工单位补修楼顶，没有采取保护措施，晚上下大雨所致。这次漏水涉及三楼到一楼共三个楼层，对该馆的珍贵文献造成了一定的损失。但由于该馆的制度比较健全，行动迅速，因而最大限度地减少了损失的程度。具体措施是，及时通知有关岗位的工作人员，进行现场保护，排出积水，转移文献和设备；第一时间向学校领导汇报情况，学校领导及时召集后勤部门和施工单位负责人，及时对楼顶进行安全保护处理，在最短的时间堵住了漏水的源头
危机评价指标的预警	无法预测和预警
因果分析	在加强防水措施的同时因故使防水措施失效，属突发性危机。文献保存保护意识不强，对施工过程监管不力导致危机发生
评估损失	对珍贵文献造成了一定的损失，有必要请第三方专业机构进行损失评估
损失评级	Ⅱ级

危机响应子系统生成的处置报告和危机调查子系统生成的调查报告合并后生成整改方案。整改方案将作为危机恢复与评估管理的重要依据。整改方案的主要内容包括：危机因果分析、整改措施等。其中，整改措施主要来自危机处理预案、处置过程或处置措施。

7.4.4　危机恢复与评估管理

作为危机处理完成后的工作，危机恢复与系统评估管理的目标是将图书馆由危机状态恢复为常态，并评估危机管理活动的全过程，从而进行自我完善，增强抵御更高风险的能力。危机恢复与系统评估管理功能与工作流程如图 7－15 所示。

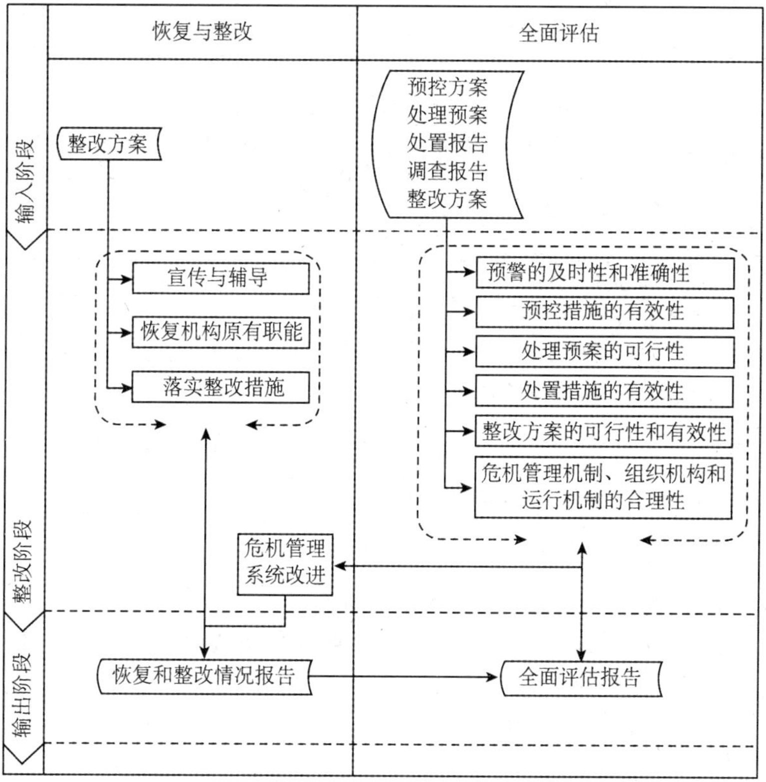

图 7－15　危机恢复与评估系统结构和工作流程

7.4.4.1 危机恢复管理子系统

危机恢复管理主要工作包括：畅通宣传渠道，消除危机影响，包括心理辅导；恢复机构原有职能，由危机处理状态转变为常态；落实整改措施，增强进一步抵御风险的能力；最后形成恢复和整改的情况报告。

现举案例说明危机恢复管理子系统的职能，如表7－16所示。

表7－16 危机恢复管理子系统的职能

案例1	
案例描述	1993年，某图书馆因暖气质量不好，多处漏水，编目部靠暖气近的桌面上部分新书被水喷湿；古籍部一些未编线装图书堆放在古籍库的地上，没采取任何防水措施，被水浸湿；一些靠暖气片近的书架上的古籍部分也被水喷湿
危机处理	请专家对水损古籍进行了技术处理
评估损失	部分古籍受损
损失评级	Ⅱ级
整改措施	对放置图书作明确规定;建立安全责任制;设置专门安全员防水、防火
落实情况	效果好，没有类似危机再次发生
案例2	
案例描述	某图书馆机房借还系统受病毒攻击，崩溃过两次
危机处理	通过备份数据和修整恢复
评估损失	部分借还数据丢失
损失评级	Ⅰ级
宣传辅导	及时通知读者改用其他途径办理借还书，消除影响
整改措施	安装网络版杀毒软件系统并定期升级，增强防病毒能力；继续加强数据备份
落实情况	效果好，没有类似危机再次发生
案例3	
案例描述	某图书馆遇火灾和地震等重大危机事件
危机处理	成立后勤组和救援组，前者负责疏散读者和报警，后者负责处理危机事件，如救火、救人等
评估损失	部分设施、设备和文献损毁

续表

损失评级	Ⅲ级
宣传辅导	大力宣传防灾、抗灾知识；加强灾后读者心理辅导；消除灾害影响
恢复机构原有职能	解散救援组和后勤组，人员回到原来岗位，恢复机构原有职能
整改措施	及时制订重大危机事件处理应急预案；增强危机应急反应能力
落实情况	整改效果好，将损失减到最小

7.4.4.2　系统评估管理子系统

系统评估管理不是用来评估危机损失而是用来评估危机管理活动的全过程或者是指对危机管理系统的全面评估，目的是改进现有危机管理系统。全面评估的含义是指从预警的及时性和准确性、预控措施的有效性、处理预案的可行性、处置措施的有效性、整改方案的可行性和有效性到危机管理机制、组织机构和运行机制整体的合理性等进行全面细致的评估。全面评估的依据主要来自前期形成的预控方案、处理预案、处置报告、调查报告和整改方案等。

系统评估管理子系统根据上述危机管理过程中生成的有关数据进行统计，产生评价危机管理系统的重要指标，包括以下几个方面。

（1）平均综合预警率

定义：一定时间范围内的综合警度超标次数。综合警度超标次数是指综合警度达到低度、中度或高度的次数，用来评价预警系统的准确性、预控措施的有效性。

公式：

$$平均综合预警率=\frac{综合警度超标次数}{t}$$

t 表示日、月或年的区间。

（2）危机分类平均预警率

定义：管理、资源、服务、网络安全、自然类危机各自的平均预警率。需要统计危机分类评价指标中的异常次数，异常是指预警级别为二级以上，用来评价预警系统的准确性、预控措施的有效性。

公式：

$$危机分类平均预警率 = \frac{危机分类评价指标中的异常次数}{t}$$

t 表示日、月或年的区间。

（3）危机分类评价指标平均预警率

定义：一定时间范围内的单项评价指标的异常次数。例如，“检准率”达到四级预警级别的日、月或年的发生次数，用来评价预警系统的准确性、预控措施的有效性。

公式：

$$危机分类评价指标平均预警率 = \frac{单项评价指标的异常次数}{t}$$

t 表示日、月或年的区间。

（4）各类损失级别的次数

定义：Ⅰ、Ⅱ、Ⅲ或Ⅳ级由危机造成的损失在一年中的次数。用来评价危机处理预案的可行性、处置措施的有效性和危机管理整体运行效率。

危机管理系统的评估指标并不限于上述4个，这里提出的只是几个参考指标，各馆可根据危机管理实际运行过程中各个阶段形成的报告与危机预控方案或处理预案相对照，评估危机管理的实际工作成效。

参考文献

［1］黄宗忠．图书馆学导论．武汉：武汉大学出版社，1988.

［2］徐引篪，霍国庆．现代图书馆学理论．北京：北京图书馆出版社，1999.

［3］贺德方，等．数字时代情报学理论与实践：从信息服务走向知识服务．北京：科学技术文献出版社，2006.

［4］Information Technology Research：Investing in Our Future.［2010－01－12］．http：//www. nitrd. gov/pitac/report/.

［5］Ronald L，et al. Knowledge Lost in Information：Report of the NSF Workshop on Research Direction for Digital Libraries. Pittsburgh：University of Pittsburph，2003.

［6］张晓林．走向知识服务：21 世纪中国学术信息服务的挑战与发展．成都：四川大学出版社，2001.

［7］赵士林．突发事件与媒体报道．上海：复旦大学出版社，2006.

［8］董传仪．危机管理学．北京：中国传媒大学出版社，2007.

［9］庞恩旭．试论我国图书馆的危机与危机管理．四川图书馆学报，2005（1）：11－13.

［10］何晓兵．图书馆危机的界定与确认．图书馆论坛，2006（6）：337－340，封三．

［11］刘兹恒，潘梅．图书馆危机管理的基本概念及内容．图书

与情报，2007（2）：32－37，41.

［12］宋国臣．论现代图书馆危机的概念、类型及管理策略．商丘职业技术学院学报，2007（4）：123－124.

［13］薛澜．危机管理：转型期中国面临的挑战．北京：清华大学出版社，2003.

［14］向立文．近年来我国图书馆危机研究综述．图书情报工作，2006，50（4）：129－131.

［15］孙杨，苏娜，周金龙．数字时代图书馆管理危机．图书情报工作，2009，53（23）：17－21.

［16］蔡迎春，黄国彬，穆卫国．馆藏发展危机及其应对策略．图书情报工作，2009，53（23）：21.26－19.

［17］马学良，富平．数字时代图书馆服务危机管理：基于SWOT分析及实现．图书情报工作，2009，53（23）：22－25，68.

［18］王欣，王传清．图书馆网络信息系统安全危机管理．图书情报工作，2009，53（23）：40－43，90.

［19］赵新，赵树宜．我国中小型图书馆危机分析．图书情报工作，2009，53（23）：35－39，127.

［20］姚惠忠．公共关系理论与实务．北京：北京大学出版社，2004.

［21］李丹．现代图书馆危机管理研究［学位论文］．北京：北京大学信息管理系，2006.

［22］韩毅，易飞．数字网络环境下图书馆的危机与危机管理研究．图书情报工作，2009，53（23）：13－16，122.

［23］孙扬，苏娜，周金龙．数字时代图书馆管理危机．图书情报工作，2009，53（23）：17－21.

［24］陈庄金．图书馆危机的类型及应对策略．图书馆论坛，2006，26（5）：56－59.

[25] 尹红．英美4所大学图书馆战略规划解读．科技情报开发与经济，2009，19（32）：19－20.

[26] 孙坦．国外图书馆战略规划研究．图书馆建设，2009（10）：82.

[27] 金瑛，姜晓曦．国外图书馆关于环境定位和发展目标定位的战略规划分析．图书馆建设，2009（10）：97－102.

[28] 中国互联网络发展状况统计报告．[2010－03－02]．http：//www. cnnic. net. cn/uploadfiles/doc/2009/7/16/125040. doc.

[29] 江洪，编译．悉尼大学图书馆2005—2010年战略目标及2005—2007年行动计划．图书情报工作动态，2007（7）：1.

[30] 张静，刘细文，柯贤能，等编译．探索信息创新：加拿大科技信息研究所（CISTI）2005—2010年战略规划．图书情报工作动态，2007（6）：1－10.

[31] 余倩，陶俊．国外最新图书馆战略规划体例评析．图书馆建设，2009（10）：103－108.

[32] 李桂春．论馆长的素质与修养．情报科学，2002，20（4）：362－364.

[33] Roy Tennant. The Top Ten Things Library Administrators Should Know About Technology. [2009－10－27]. http：//techessence. info/topten.

[34] 曾建平．美国图书馆协会《参考与读者服务馆员专业能力要求》介绍．图书馆杂志，2003（12）：55.

[35] 骆小平，骆争春．图书馆人力资本经营的现状与策略．图书馆建设，2002（5）：32－34.

[36] 潘松华．基于高校图书馆人才危机管理的核心人才继任机制研究．图书馆论坛，2008，28（6）：257－259，278.

[37] 卢红梅，陆圆圆．从图书馆人力资源建设看图书馆的人才

危机．中小企业管理与科技，2009（10）：115，116.

［38］范兴坤．图书馆发展过程中的内部阻滞因素分析．图书馆杂志，2005（1）：15－19.

［39］中国教育和科研计算机．高校信息集成趋势难挡．［2009－10－12］．http：//www. edu. cn/sj_ 6538/20090706/t20090706_ 389057. shtml2009－07－06.

［40］中国法律知识资源总库案例库．图书馆无须为馆藏侵权图书承担民事责任．［2009－10－12］．http：//law1. cnki. net/kns50/CLKD/clkc/detail. aspx？DBName＝clkc&FileName＝RMFY20060613C021.

［41］张羽．娄师白诉湘潭市图书馆名誉侵权案宣判．［2009－10－12］．http：//newspaper. jcrb. com/html/2008/10/31/content_ 3986. htm.

［42］北京市海淀区人民法院．吴锐诉北京超星神州科创技术有限责任公司等侵犯著作权纠纷案．［2009－10－12］．http：//www. fsou. com/html/text/fnl/1175318/117531865. html.

［43］楼山．出版业危机管理及化解对策刍议．出版经济，2003（11）：8－10.

［44］王倩．学术出版，学术之幸抑或痛．中国图书评论，2005（10）：3－6.

［45］徐断新．试述《新华书目报》征订功能的边缘化．图书馆工作与研究，2009（1）：46－49.

［46］胡惠芳，邓小迎，吴金华．对图书馆配商能力评价的探讨．图书情报工作，2007，51（10）：122－124.

［47］唐晓艳．当前我国书商征订书目的现状及发展瓶颈．图书情报知识，2009（3）：122－125.

［48］胡振华．两大中文期刊全文数据库性能比较分析．上海师范大学学报：哲社版，2006（专辑）：37－40.

［49］石烈娟．近年来美国公共图书馆经费不足问题及其对策．

农业图书情报学刊，2009（4）：90－93.

［50］吴晞．藏书组织学纲要．北京：北京大学出版社，1987.

［51］吴慰慈，刘兹恒．图书馆藏书．北京：书目文献出版社，1990.

［52］黄国彬．大众标注研究进展．图书情报工作，2008，52（1）：13－15.

［53］李秀云．网络环境下的知识组织研究．中国图书馆学报，2002（5）：36－39.

［54］许少菲．数字信息资源的组织管理及发展对策．图书馆论坛，2002（2）：60－62.

［55］新浪科技．第25次互联网调查报告：互联网基础资源指数．［2010－02－09］．http：//www.donews.com/Content/201001/5a7f24e7e9064f45805ff28625bd69ef.shtm.

［56］Vuong B Q，Lim E P，Chang C H，et al. Key Element－Context Model：An Approach to Efficient Web Metadata Maintenance//Proceedings of ECDL'2007. Brussels，2007：63－74.

［57］黄燕云．高校图书馆编目工作调查汇报之四．［2010－03－01］．http：//www.lib.tsinghua.edu.cn/bianmu/experience/files/20070601report4－huangyanyun.ppt.

［58］天涯博客．尽快建立我国数字资源长期保存体系．［2009－10－12］．http：//blog.tianya.cn/blogger/post_show.asp？idWriter＝0&Key＝0&BlogID＝413809&PostID＝18703308.

［59］宛玲，张晓林．数字资源长期保存过程中的知识产权问题分析．中国图书馆学报，2005（3）：65－69.

［60］光明日报．国家图书馆将酝酿建设国家文献战略储备库．［2010－05－01］．http：//www.chinanews.com.cn/cul/news/2010/01－22/2085987.shtml.

[61] [2010-05-01]. http://www.chinanews.com.cn/cul/news/2010/01-22/2085987.shtml.

[62] 肖希明，袁琳. 中国图书馆藏书发展政策研究. 南京：南京大学出版社，2002.

[63] 戴龙基. 文献资源发展政策研究. 北京：北京大学出版社，2007.

[64] 索传军. 数字馆藏评价与绩效分析. 北京：北京图书馆出版社，2007.

[65] 游毅. 国内数字资源评价研究综述. 图书情报工作，2008，52 (3)：66-70.

[66] 刘记. 网络信息资源评价现状及构建研究. 图书情报工作，2006，50 (12)：88-91.

[67] 闫乐林. 高校图书馆数字资源评价指标体系初探. 情报杂志，2009 (9)：97-101.

[68] 庞弘燊. 数字资源评价与优选指标体系研究. 图书情报工作，2009，53 (17)：27-31.

[69] 范小华. 数字资源评价指标体系研究. 图书情报工作，2008，52 (10)：74-77.

[70] 肖琼. 图书馆网络信息资源评价标准体系探讨. 情报杂志，2007 (6)：61-62.

[71] 吴志荣. 数字信息引发的哲学震荡. 上海师范大学学报：哲社版，2007 (5)：111-115.

[72] 朱强. 我国高校数字资源长期保存的挑战与策略. [2010-06-15]. http://www.docin.com/p-10211551.html.

[73] 袁丽华，包平. 国外数字资源长期保存及我国的发展策略. 新世纪图书，2009 (2)：9-11.

[74] 中国互联网络信息中心. 中国互联网络发展状况统计报告. [2010-03-10]. http://www.cnnic.cn/html/Dir/2010/01/

15/5767. htm.

[75] OCLC. Perceptions of Libraries and Information Resources (2005). [2010-03-10]. http://www.oclc.org/reports/2005perceptions.htm.

[76] 孙建军，柯青．信息资源管理概论．第2版．南京：东南大学出版社，2008.

[77] 赵俊玲．守护e时代的记忆：网络信息资源保存研究．北京：北京图书馆出版社，2007.

[78] 李爱国．学术数字资源引进与管理．南京：东南大学出版社，2005.

[79] 沈固朝，储荷婷，华薇娜．信息检索（多媒体）教程．北京：高等教育出版社，2009.

[80] Harvard University Libraries. E-Resource Usage Statistics for Fiscal Year 2006. [2010-03-10]. http://hul.harvard.edu/ois/systems/portal/stats/YR2006/index.html.

[81] Daniel E. Atkins, Kelvin K. Droegemeier, Stuart I. Feldman, et al. Revolutionizing science and engineering through Cyberinfrastructure: report of the National Science Foundation Blue Ribbon Advisory Panel on Cyberinfrastructure. [2010-03-10]. http://www.nsf.gov/cise/sci/reports/atkins.pdf.

[82] David J. Powell. 2004. Publishing output to 2020: In the future of print and electronic publishing output worldwide. [2010-03-10]. http://www.bl.uk/about/articles/pdf/epsreport.pdf.

[83] Daniel Akst. Do libraries still matter. [2010-03-10]. http://www.carnegie.org/reporter/10/books/index.html.

[84] 唐琼．图书馆数字资源选择标准研究［学位论文］．武汉：武汉大学，2009.

[85] Martha Kyrillidou, Mark Young. ARL statistics 2006-07. [2010-03-10]. http://www.arl.org/bm~doc/arlstat07.pdf.

[86] Samson Soong. Collection development and management in a digital environment：The case of HKUST. [2010－03－10]. http：//www. elsevier. com/framework_ librarians/Docs/2007SoongCollection. pdf.

[87] 吴明德. 出版社、联盟、图书馆、使用者与电子资源. [2010－03－10]. http：//www. stpi. org. tw/fdb/tr/2007/pdf/07－Wu－ppt. pdf.

[88] 张晓林，宛玲. CSDL 外购数字文献资源的长期保存策略. 大学图书馆学报，2004（06）：26－32.

[89] 中国互联网络信息中心. 第 25 次中国互联网络发展状况统计报告. [2010－03－10]. http：//www. cnnic. cn/uploadfiles/pdf/2010/1/15/101600. pdf.

[90] OCLC. OCLC Web Characterization Project. [2010－03－10]. http：//www. oclc. org/research/activities/past/orprojects/wcp/stats/size. htm.

[91] Weiss R. On the Web，research work proves ephemeral. [2010－03－10]. http：//www. washingtongpost. con/ac2/wp－dyn/A8730－2003Nov23？language＝printer.

[92] 茆意宏. 移动互联网与图书馆服务创新. 图书馆理论与实践，2009（1）：13－17.

[93] 程孝良，李勇，钟刚毅，等. 基于移动通信技术的手机图书馆：理念、设计与应用. 图书馆理论与实践，2009（9）：63－66.

[94] 茆意宏，吴政，黄水清. 手机图书馆的兴起与发展. 大学图书馆学报，2008（1）：3－6，27.

[95] 汤普森. 图书馆的未来. 邓登理，陈珍成，译. 北京：科学技术文献出版社，1985.

[96] 汤普森. 图书馆的未来. 乔欢，乔人立，译. 北京：书目文献出版社，1988.

[97] The 2003 OCLC Environmental Scan：Pattern Recognition. [2010－5－31]. http：//www. oclc. org/reports/escan/.

[98] [2010－05－31]. http://news.mycgs.cn/html/jianzhu－huanjing/jianzhu/200904/08－6992.html.

[99] 中华人民共和国工业和信息化部. 电子信息系统机房设计规范（GB 50174—2008）. 北京：中国计划出版社，2009.

[100] 祝延波. 服务器冗余技术研究. 青海科技，2008（6）：83－85.

[101] 服务器监测工具初探. [2010－01－12]. http://biz.chinabyte.com/385/2106885.shtml.

[102] 应浩，赵亮. 城市中心图书馆向社区基层延伸的系统与网络架构实践探索. 图书情报工作，2006，50（3）：16－19.

[103] 郝文江. 基于防火墙技术的网络安全防护. 通信技术，2007（7）：24－26.

[104] IBM. 容灾白皮书. [2010－01－20]. http://www－900.ibm.com/cn/support/guide/whitebooks/Disaster_ recovery/Disaster_ recovery2_ 3.shtml.

[105] IBM. 灾难备份的方案 DR.

[106] [2010－01－30]. http://www－900.ibm.com/cn/industry/industrial/solution/solu_ petro_ case9.shtml.

[107] 何德全. 互联网时代信息安全新思维. 科学中国人，2003（1）：41.

[108] 吴又毅. 信息系统安全管理体系框架研究 [学位论文]. 成都：四川大学，2003.

[109] 邓超丽. 计算机系统安全运行的保障 UPS 电源. 海南省通信学会年会，2006.

[110] 程建华. 信息安全风险管理、评估与控制研究 [学位论文]. 长春：吉林大学，2008.

[111] ISO 17799. 信息安全管理标准.

[112] GB/T 20984—2007 信息安全技术信息安全风险评估规范.

[113] 胡勇. 网络信息系统风险评估方法研究 [学位论文]. 四川：四川大学，2007.

[114] CRAMM. [2010 - 01 - 11] . http：//www. cramm. com/.

[115] Introduction to COBRA. [2010 - 01 - 05] . http：//www. security - risk - analysis. com/introcob. htm.

[116] Calio. [2010 - 01 - 11] . http：//www. callio. com/.

[117] Nessus. [2009 - 12 - 22] . http：//www. nessus. org/nessus/.

[118] SAINT. [2010 - 01 - 02] . http：//www. saintcorporation. com/.

[119] 主小欢. 基于 ISO 27000 的复合图书馆信息安全风险评估理论与实证研究 [学位论文]. 南京：南京农业大学，2007.

[120] 黄水清，陈双喜，任妮. 基于 ISO 27001 的数字图书馆信息安全风险评估模型研究. 现代图书情报技术，2009 (6)：44 - 49.

[121] 冷秋菊. 基于层次分析法的图书馆风险评估体系构建. 情报杂志，2009 (8)：100 - 102.

[122] 赵坚. 数字图书馆信息安全风险评估辅助工具的开发与设计 [学位论文]，南京：南京农业大学，2008.

[123] 国家突发公共事件总体应急预案. [2010 - 01 - 11] . http：//www. gov. cn/yjgl/2005 - 08/07/content_ 21048. htm.

[124] 北京市网络与信息安全事件应急预案. [2010 - 01 - 10] . http：//news. sina. com. cn/c/2009 - 10 - 22/073016480253s. shtml.

[125] GB/Z 20986—2007，信息安全事件分类分级指南.

[126] 李露芳. 农村图书馆事业现状及发展对策探讨. 图书馆杂志. 2006 (10)：40 - 41，39.

[127] 李国新. 实现县级公共图书馆的全面协调可持续发展. 图书与情报，2008 (1)：1 - 4.

[128] 于良芝，李晓新，王德恒. 拓展社会的公共信息空间：21 世纪中国公共图书馆可持续发展模式. 北京：科学出版社，2004.

[129] 韦爱芬. 试论图书馆危机管理中的危机意识问题. 农业图书情报学刊, 2009 (2): 168 - 170, 176.

[130] 中国人力资源开发网. 首份中国"工作倦怠指数"调查报告. [2009 - 08 - 27]. http: //www. ChinaHRD. net.

[131] 陆萍. 高校图书馆员激励的心理保健功效. 科技情报开发与经济, 2004, (11): 41.

[132] 吴涛. 图书馆员职业倦怠的归因及其对策. 图书馆学研究, 2004 (8): 28 - 31.

[133] 张军华. 高校图书馆馆员职业倦怠的现状及其对策 [学位论文]. 武汉: 华中师范大学, 2008.

[134] 杨根华. 围绕文献服务主体功能建设农村图书室. 江西图书馆学刊, 2009 (1): 14 - 15.

[135] 席晓南. 农村图书馆建设的现状和对策. 世纪桥, 2009 (1): 145 - 146.

[136] 本报调查组. "阳光100" 物业之乱. 大众生活报, 2009 - 06 - 24 (B09).

[137] 刘芳. 社区图书馆: 曲高和寡遭遇冷清. [2010 - 02 - 01]. http: //bj. huanqiu. com/capital/2009 - 09/48372. html.

[138] 李国新. 我国乡镇社区图书馆的现状与发展. 图书馆论坛, 2007 (6): 59 - 63.

[139] 丁传奉. 安徽省高职院校图书馆定位研究. 大学图书情报学刊, 2005, (2): 23 - 26.

[140] 叶方石, 等. 高职高专图书馆资源共建共享初探: 以湖北省高职高专图书馆为例. 江西图书馆学刊, 2008 (2): 32 - 34.

[141] 王瑾. 浙江省高职院校图书馆现状与发展初探. 大学图书情报学刊, 2005 (1): 29 - 32.

[142] 周朗, 李晓清. 我国县级公共图书馆数量多欠账多半死不活的居多. [2010 - 03 - 20]. http: //society. people. com. cn/GB/

1063/4023653. html.

［143］冉文格．论基层公共图书馆的困境与出路．图书馆论坛，2006（4）：91－94，97.

［144］刘乃强．关于我国基层公共图书馆的现状与思考．大学图书情报学刊，2009（3）：6－9.

［145］万春蓉．公共图书馆社区延伸服务体系的研究［学位论文］．杭州：浙江大学，2008.

［146］戴龙基，张红扬．图书馆联盟：实现资源共享和互利互惠的组织形式．大学图书馆学报，2000（3）：36－39.

［147］蔡红．图书馆联盟及其视野中的中小型图书馆．情报资料工作，2008（2）：75－78.

［148］毛淑杰．中小型图书馆参与资源共享存在的问题及对策．中国科技信息，2010（5）：156－160.

［149］李海澜．利用过期资源在边远贫困山区建立小型图书馆的设想．图书馆论坛，2005（5）：70－73.

［150］健华图书馆简介．［2007－12－26］. http：//lih. nit. net. cn/jianhuMdlibladminlshow. php？ dno＝7.

［151］让书香飘满田野："乡村图书馆"工作总结.［2010－02－01］. http：//www. brooks. ngo. cn/xctsg/zxhd/2007report. php.

［152］微笑图书室：最新数据．［2008－04－22］. http：//www. smilinglibrary. org.

［153］刘瑞芬．建设乡村的天堂：乡村图书馆建设刍议．农业图书情报学刊，2008（7）：99－101.

［154］黄蔚，王倩茜．浅谈公共图书馆的社会宣传工作．［2010－03－05］. http：//www. szln. gov. cn/UserFiles/contribute/1240196399157. doc.

［155］唐克文．试论中小型高校图书馆的数字化资源建设与网络服务．图书情报知识，2003（2）：42－43.

［156］徐萍．总分馆制公共图书馆建设的现状及模式探析．科技情报开发与经济，2009（17）：89－90.

［157］潘澄清．首都图书馆在工地开民工图书专馆．［2007－03－12］．http：//www. china. org. cn/chinese/2005/Jml/755240. htm.

［158］李英．略论劳务工图书馆建设．公共图书馆，2009（2）：56－59.

［159］总分馆制与省级图书馆定位．［2010－07－07］. http：//www. czlib. net/xuehuigongzuo/xuehuidongtai/gongzuotongxun/200903060037. htm.

［160］王红．吴江市图书馆的功能定位及服务改进研究［学位论文］．上海：同济大学，2008

［161］王战林，周秀霞．长期扶持，共同发展：东北师范大学图书馆扶持前郭、伊通县图书馆计划．图书馆学研究，2008（9）：60－61.

［162］刘瑞芬．建设乡村的天堂：乡村图书馆建设刍议．农业图书情报学刊，2008（7）：99－101.

［163］张军华．高校图书馆馆员职业倦怠的现状及其对策［学位论文］．武汉：华中师范大学，2008.

［164］刘炜．探索信息服务的新模式．［2010－02－01］．http：//cio. zdnet. com. cn/cio/2009/0204/1331746. shtml.

［165］徐冰．图书馆危机预警机制的构建．图书与情报，2007（2）：42－45.

［166］徐芳，柴雅凌，金小璞，等．图书馆危机管理与预警系统．图书馆工作与研究，2007（6）：81－83.

［167］孙汝杰，郭宏伟，花克勤．图书馆危机管理系统设计与指标体系构建．图书馆理论与实践，2009（4）：6－8，13.

［168］黄荣东．图书馆危机管理预案的建立．图书馆工作与研究，2009（4）：63－66，25.

［169］施雁冰．构建图书馆危机管理预警系统，防范图书馆危

机事件．中华医学图书情报杂志，2009，18（5）：4－6.

［170］罗贤春，谢阳群，胡昌平．图书馆危机管理计划．中国图书馆学报，2007，33（4）：32－35.

［171］［2009－08－01］．http：//catalogue. nla. gov. au/Record/278729？&#details.

［172］图林小子．［2008－08－01］．http：//www. 17xie. com/book－53391447. html.

［173］王磊，高波．国外图书馆危机预案制定现状及启示．大学图书馆学报，2008（3）79－83.

［174］［2008－08－02］．http：//www. mie168. com/manage/2008－11/287478. htm.

［175］危机预案编制步骤．［2010－02－01］．http：//www. qikan. com. cn/Article/dxts/dxts200803/dxts20080319. html.

［176］国家突发公共事件总体应急预案．［2009－08－07］．http：//202. 123. 110. 3/yjgl/2006－01/08/content_ 21048. htm.

［177］金小璞，徐芳．图书馆危机预警管理系统分析与设计．现代图书情报技术，2008（2）：94－98.

［178］［2009－08－07］．http：//bs. csu. edu. cn/yuancheng/wlkc/chapter1/1index. htm

［179］［2009－08－07］．http：//bs. csu. edu. cn/yuancheng/wlkc/chapter2/2index. htm，http：//jpkc. nxu. edu. cn/mis/jxdg. htm.

［180］甘杰夫，李琦．城市公共危机管理框架及系统平台研究．中国安全科学学报，2006，16（8）：56－61.

［181］汪应洛．系统工程．北京：机械工业出版社，2006：18－23.

［182］Case J，Fedor M，Schoffstall M，et al. A Simple Network Management Protocol（SNMP）．RFC 1157. Network Working Group. IETF，1990.

［183］Presuhn R. Management Information Base（MIB）for the Simple Network Management Protocol（SNMP）．RFC3148. Network Working

Group. The Internet Society, 2002: 12.

[184] Distributed Management Task Force (DMTF), Inc. Web - Based Enterprise Management (WBEM). [2010 - 01 - 05]. http://www.dmtf.org/standards/wbem/.

[185] 邓爱东. 多层次模糊综合评价法在图书馆危机管理中的应用. 现代情报, 2008, 28 (6): 117 - 119.